当人民害怕政府的时候,

那就意味着专制;

而当政府害怕人民的时候,

那就意味着自由。

——《独立宣言》

视野书系 006
梁由之 主编

龚小夏 著

帝国的后门

上海三联书店

目录

序言 ~ 1

1 国会山
美国现实政坛的"纸牌屋"

所谓党鞭 ~ 003
政客与说客 ~ 007
新官上任三把火 ~ 011
以色列的政治地雷 ~ 015
距白宫一个心跳的人 ~ 019
国会决斗与谋杀案 ~ 023
国会议员住在哪儿 ~ 027
国会大楼惊魂 ~ 031
形形色色的参议院头面人物 ~ 035
平民社会中的贵族院 ~ 041
被推上法庭的共和党"锤子" ~ 045
国会山上的"黄色"风暴 ~ 053

② 白宫的门
权力的游戏

近观奥巴马 ～ 059
金里奇兵败里士满 ～ 062
"没人热爱罗姆尼" ～ 066
总统参选人的家底 ～ 070
国王缔造者 ～ 073
死亡率最高的职业 ～ 076
医改，奥巴马的一道坎儿 ～ 080
切尼：最有权势的副总统 ～ 083
福特：不失眠的总统 ～ 090

③ "保卫民主"
谁动了谁的奶酪

美国官员嫖娼如何处理 ～ 097
美国政坛婚外情 ～ 100
警察枪击案背后的黑人种族困境 ～ 104
假若斯诺登无罪，美国将会怎样 ～ 108
政府关门谁之过 ～ 112
奥巴马医改：动了谁的利益 ～ 116
胜败之战，过了150年还没有结束 ～ 120
美国如何给穷人提供高等教育 ～ 124
挑战政府？"我们在保护美国的司法制度" ～ 128

4 表演与政治
政客都是好演员

华盛顿官场的夫人们　~　135
沃尔福威茨这只鹰　~　144
沃尔福威茨为何中箭落马　~　154
与副总统一起打猎的人　~　158
甘居幕后的斯蒂芬·哈德利　~　163
查理·威尔逊的传奇　~　168
"冷战英雄"的战争与和平　~　179
独行侠麦凯恩　~　186
美国大选的故事会　~　190
"美国妈妈"萨拉·佩林　~　193
熟面孔拜登　~　199
缺乏眼光的外交家　~　204
专与中央政府打官司的律师　~　208
美国的家族政治　~　211
影视明星的成功从政路　~　215
表演与政治　~　222
名人演讲和演讲的名人　~　226
反恐战争与帝国的傲慢　~　234
不投降的博尔顿　~　239

5 揭密者
无处不在的媒体

西摩·赫什：追踪黑暗的人 ~ 247
布什政府最讨厌的人 ~ 255
把总统拉下马的人 ~ 261
撒谎记者受罚，案件并未结束 ~ 269
白宫里的假记者 ~ 273
秘密的守卫者和揭露者 ~ 280
记者坐牢，白宫遭殃 ~ 286
八十五年的《时代》风云 ~ 292

序　言

克林顿总统1992年竞选的主要顾问詹姆斯·卡维尔爱说的一句话，就是"政治是其貌不扬的人做的事"。的确，卡维尔是个相貌丑陋的人，虽然他在美国政治顾问中被公认为最聪明的人之一。

"华盛顿是丑人的好莱坞；好莱坞是蠢人的华盛顿。"这句出名的话虽然不见得精准，但却活灵活现地描绘出了首都政治的表演性。

在美国建国的时候，华盛顿还是一片沼泽地。新国家的首都设在宾夕法尼亚州的费城，也是国父们签署《独立宣言》的地方。1783年，四百多名造反的士兵保卫了国会所在的独立宫，要求政府发军饷。国会下令宾夕法尼亚的州长（当时也叫州总统）约翰·狄金森出动民兵来保卫国会，殊不知狄金森的同情却在士兵这一面。国会议员只好跑到了新泽西州的普林斯顿。

这一事件导致1787年的制宪会议上，在来自弗吉尼亚的詹姆斯·麦迪逊的主持下，在新宪法的第一部分的第八款中规定在国会批准下建立一个独立于州权、受联邦政府直接管辖的地区，其范围不得超过十平方英里。这就是建立首都的宪法依据。

当时的土地不值钱。纽约、新泽西、马里兰、弗吉尼亚几个州都争相拨出土地，希望将首都建在自己的地盘上。最后，在杰佛逊、汉密尔顿、麦迪逊的推动下，地址定在华盛顿家乡附近的波托马克河边。马里兰和弗吉尼亚各自拿出了一片土地。首都当时定名叫"联邦城"，到1791年才开始被称作"华盛顿市"。

华盛顿任命了他身边来自法国的艺术家和设计师皮埃尔·朗方来担任首都的设计师。朗方站在阿灵顿山顶上看着这片沼泽地，心中的模板是欧洲的首都巴黎。他梦想着美国未来的强大，声称要打造一个能够容纳一千万人的城市。当时美利坚合众国的总人口只有四百万。

当时的人只能将朗方这番话当作梦幻者口出狂言。一千八百人首都建成的时候，这里的人口只有八千，到1860年南北战争开始的时候也只有七万多。那个年头绝大多数美国人认为联邦政府不应该有太多的权力，华盛顿还是小一点的好。

这种观念到了第二位罗斯福总统时代就被认为陈旧过时。自新政以降，联邦政府的权力和开支越来越大，如今联邦开支占了美国GDP的四分之一。华盛顿的人口也不断增加。到2016年总统大选的时候，首都和附近的郊区总人口已经达到了六百万，令环城的495号公路成为美国堵车最严重的道路之一。

在华盛顿这个大舞台上，无时无刻上演着一幕幕与政治相关的悲喜剧。每四年一次的总统大选，每两年一次的国会换届选举，政坛上如走马灯一般，每两年1月20日就职日之后，国会山上就多了些新面孔。政客得意时门前车水马龙，下台时有人摇身一变成为收入丰厚的说客，有人却静悄悄地回归故里再次成为平民。

笔者在首都工作与生活将近二十年，曾经亲眼见过、亲身参与过许多大大小小的事件，与政坛上各式人等打过不少交道。这本书，就是对一些重要事件与重要人物的观察与记录。虽然精彩不如电视剧《纸牌屋》，但都是确实发生过的事情。也许，在各种美剧流行的今天，这里的记载能当作一点历史和现实的印证吧。

龚小夏

2016年10月16日，华盛顿

国会山
美国现实政坛的"纸牌屋"

所谓党鞭

美剧《纸牌屋》在风靡美国的同时也风靡中国，令华盛顿的不少观察人士感到意外。跌宕起伏的剧情固然吸引人，但埋藏在快速对话和独白中的那些政治机关，连美国的普通人都不见得能够领会。这一系列文章的目的，便是帮助中国的观众们弄明白剧中的政治潜台词。

《纸牌屋》的编剧博·威尔逊（Beau Wilson）还不到40岁，在美国的党派政治中却已经有了相当长的经历。1998年，他为纽约州的参议员查尔斯·舒默义务助选，从那里进入民主党的政治圈。后来，他给数位大牌参议员——包括希拉里·克林顿以及两位参加过民主党总统提名竞争的比尔·布拉德利和霍华德·迪恩——当过助理，得以耳闻目睹华盛顿的圈内政治，因此剧情的细节相当真实。

故事发生在2013年以后的美国首都华盛顿。在现实生活中，共和党自2011年以来控制了众议院，民主党则控制了参议院与白宫。而《纸牌屋》则设计为民主党控制白宫与众议院，共和党控制参议院，与现今的政治分裂状态和权力分配可以说类似。这个背景为理解《纸牌屋》的整个剧情做出了重要的铺垫。

《纸牌屋》的主人公弗兰克·安德伍德的职位是众议院多数党的党鞭。来自南卡罗来纳州的民主党人，担任国会议员22年。这个安排的背后颇有深意。

首先，南卡罗来纳州地处美国的东南方，在政治和文化上属于南方。这个"南方"的概念，是以南北战争中的分野来划分的。南方是蓄奴州，北方是自由州。南方要分裂出去，北方要保持统一。统治北方的是共和党人，统治南方的是民主党人。南北双方血战了4年，死亡62万人，换得了废奴和统一。战争虽然已经结束了150年，但是南北之间的积怨并没有完全消除。自罗斯福新政以来，特别是在20世纪六七十年代的民权运动中，南方的民主党人纷纷改旗易帜变成了共和党人，南方的民主党人也已在当地的少数族裔与下层阶级中打下了基础。但是，至今提起"南方民主党"，他们给人的印象依旧是社会观念相对保守、政治上偏向中间派的一批人。起码在他们中间，极少有像来自东北部马萨诸塞或者佛蒙特州那样的左翼自由派甚至社会主义者。中国人最熟悉的南方民主党人，大概就属于来自阿肯色州的总统克林顿以及来自密苏里州的总统杜鲁门。《纸牌屋》中的安德伍德，游弋于共和与民主两党之间。民主党的左翼和共和党的右翼对他都不满意，却又经常能够接受他的提议，这充分显示了南方民主党人的特征。

南方民主党人的另外一个特点，是他们在任的时间往往比较长。国会的选区有超过一半是所谓"安全选区"，也就是说，在区里面一个党有压倒多数的实力。在这样的区里面，竞选的主要战场在党内。而在另外的那些"摇摆"选区里，两党的选举像是拉锯战。选区内的选情也受到人口流动的影响。比如一个选区开了家国防工业的大工厂，搬来了数千名雇员，那么该区的议员就不得不去关注国防预算拨款。在南方的选区，特别是农业区中，人口流动不大，也导致国会议员能够连选连任多次。安德伍德的选区看来就是这种情况。

任期的长短，从根本上影响到了议员在国会中的权力。国会中民主、共和两个党团中的地位排列，在很大程度上是根据议员的资历来决定的。任期越长、服务过的委员会越多，就越知道如何在党内进行政治操作。因此，在国会中待了22年的安德伍德就爬上了"党鞭"的位子。

美国参众两院的议会党团中都有党鞭这个职务。在众议院的多数党里面，党鞭的地位居于议长和多数党领袖之后，位列第三。在少数党里，党鞭位列第二，仅次于少数党领袖。如今的众议院多数党党鞭是来自加利福尼亚州的共和党议员、49岁的凯文·麦卡锡；少数党的党鞭是来自马里兰州的斯坦利·霍尔。

议长和两党领袖的主要工作，是设定本党的立法日程。多数党通常能够在相当程度上控制议会的立法，特别是选择议题和拨款。而党鞭的工作，便是在议案提上日程之后，将本党议员的选票集中在一起以通过或阻挠议案。2010年通过的奥巴马医保法案就提供了一个典型的例子。

众议院一共435名议员，也就是说，议案必须获得218票以上才能通过。当时控制众议院的多数党民主党议长是佩洛西，领袖是霍尔，党鞭是来自南卡罗来纳州黑人选区的吉姆·克莱本。民主党议员255名，共和党179名。但是，民主党内有三四十名反堕胎的保守议员不愿意支持法案。党鞭的工作，就是一个个地去与那些议员协商，争取他们转变立场。最后，议长、总统以及民主党内的各大佬统统出面，最终劝说动了一批人，使得医保法案在共和党全体反对、民主党也有十几人反对的情况下，以219对212票勉强通过。数十位民主党议员在几个月后的中期选举中为此付出了代价——民主党丢掉了60多个席位，让共和党夺得了众议院。

党鞭通常由比较善于耍手腕、熟稔议会程序、意识形态上并不极端、在党内也有相当威望的人担任。《纸牌屋》里的安德伍德，可以说是按这个模子去量身打造的。最近这些年里，党鞭做得最有名的，大概是1995年成为共和党党鞭的汤姆·迪莱。他因为善于用各种强硬手段迫使本党议员投票，得了一个"锤子"的外号。不过话又说回来，在议会制度下，议员的权力来自选民。如果一个议员硬是不按照本党的意志去投票，他最多是得不到捐款和其他支持，党的领袖们无论是怎么强横的锤子，是不能将他们撤职的。

政客与说客

《纸牌屋》第二集开头出场的人物雷米·丹顿是华盛顿社交场合上经常能见到的那种职业说客。他出现在众议院多数党的三位巨头（议长、多数党领袖、党鞭）每星期二的聚会上，并不是唐突之举。三人聚会的场合，看上去像是国会附近的民主党俱乐部。（我已经有好几年没有到那里去了，前不久曾经装修过，影片上的场景可能是装修后的样子。）顺便说一句，华盛顿这类俱乐部不少。民主、共和两党的俱乐部离国会都只有一街之隔。那里吃饭付账是会员制，会员之间的谈话不会被打扰。普通人也可以交钱加入这两个俱乐部，每年必须花的钱大概不出2000美元。不过，普通人难得愿意花这个钱，因此能在这里潇洒进出的，基本都是政治圈内之人，特别是政客与说客。

雷米的出场，是典型的政客与说客的会面。他走到三位议员面前，稍微有点谦恭地向安德伍德打招呼。而后者立即拿出老熟人的姿态向另外两人做介绍。当安德伍德说到雷米刚刚成为格兰顿·希尔事务所的合伙人时，两位大牌议员立即同时转过脸来向他热情地打招呼——他们知道，雷米代表的至少是一个大公司的钱袋。雷米也立即透露，他的客户就是能源巨头桑科公司。而安德伍德则不失时机、有点阴阳怪气地说，雷米是他用过的最好的新闻发言人，最后被别人从他那里挖走了。在雷米离开后，两位民主党的领袖愤愤不平地感慨道，这位年轻说客挣的钱，大概比在场三位政党大佬的工资加在一起还要多。

理解政客与说客的关系，可以说是懂得了华盛顿政坛的一半。

美国实行三权分立制度，立法、行政、司法相互独立。华盛顿有上千名政客和法官，控制着这个国家的政治命脉；华盛顿还有数万名说客，用各种方式影响着政客的决策。在这个城市繁华的西北区K大街上，有四五百家公司专门进行游说活动，以至于K大街经常被称为美国的"第四权力中心"。司法部门独立判案，说客没有多少事可做；行政部门由白宫来领导，说客不时会到各部局去推动一些事项；立法部门535名参众议员，每个人代表着各自地区的利益，却要决定整个国家的大事，所以到那里去的说客最多。国会那些权力最大的议员们，经常是说客盈门。

说客的工作其实挺简单：说服决策者。说服的方式无非就是晓之以理或动之以利。晓之以理，就是讲大道理——国家利益、人民福祉等等。但是在晓之以理的背后一定有重要的利益。对于国会议员们来说，最重要的利益并非金钱而是在选票上。选票代表的是权力，失去选票就等于失去权力。在《纸牌屋》中，我们能看到宾夕法尼亚的议员罗素由于放弃了争取保留选区内的海军造船厂，使12000人丢了工作，回到选区之内到处被人唾弃，极大地影响了他的政治前途。

选票之外的利益是政治捐款。雷米代表的，就是一个有能力募集大量捐款的公司。但美国的商界并不能直接花钱去影响选举，也就是说，公司不能直接将款项捐到某个政客的竞选账户上，更不能打到个人账户上，否则就犯下了重罪。公司可以为政客召集募捐会，富裕的大公司有大批有能力解囊的高管。不过，2014年4月前，高管个人的捐款额是有规定的，每人为每个选举委员会的捐款不能超过2400美元。商界影响政治的另外一个办法，就是捐款给与政客们没有直接联系的诉求团体，比如枪支制造厂家会捐款给反对限制枪支的组织。这些团体可以通过各种活动来支持意识形态相同的政客。

根据美国宪法，每个公民都有直接向行政部门和议会请愿的权利，所以每个人在原则上都可以成为说客。的确，每年都有成千上万的普通人来到国会议员的办公室做各种陈情，这也可以说是美国式上访。然而，职业说客是受雇替人说话的，按政府要求在华盛顿的职业说客都要进行登记，以免出现政治猫腻。

既然每个人都有权去向政府部门陈情，那还需要说客做什么？直接走进议员或者政府部门的办公室不就行了吗？问题是，政府的运作复杂，仅仅是议会里面负责不同事务的委员会就有200个上下。哪个议题该去找哪个委员会、哪个委员会里又是谁最能说上话，这是普通人很难搞清楚的。像雷米这种代表能源公司的人，就会知道到哪个委员会里去找谁。

这就不难理解，为什么说客通常出自在政府内部工作过的人。国会的说客中，有大批像雷米那样在国会当过助理的，懂得整个立法程序，跟多个议员办公室的工作人员有私人交情的人。不仅如此，许多大说客本身原来就是政客。议员和官员下野之后进入游说行业，这在华盛顿是再常见不过的事情。对于许多没有其他本事的政客来说，游说是他们的生财之道。目前参众两院议员的年薪是174000美元，而一个大公司雇用的说客收入能有几十万。因此才有《纸牌屋》中那三位议员三人的工资相加还不如雷米多的说法。

不过话说回来，不是每个说客都能赚大钱。到国会去游说的大多数人，其实是凭着热情与信念去的。比如几乎所有较大规模的非政府组织里的公关部门都有专业的游说者。他们得到的往往只有商界同行的一个零头。他们能拿出来的，不是捐款支票，而是他们推动的议题在选民中的影响。

《纸牌屋》中的雷米，代表的只是很少数去国会游说的人。绝大多数来到这里的，更多的是普通人，来向他们自己选出的代表陈述意见。这也算是美式民主的特点吧。

新官上任三把火

《纸牌屋》的政治角力，是从推动新总统沃克上台后头100天的议事日程开始的。

自从罗斯福1933年上台后实行被称为"百日新政"的大刀阔斧的改革以来，历任新总统在上台后的头100天里面都会试图做出点儿有影响的改革与政绩。不过，挑出哪件事作为主打、哪个方向作为主攻、哪个人作为主将，对于新总统日后的政治前途有着至关重要的影响。挑得不合适，甚至会有严重的政治后果。

在今天的美国，可供选择的议题其实非常有限。在内政上，无非是医疗改革、教育改革、移民改革、税制改革；在外交上，通常是结束某场拖延时日的战争。就如《纸牌屋》中的女记者佐伊·巴恩斯在与安德伍德第一次见面时说的那样："移民改革争议太大，税制改革又不够吸引眼球。人人都可以去为孩子奋斗。"这是懂行的判断。果不其然，沃克总统在就职演说上就对全国人民承诺，新政府在100天内会拿出教育改革的新法案。

（顺便提一句，《纸牌屋》的作者避免了提

及奥巴马2009年上台后立即推行、后来却使民主党在政治上吃了大亏的医疗改革。）

在确定议题之后要竞争的，是由谁来主持改革。能够主持改革的人，日后便能在全国性的政治舞台上占一席令人瞩目的地位。克林顿总统1993年1月上台的时候，立即选择了医疗改革作为头100天的目标，并且让野心勃勃的第一夫人希拉里来主持。结果是，折腾了一年多之后，医改法案在议会中无法通过，民主党还在1994年的国会中期选举中因此而失去了参众两院。

《纸牌屋》中的设计，比克林顿政府当年的做法更合美国政治的常规。作为一个法治国家，美国的行政部门要推动改革，必须先走立法这一关。要想在头100天内通过重要的法案，在国会中选一位有影响的人物来主持法案的订立与通过是顺理成章的。

美国的教育机构与世界各国相比很特殊。联邦政府并没有具体管理教育的权力。华盛顿独立大道上那座庞大的教育部大楼，只有权去推动一些项目，比如按照法律设立照顾残疾儿童的规定、补贴一些贫穷的地区等等。因此，从里根到小布什，历届共和党总统都考虑过撤销那个被他们认为无用的联邦教育部。12年的中小学公立学校教育（K-12）由地方政府来控制，具体的机构是校董会。校董会由地方居民直接选出，负责雇用、监察学校的管理。校董会的成员在多数情况下是不拿工资的，但是主管行政工作的校监（Superintendent）工资往往很高。拿我自己居住的弗吉尼亚州费尔法克斯县为例，这个县在2010年有174189名在校中小学生，校监的基本工资是292469美元，加上福利和奖金共为418449美元，比总统的工资还高。即便是本州内最贫穷、只有579个学生的学区，校监的收入也高达92000美元。校监工资过高，经常是纳税的选民会抱怨的话题。

不过，校监们面对的也不是个轻松的工作环境。美国的中小学教育最近 20 年来每况愈下，教育质量呈下降趋势。虽然实行中小学全民义务教育，但是能够拿到高中毕业文凭的学生不到 80%。在一些少数族裔和穷人聚居的地区，比如内华达州、新墨西哥州、首都华盛顿特区，甚至 40%~50% 的学生无法从高中毕业。这使得教育改革成为全民都希望推动的事业。

然而，教育改革谈何容易。要从什么地方着手，左翼与右翼完全是南辕北辙。左翼主张联邦政府大量增加对教育的投入，包括为教师增加工资、为学校增添设备等等。而右翼则主张减少联邦政府对地方教育的干预、给予家长更多选择学校的自由、限制教师工会等等。（关于教师工会的问题，在后面的文章中还会专门提到。）教育改革的方案无论偏向哪一翼，都会遭到来自对方阵营的猛烈反对。

安德伍德在当不成国务卿之后，便以获得主持教育改革的权力为目标。可是，他在民主党内显然不似左翼议员唐纳德·布莱特那样熟悉有关教育的议题，而且后者与势力强大，也是民主党基本票仓的教师工会关系良好。于是，布莱特也就成了沃克总统的人选，并且毫无防备地成了安德伍德要暗算的对手。

安德伍德给布莱特下的绊子，只有熟悉华盛顿运作的人才想得出来。他大概比沃克总统更明白，像布莱特那样的左派一定会给出一个右派和中间派都无法接受的提案。果然，布莱特在草案中建议增加税收、进一步限制家长的选择权、更多联邦干预等教师工会提倡的政策。本来，在立法开始时，负责起草的议员拿出一个本人心仪却并不见得为大众接受的方案是正常情况。整个立法的过程从来都要有多方面谈判、妥协，最后才能形成出台的法案。如果最初的方案公之于众，就有可能破坏日后的进程。在《纸牌屋》里，安德伍德正是这样做的。他一面劝说布莱特拿出一个折中方案，一面却悄悄地将布莱特原始的草案通过巴恩斯泄露给媒体。草案公布之后引起的反弹果然如他所料，舆论的轩然大波令沃克总统不得不撤下布莱特，将起草法案的大事交给安德伍德。

总统的办公厅主任琳达这时警告安德伍德：

"如果这个法案不能在头100天内拿到议会投票厅，那么我就让你去向总统解释为什么他向美国人民撒谎了。"

这句话倒可以说是画龙点睛。尽管公众对政客的印象通常是爱说些不负责任的大话，但其实政客们并不敢太过分地对公众失信，否则选民便会在下一次选举的时候通过投票箱来和他们算账。

以色列的政治地雷

民主党众议院党鞭弗兰克·安德伍德如何令沃克总统的国务卿人选科恩参议员丢掉任命的故事,简直是我一位朋友的经历的翻版。

傅立民(Chas Freeman)能够讲一口流利的中文。1972年尼克松访华的时候,他是总统的翻译。他有语言天赋,除了中文之外,还懂阿拉伯语等几种重要语言。在老布什总统时代,傅立民当过美国驻沙特阿拉伯的大使,与阿拉伯人关系很好,在外交上经常站在阿拉伯世界一边,也因此与以色列人有了过结。在奥巴马就职后一个月,新政府提名傅立民为国家情报委员会的主席,主管情报分析工作。消息传出后,犹太人团体以及亲以色列的游说机构提出了强烈的反对意见。他们列举出了傅立民一系列指责以色列与支持或同情阿拉伯国家立场的言论和文字,包括说过"'9·11'事件告诉我们,如果我们去轰炸人家,人家也会回过头来炸我们",以及对美国长期为以色列提供援助和政治保护的政策进行过严厉的批评。还有消息传出,傅立民为沙特阿拉伯提供咨询服务。（傅立民后来苦笑着对我说，他从沙特总共才拿过7000美元的咨询费。）在大选中一面倒地支持奥巴马总统的犹太人团体在媒体上对白宫发起了凌厉的攻势。舆论轰炸了几天之后，傅立民不得不谢绝了总统的提名。此后，总统在中东事务上基本也没有征求过他的意见。

《纸牌屋》里的科恩参议员与傅立民的情况还有所不同。他在进入政坛之后，从来没有投票反对过以色列。正如他在电视节目中说的那样，是有记录可查的。不过，安德伍德的手下却翻出了35年前（1978年）科恩在马萨诸塞州的威廉斯学院就读时担任校报主编的历史。那份学生报纸上登载过一篇社论，指出以色列对加沙地带的占领是"非法"的。这种观点，在具有左翼倾向的大学生中其实非常普遍。况且在科恩代表的科罗拉多州里面，犹太人的团体并不怎么强大，所以他的观点如何也没有人深究。可是在被提名国务卿的节骨眼儿上，这篇老文章就一下子将科恩推到了一个尴尬的境地。

美国以外的人，包括欧洲人，都很难理解为什么犹太人和以色列在美国政治中有如此大的影响力。媒体往往人云亦云，用犹太人在金融界的势力来浮皮潦草地一言带过。其实，犹太人在西方基督教和天主教世界中，传统上是比伊斯兰教教徒更受歧视的民族。在第二次世界大战之前的2000年里，没有祖国的犹太人大多数生活在基督徒的国家里，被排斥在正常的社会生活之外。欧洲历史上出现过多次大规模的排犹浪潮。大批的犹太人被驱赶到贫穷的东欧。犹太人在欧洲第一次获得公民权，是在1789年法国革命之后。其他国家这么做还要晚得多。即便是在法国，20世纪初也发生过数次排犹浪潮。在希特勒入侵的时候，法国仍旧有一半犹太人没有公民权。这是纳粹德国对犹太人的种族灭绝屠杀的历史背景。

美国是对犹太人最宽容的国家。19世纪末20世纪初沙皇俄国大批驱赶、屠杀犹太人的时候，几十万无家可归的犹太人来到自由女神像下寻找新的生活。他们在纽约、芝加哥等大城市建立起了居住区，加入了美国国籍。歧视犹太人的现象虽然存在，比如许多白人新教徒的俱乐部拒绝接纳犹太人，但绝不会接近欧洲的程度。不过，那时候犹太人的政治影响非常小。

希特勒的种族灭绝彻底改变了犹太人在美国政治中的影响力。战争期间，大量关于虐犹的消息传来，美国人从开始的半信半疑转变为极度的愤怒。而战后数百万犹太人遭到杀害的证据被披露之后，美国的公众在愤怒之余又感到内疚。杜鲁门总统本人的经历就是个典型的例子。他年轻的时候有位犹太朋友爱德华·雅各布森，后来两人成为生意伙伴。可是杜鲁门从来没有请雅各布森到他家去做客，因为他的丈母娘很不喜欢犹太人。1948年，当以色列和巴勒斯坦建国的提案进入联合国的时候，雅各布森帮助安排犹太复国团体的领袖——后来成为以色列开国总统的魏茨曼博士到白宫去见总统，说服美国人支持以色列的建立。

自此之后，以色列与美国之间的盟友关系便牢不可破。许多专家和外交界的人士认为，以色列没有其他中东国家的石油资源，每年要耗费美国的大量军事援助，并且导致美国与阿拉伯人的对立，有这样的盟友实在是得不偿失。但是普通的美国人却并不这样看。他们认同以色列政治和社会制度中体现的价值观念，认为必须支持这个被其敌人重重包围的民主国家。这些年里，Judeo-Christian（犹太——基督教）这个词被人越来越多地提起，以此来更多地强调美以两国之间的认同。《纸牌屋》中的安德伍德巧妙地将"反犹"的标签通过媒体贴到科恩参议员身上，借助的也就是这样的民情。

值得一提的是，剧中在电视采访节目上直接挑战科恩的乔治·斯特凡诺普洛斯（George Stephanopoulos，一个非常难读的希腊姓）在90年代曾经担任克林顿总统的公关主任，离开政坛后成为ABC

（美国广播公司）的大牌新闻脱口秀节目主持人。在节目上猝不及防地挑战科恩参议员，这也是他一贯的作风。而科恩参议员在问题面前尴尬的笑容，以及他支支吾吾的回答，的确也暴露了他年轻时反以色列的观点。仅仅是这一刹那间的表现，就让他与国务卿的宝座擦肩而过，可见反犹在美国是一件多么不得人心的事情。

距白宫一个心跳的人

《纸牌屋》中，诡计多端的众议院多数党党鞭安德伍德成功地劝说副总统马修斯辞职去竞选宾夕法尼亚州州长，这个情节经常会让观众感到迷惑。为什么一个成功地从州长职位上进入华盛顿并坐上行政权力第二把交椅的人会甘愿退回到地方上去？在现实中是否可能发生这种事情？

答案是，这不仅可能，而且的确发生过。1832年12月，安德鲁·杰克逊政府的副总统约翰·卡尔霍恩竞选参议员成功。他选择去参议院就职，因此辞去了副总统的职务。卡尔霍恩在担任副总统职务之前，是南卡罗来纳州非常有影响的参议员。在杰克逊上台之后，他觉得自己与总统合不来，还不如去当参议员更有影响。第二位辞职的副总统是尼克松政府的斯皮罗·阿格纽，原因是涉入丑闻被调查。副总统辞职的情况固然不多，但是这个位子曾经多次出现空缺，有时候甚至空缺数年。直到1967年，美国通过了宪法第二十五修正案，规定在副总统出缺的情况下，总统必须提名补缺。

从排行上看，副总统是一个权力非常大的职务。人们形容说，副总统"离白宫只有一个心跳的距离"。也就是说，根据宪法，在总统死亡或者不能执行总统职务的情况下，副总统马上要继任。美国历史上有8位总统在任期间去世，其中有4位被谋杀。一旦宣布了总统死亡，副总统一刻也不能停，马上宣誓就任。20世纪最著名的新闻照片之一，便是林登·约翰逊副总统在空军一号飞机上宣誓就职，旁边的肯尼迪夫人仍旧穿着那件沾满了她丈夫鲜血的粉红色套装。即便总统还活着，如果要到医院去做手术，在进入麻醉状态之后副总统也要临时成为总统。几年前，小布什总统去做肠镜的时候，切尼就当了几个小时总统。

然而，副总统又可能是一个非常无聊的职位，特别是碰上一个强势总统时更加如此。宪法规定副总统同时担任参议院的议长。如果出现投票50对50的僵持不下的情况，副总统就可以投下关键的一票，但是出现这种情况的次数并不多。在罗斯福新政的年代，总统大权独揽，以至于每日在参议院无聊地混日子的副总统、得克萨斯农民出身的加纳就说，副总统的价值"还不如一桶新鲜的尿"。据媒体透露的消息，当今的副总统拜登的事情也不怎么多，令他怀念过去在参议院当外交委员会主席那些忙碌的日子。拜登手中的权力和影响远比不上小布什时代的副总统切尼。

担任副总统的人，多半有当总统的野心。不过若是总统年富力强有望连任，而副总统年事稍高——如奥巴马与拜登的情形，那二把手的总统梦便没有多少希望。《纸牌屋》中的沃克总统和马修斯副总统之间的关系看来也是如此。安德伍德把握准了这点，才能有效地劝说马修斯辞职。

总统与副总统之间经常会有张力与摩擦，这固然是人与人之间不可避免的状况，但也和美国行政权力的设置有关。美式民主采用的是间接选举制度。宪法规定，在总统大选中，每个州投票推举出来的选举人必须要将选票投给至少一个非本州居民的总统或副总统候选人，因此就形成了总统与副总统候选人来自不同州的惯例。在2000年的大选中，小布什与切尼都住在得克萨斯。为了竞选副总统，切尼便搬回了自己的家乡怀俄明州。

在现实政治里，总统与副总统候选人来自不同的地区，会在政治上形成一种互补关系。《纸牌屋》里的沃克总统原来是中西部科罗拉多的州长，马修斯则来自东部的宾夕法尼亚州。科罗拉多州是个旅游胜地，受教育程度高的自由派势力很大。最近那里消遣性大麻合法化就体现了这类人的影响力。宾夕法尼亚则是个工业州，劳工组织控制了许多地区。这两个州长的牵手，象征着民主党基本力量的联盟。

新当选的总统，特别是那些州长出身的总统，在进入白宫之前早就有一批长期跟随他们的幕僚，有些人更可能是他们从小的朋友。他们会将这批亲信带入白宫。比如奥巴马带去了一帮芝加哥的人，小布什带去了一帮得州佬，克林顿则带去了一批阿肯色人。来自不同地区的副总统难免会跟这些人格格不入。他自己也会带一批原来的亲信，在副总统办公室组织一个顾问班子。但后者的权力和前者自然无法相比。切尼之所以权力大，是因为他很早就是布什一家的朋友和亲信，而且小布什班子的不少关键人物都是切尼挑选的。

在1974年之前，副总统在华盛顿甚至没有自己的官邸，可见《纸牌屋》中的安德伍德在当副总统之后没有搬出自己的房子是有先例的。总统住的白宫门前游人终日络绎不绝，可以说是世界上最著名的住宅。副总统住在离白宫大约5分钟车程的马萨诸塞大道的使馆区，房子被树木遮得严严实实，游客不会在这里驻足。

事实上，安德伍德在众议院当多数党的党鞭，实权比多数副总统都要大。他机关算尽去谋求副总统职位，不过是为登上总统宝座铺平道路，最终成为一个没有经过全国民选产生的总统。在美国历史上，这样的副总统只有一位：尼克松1974年辞职之后继任的杰拉尔德·福特。1974年，副总统阿格纽因为丑闻而辞职后，尼克松提名当时众议院少数党领袖福特担任副总统。在尼克松因水门事件被迫辞职之后，福特就入主了白宫。两年之后，他败选下台。安德伍德的结局如何呢？恐怕要等《纸牌屋》第三季了。

国会决斗与谋杀案

《纸牌屋》的主人公、众议院多数党党鞭安德伍德为了实现政治野心而谋杀了至少两个人,包括来自宾夕法尼亚州年轻的众议员罗素以及与他关系暧昧的女记者巴恩斯。这样的事情纯粹是作者杜撰的,还是有生活原型?

2001年5月,一位24岁的漂亮的国会女助理突然神秘地失踪了。她的名字叫桑德拉·李维,在来自加利福尼亚第十八选区的民主党众议员格里·康迪特的办公室工作。一个星期之后,李维那心急如焚的父亲对警方报告说,女儿与康迪特议员有染。消息在媒体曝光之后,50多岁、早有家室的康迪特立即否认。但是经过一番调查,联邦调查局找到了康迪特与李维以及另一位女子有婚外情的证据。康迪特在公众的眼里立即成了谋杀的嫌疑人。当时的民调显示,超过一半的选民都怀疑他与谋杀有关。结果在第二年的国会选举中,连选连任当了5届议员的康迪特落选。

这件与国会议员有关的谋杀案,被街谈

巷议了好几年，康迪特也一直为此而背着嫌疑犯的黑锅，直到2009年真正的杀人犯被抓到。

在美国国会200多年的历史上，有13位参议员或者众议员在任期内被杀害。有3位是19世纪初与人决斗中丧生的，有8人死于枪伤。不过，起码目前还没有听说过有哪位国会议员犯下了谋杀罪。

第一位在任上被打死的是来自密苏里州的众议员斯潘塞·佩蒂斯。1831年，佩蒂斯在竞选的过程中与一位第二次独立战争中的英雄托马斯·比德尔及其家人发生争执。两人于是用手枪决斗。枪响之后，两人同时受了致命伤。第二次决斗事件发生在1831年，这次是民主党与辉格党的两位众议员在国会内相互辱骂，最后只好外出一决雌雄。这次明显是有一人或是枪法更高明，或是更得到命运的眷顾，决斗以民主党人乔纳森·西里倒在血泊里告终。

当然，议员们的勇敢也不仅仅表现在决斗场上。1836年，50岁的田纳西州的众议员戴维·克罗克特竞选连任失败，于是前往正在起义要脱离墨西哥的得克萨斯地区的阿拉莫镇。他与当地的居民一起抵抗前来镇压的墨西哥大军，最后战死在那里。这次战争成为得克萨斯从墨西哥独立出来的转折点，克罗克特后来也成为美国民间传说中一位了不起的英雄。

1859年，美国大多数的州立法禁止决斗，终结了以决斗方式来解决政治争端的做法。是年9月，来自加利福尼亚的参议员戴维·布洛德里克成为国会中政治决斗的最后一位死难者，打死他的对手不巧却是加州最高法院的首席大法官。

20世纪针对国会议员的暴力事件比19世纪似乎更富戏剧性。1935年，路易斯安那州极富个性的强势参议员休伊·朗在宣布参选总统一个月之后在光天化日之下被刺杀。凶手是一位29岁的医生，也是他的政敌的女婿。朗身边的警卫对凶手开了62枪，当场将他打死。朗自己在挣扎了两天之后去世。临死前他悲痛地呼叫:"上帝呀,别让我死吧。我还有太多的事要做!"

朗的谋杀案当时被认为是与国会有关的最大的谋杀案。1946年,罗伯特·沃伦出版了根据朗的生平撰写的长篇小说《国王班底》。作者因此获得了普利策奖,随后小说被拍成电影,获得了是年的奥斯卡最佳影片奖。

罗伯特·肯尼迪参议员1968年被谋杀,是一起更为轰动的国会谋杀案。凶手是巴勒斯坦人瑟罕·瑟罕。肯尼迪当时正在准备继承他的兄长、1963年在众目睽睽之下被刺杀的前总统肯尼迪的未竟事业,竞争民主党的总统候选人提名。6月5日,当肯尼迪做完演讲在旅馆中被支持者包围的时候,瑟罕·瑟罕对准他的后脑开枪。凶手过后承认,他的动机是不满肯尼迪支持以色列。

肯尼迪总统兄弟两人先后遭谋杀,引发了外界各种说法。半个多世纪过去之后,有关这两桩凶杀案的书籍和电影仍然在畅销。

在那以后,国会又有过两次非常扣人心弦的谋杀事件。50年代,美国教士吉姆·琼斯建立了一个教派"人民圣殿教"。在70年代,他带领着上千信徒到中美洲圭亚那建立了一个叫琼斯镇的聚居区。1978年,有一批跟随去了琼斯镇的人写信给旧金山的国会议员利奥·瑞安,揭露琼斯在那里的种种不法行为。瑞安于是带了几个人前往倾听选民的声音。琼斯派出凶手,在瑞安准备离开之前将他枪杀,同时被杀害的还有三位记者。之后,琼斯诱导900多名信徒与他一同集体自杀,这就是震惊世界的琼斯镇事件。

最后一位死于非命的国会议员是佐治亚州的拉里·麦克唐纳。1983年9月1日,他搭乘大韩航空007号班机从纽约前往汉城。机上有240名乘客与29名乘务人员。由于仪表的故障,客机误入苏联领空。苏军派出两架战斗机,在没有发出警告的情况下发射导弹将客机击落,机上人员无一幸存。悲剧发生后,苏联拒绝向韩国交出飞机的黑匣子，以至于在十多年中世人无法知道其中的详情。直到苏联解体之后，俄罗斯的叶利钦政府才在1992年将黑匣子还给韩国。

年复一年，美国国会丑闻不断，最常见的是非法募捐、滥用职权，偶尔也有贪污渎职的案件。不过，还真是没有发现有像《纸牌屋》中的安德伍德那样为个人私利而干出杀人灭口这等事。

最后顺便提一句，前面提到的那位倒霉的康迪特议员，下台之后没有工作，与儿子合伙卖冰激凌。谁知道"运去雷轰荐福碑"，生意经营不下去，还被冰激凌生产商以拖欠款项告上法庭，只好关门大吉。他儿子为老爹抱不平，2012年参选国会，让父亲帮忙拉票。可是康迪特这个姓已经让选民倒了胃口，结果他连提名资格都没有挣到。根据《华盛顿邮报》不久前的说法，刚刚六十出头的康迪特如今只能在家里带带孙子。走出门去，还会不时被人指着叫几声"谋杀犯"，日子的确不怎么好过。

国会议员住在哪儿

从国会山往东走,在华盛顿东北区,人们能看到一排排美丽的小房子。《纸牌屋》的主人公安德伍德就住在这一带。这些房子建于19世纪末20世纪初,多数是连排,偶尔也能见到独栋。房子面积都不怎么大,比起近年来在郊区大量兴建的那种大宅院、大客厅、大浴室的俗气宅子住起来要逼仄得多。

从安德伍德的家,人们能看到这些房子内部的典型设计:进门是客厅,小小的饭厅在旁边,厨房的面积还可以,但不是现在流行的开放式。楼上有两三间卧室,楼下有地下室,终年阳光照射不到。《纸牌屋》中没有他们家浴室的镜头,但在那种房子里从来见不到华丽的现代浴室,因为当年建房的人对此并不怎么讲究。就居住环境来说,郊区或者农村的普通中产阶级家庭的条件通常要比这好不少。

《纸牌屋》第三集给我们展示了安德伍德的另外一处住房:他在佐治亚州自己选区内的住宅。那是典型的郊区独栋楼房,有大客厅、大饭厅、精心布置的庭院。安德伍德说,他努力争取每个月到这里来一趟。根据美国的法律,这里才是安德伍德真正的家,华盛顿不过是个临时住所。他代表的是这个地区的选民。

在18世纪末美国成为代议制国家的时候,作为立法机构的国会每年只有几个月的时间开会,议员也没有工资,一年只有6美元的餐饮补贴,相当于现在的不到200美元。到1815年,经过战争、动乱、起义等大事件,国会需要开会的时间长了,而议员中也出现了一些穷人。如果再不给工资,等于让有钱有闲的富裕阶级垄断国会。于是,议员开始每年领取1500美元的工资,相当于今天的两万美元上下。如今,国会参众议员的年薪为174000美元,在首都华盛顿地区只能算中间偏上的收入。到了纽约这种大都会,那就只够在曼哈顿的豪华区租个小套间。

议员的开支比普通人要多。其中最重要的,就是必须在选区内保持住房,之后在华盛顿还需要有住处,除非该议员碰巧代表的是华盛顿附近的选区,可以通勤。每周开会的时间至少有四天,所以议员们在华盛顿必须住至少三个晚上。当年副总统拜登当参议员的时候,就从特拉华州坐一个多小时的火车来首都上班。天长日久,和铁路员工们混个脸熟。那些路远的议员就没有这个福气了。像前议长佩洛西就是每月数次乘飞机回到旧金山,比起西雅图,还算是近一些。

佩洛西家里大富,她在乔治城风景如画的波托马克河边有套豪华的公寓。笔者有位朋友是她的邻居,从那里得知该楼的房价至少超过200万美元。其他有钱的议员也是或租或买,以便上班。不少人挑中《纸牌屋》中安德伍德住的地区,因为从这里可以走路去国会。那里一栋三居室的房子每月租金在4000美元以上,家底不厚的人根本付不起。

穷议员解决住房问题的办法五花八门,其中最抠门的干脆就住在办公室。比如来自犹他州的贾森·查菲茨，2008年选进国会的时候41岁。他是摩门教徒，生了6个孩子，太太在家不工作。议员这点工资养8口人的确有点紧巴巴。在去国会报道的那天，他带着13岁的女儿去沃尔玛，买了张便宜的行军床架在办公室里面，就拿那里当家。笔者曾经问过他住办公室的滋味如何，他笑答道：和家里当然有区别。另外一次，笔者到来自加州的国会议员罗拉巴克的办公室去见他，看到地上堆了一些行李。原来议员与房东发生了冲突，被房东赶了出来，一时无家可归，只好睡在办公室里面。至于洗澡，则利用国会运动设施中的浴室。如今住在办公室里的议员大概有40位，占国会议员人数7%~8%的样子。

有一批议员想出了另外的办法：买艘游艇住在船上。美国的游艇不贵，旧的有一两万美元就能买下来。这些议员将游艇停在码头上，平时住在那里，高兴还可以开出去，倒也很惬意。

当然，在华盛顿时间长了，特别是一待就是几十年的那些老议员，总还是要在这里做个窝。于是，一些人就合租起了房子。不久前，美国有线电视新闻网（CNN）的记者去走访了三位议员的家。他们是伊利诺伊州的迪克·德宾参议员、纽约州的查克·舒默参议员、加州的乔治·米勒众议员。德宾是参议院民主党的第二号人物，舒默是第三号。他们都属于美国权力最大的一小批精英。而米勒是房东。他们从80年代初起就共同住在这里。舒默住客厅，德宾和米勒都有自己的卧室。

记者很吃惊地看到，房子年久失修，里面是一派单身汉宿舍的乱象，甚至内衣裤都到处乱扔。屋里唯一比较舒服的座位是一张旧沙发。德宾说，当初他的儿子将这个沙发扔进垃圾堆，老爹看着还不错，就捡了回来，一用就是十几年。冰箱坏了也没人修，炉子的地方干脆只剩下一个洞。舒默解释说，当初那里有老鼠，所以拆了炉子去抓老鼠。

《纸牌屋》中的安德伍德，其实早已经不住在他自己的选区里面了。他的太太在首都工作，这两口子和本地区选民并没有太多的联系。他在国会中的地位能给本选区带来许多利益。这是一些老资格的议员能长期待在华盛顿却依然在本地当选的秘密。

不过，大多数议员依然住在自己的选区里。通常，在华盛顿约议员见面并不容易，但是到他们的选区里面机会便大得多。因为他们回到选区之后，没有了国会开会的压力，主要的任务就是接触选民。他们在选区里的房子当然不敢太"脱离群众"。

国会大楼惊魂

2014年10月3日是美国政府关门的第三天。这天早上，我听说来自肯塔基州的参议员兰德·保罗要在国会的台阶上举行一次"咖啡聚会"，邀请两党的参议员来参加，也欢迎媒体前去采访。在目前国会党派严重对峙的局势之下，保罗参议员此举也许能够为预算争执带来一点转机。我一向热衷于政治，于是便在咖啡聚会举行的上午11点和一位同事一起来到这里。

前来参加会议的有7位参议员。在看过他们的讨论并且与其中一位民主党人聊了一会儿之后，已经到了中午时分。我们决定到众议院的办公大楼去逛逛，看看在政府关门期间议员们在做什么。

国会的办公大楼在每天上班的时间里对公众开放。每个议员办公室的门口都挂着国旗与州旗，还有写着议员名字的牌子。参观者可以随便走进去，办公室里的人会提供水和咖啡，甚至还有议员选区的特产，比如花生和糖果。这里的餐厅也对公众营业，但是饭菜质量不敢恭维，价格却偏高。不过国会附近没有大众化的饭馆，所以在楼里和附近上班的人经常会在这里吃饭。我们这天在走访过几个议员之后也在这里随便吃了点东西。

国会办公大楼平日人来人往，重量级议员的办公室也门庭若市。不过自政府关门以来，国会大部分工作人员都不得不临时下岗，这里的人员流量还不到日常的三分之一。我们到了门口正要离开，忽然国会大楼里警报声大作。持枪的警察对人们大喊：赶紧躲避！回到你们的房间里去！

人们纷纷跑起来，有人将一批游客引入一个大会议室。我们看人太多，就上了二楼。在仅仅几分钟的时间里，楼道里便已经空无一人。看到这种情况，我便设法去推开身旁的一扇门。那是佛罗里达州众议员丹尼斯·罗斯的办公室。殊不知，平日里开放的门如今却是紧锁着。我们敲了几下，里面的人应声答道，根据紧急情况的规定，不许对外人开门。

"我们会记住你的！"我的同事气愤地大叫。

危急之下，我们赶紧跑了几步，来到我一位好友、弗吉尼亚州众议员弗兰克·沃尔夫的办公室，满心以为报出名字就能进去。可是，门口守着一位彪形大汉，挂着联邦调查局的工作证。他很礼貌地提醒我们"不得敲门"。原来，沃尔夫议员是国会拨款委员会小组的主席，属于重量级的议员，有联邦调查局的专门保护。

这时候走过来一位国会山的警察，他让我们立即离开过道，待在有门隔开的楼梯口。看着宽敞的楼梯，我和同事面面相觑。如果有恐怖分子袭击，他们从楼下冲上来，我们岂不是最方便的射杀目标？

正在这个时候，有个瘦削的中年男子匆匆地跑上楼。他问那位警察："她们俩没有地方去？到我的办公室好了。"

这人浅褐色的西装上别着国会的徽章，表明他是一位议员，但是我过去从来没有和他打过交道。

我们跟着议员跑进了他的办公室。停下脚步后他伸出手自我介绍说："你好！我是吉姆。你们现在到了最安全的地方。"

原来，这是来自俄克拉何马州的共和党籍众议员詹姆斯·兰克福德。他让助理们给我们送上水，再亲自打开电视新闻。原来，议员自己也不清楚到底发生了什么情况。通过有线电视新闻，我们才发现原来是有人用汽车撞了白宫附近的路障，之后又飞车到国会附近，与警察发生了枪战。警察封锁了国会的所有大楼。

40 分钟后，国会的警报才解除。这期间，我们和兰克福德议员聊天，发现他非常朴实、平易近人，是个典型的中西部人。他办公室里的几位工作人员，多数是不拿工资的实习生。离开的时候，我们可以说已经成了朋友。我告诉他，已经将当时的情况与他的照片都推到中国的微博上去了。他看见之后，还颇为惊讶。

在走出国会大门时，我们又遇到那位警察。他说："你们可把我吓坏了。"我们感谢了他。

回到家里，我上网查了一下兰克福德议员的资料。他出生于 1968 年，在得克萨斯州长大。他的母亲在公立学校管理图书，父亲是通用汽车公司的工人，祖父一辈是农民和小店主。可以说，他出身贫寒。在当上国会议员之前，他是地方浸礼会教堂的工作人员。2010 年，俄克拉何马第五选区的议员玛丽·法林竞选州长成功，共和党里有 7 个人一起去竞争议员的提名，兰克福德得到的选票仅仅比第二名多出 612 票。之后，兰克福德在这个共和党占压倒多数的选区里顺利当选。2012 年再次当选之后，他在议会里被选为共和党政策委员会的主席，是党内冉冉升起的明星。

国会山的一次惊魂，也带来了国会山的一次奇遇。

殊不知这奇遇还有一段后话。几天之后，我在一次酒会中看见丹尼斯·罗斯。我走过去拉下脸说：

"罗斯议员，我有怨气！"我用的是"I have a complaint"，借用的是马丁·路德·金那句"I have a dream"的名言。

"怎么了?"他问。

"那天国会警报拉响的时候,我去敲你的门,你却将我拒之门外!"

"那天原来是你?"罗斯议员愣了一下,和我一起开怀大笑。

"我算欠下你人情了。有什么我能做的,你尽管吩咐。"罗斯过来给了我一个友好的拥抱。

于是,我就和他约下了一次深度采访。

形形色色的参议院头面人物

参议院（Senate）一词出自古罗马共和国，其词根在拉丁文里意为"元老"。在古罗马，一批有权有势的贵族组成了元老院（Senatus）统治国家。美国建国之初，崇拜罗马文明的国父们希望建立一个平民社会，同时却害怕平民民主的不稳定性，因此决意建立一个两院制的国会：各个州的议会推举出两位任期6年的参议院议员，每两年改换三分之一，以保持参议院一定的连续性。而众议院议员任期只有两年，每两年全部改选，以体现平民政治的特色。一直到1913年通过宪法第十七修正案，参议员的选举才直接由选民来进行。在过去100年里面，美国的地理人口虽然有重大的改变，但是各州无论大小，参议员都只有两位。人口只有50万出头的怀俄明州与人口3600万的加利福尼亚州或者人口2000多万的得克萨斯州在参议院里具有同样的代表权。

参议员候选人的资格包括：年龄30岁以上，具有美国公民身份9年以上，并且居住在所代表的州。居住时间的长短并没有限制。

所以，当初希拉里·克林顿要去竞选纽约州那个空出来的席位时，虽然她从来没有在这个州住过，却立即去那里买了一所房子，从而具备了参选资格。

不久前，《时代》周刊曾经在2006年选出了当今美国的10位最佳参议员与10位最差的参议员。当选最佳参议员的共和党人包括来自宾夕法尼亚州的艾伦·斯别科特、亚利桑那州的约翰·麦凯恩、印第安纳州的理查德·卢格、亚利桑那州的乔恩·凯尔、缅因州的奥林匹亚·斯诺、密西西比州的西亚德·科克兰。民主党人包括伊利诺伊州的迪克·杜宾、密歇根州的卡尔·列文、马萨诸塞州的特德·肯尼迪、北达科他州的肯特·康拉德。最差的参议员民主党方面有夏威夷州的丹尼尔·阿卡卡以及明尼苏达州的马克·戴顿，共和党方面有科罗拉多州的韦恩·阿拉德、肯塔基州的吉姆·本宁、蒙大拿州的康拉德·伯恩斯。

《时代》选出这些参议员凭借的是什么标准呢？为什么被认为是最差的参议员没有被选民淘汰呢？最好的参议员是否也是最有权势和前途的参议员？他们中间谁会参加下一届的总统竞争？

最佳参议员

作为美国立法部门两翼中更加稳定的一翼，参议院无疑是这块土地上权力最大的机构之一。内阁阁员和法官虽然由总统任命，但是没有多数参议员的举手就无法上任。总统与外国签订的任何协约，如果没有参议院的通过就要泡汤。在许多内政外交的重大决定上，参议院都能够与总统分庭抗礼。每个参议员都有权就国家内外大事提出自己的提案。如果提案能够获得国会多数的通过，就会成为国家的法律。因此，能够提出为多数选民赞许的法案，能够组织撰写漏洞尽可能少的法律，能够设法说服参众两院的多数议员通过这些法案，就是一个参议员成功的首要资本。

就这点来说，十佳参议员中在立法上最为成功的无疑是马萨诸塞州的肯尼迪。已故总统肯尼迪四兄弟中，三兄弟死于非命，只剩下特德·肯尼迪。自从1962年进入参议院以来，40多年里面，他一直是参议院中自由派的代表人物。肯尼迪继承了他兄长的传统，提出了大批有利于普通工薪阶层的立法，包括保护妇女、少数民族在工作场所不受歧视，保护妇女不受性骚扰，逐步废除移民限制、保障残疾人权益、鼓励公立学校教育等等。这些立法让绝大多数选民受益，也给肯尼迪赢得了好名声。

同样，密西西比州共和党的科克兰之所以入选，就是因为在卡特里娜飓风之后，他成功地推动了一项总额为350亿美元的立法去重建墨西哥湾地区。当时，受灾的路易斯安那和密西西比州在参众两院中的代表联合提出了一项总额为2500亿美元的重建提案。共和党政府非常担心该提案会进一步加深美国的国家债务危机，不断地对提案进行削减，以至于无法在两院之间达成协议。科克兰为了本州的利益，以他参议院拨款委员会主席的身份，挡住了一项对五角大楼拨款的议案通过，直到国会同意了上述350亿美元的拨款。

参议院掌握着一半的立法权，一共有100位参议员，每位议员只有一票。这样，一个成功的参议员也就必须是一个懂得如何尽可能调动各方面的支持，以便通过自己议案的立法者。尤其是作为少数党的议员，做到这点更加不容易。伊利诺伊州的民主党人德宾是个非常爱争论的人，在国会中经常与人争辩不休。同时，他也是个非常具有说服力的人。不久前，他成功地说服一批共和党人，通过了一项为全球克服艾滋病基金追加5亿美元拨款的提案。

即便属于多数党，能够获得少数党支持或者联合少数党议员去通过一些重要法律的议员也非常受人尊重。来自印第安纳州的参议院外交委员会主席卢格性情安静平和，总是能够与民主党对手们和睦相处，并且在一系列外交问题上达成共识。卢格最受人称道的政绩，就是与民主党人联手制定了限制核武器的法案，与俄罗斯签订协议，推动了乌克兰、白俄罗斯、哈萨克斯坦的无核化，并且极大地削减了俄美双方的战略核武器拥有量。

最佳参议员们多数都是一些能够在公众面前保持比较温和姿态的人物，但是特立独行的人并非没有机会。在十佳参议员中，位居榜首的共和党人斯别科特就是个例子。这位耶鲁法学院的毕业生原来是费城的检察官，在1981年被选进参议院，现在是参议院司法委员会的主席，有关司法问题的听证都由他来主持。像所有法官，包括最高法院大法官的任命，都必须首先通过该委员会的审查。斯别科特以铁面无私，甚至说话不顾分寸出名，无论是哪个党的人，听证会上都会受到他严厉的公开质询。不久前，现任司法部长冈萨雷斯就在关于政府监听公民电话的听证上受到斯别科特毫不留情的质问。他甚至公开表示，如果布什政府违犯了法律，就有可能受到弹劾以及刑事追究。为此，斯别科特获得了民主党阵营以及共和党温和派人士的一片喝彩之声。

自从布什总统上台以来，美国的政治日益极端化，保守派与自由派的极端分子们占据了政治舞台中心，让大多数温和的选民无所适从。因此，缅因州共和党的奥林匹亚·斯诺就赢得了许多人的赞赏。斯诺是入选十佳的参议员中唯一的女性。这位60多岁的参议员在26岁的时候就成功地竞选成为众议员。在议会中，她遇到了现在的丈夫约翰·麦克曼——后者当时也是众议员，后来成为缅因州的州长。斯诺是个性格温和的人，她推动的也是温和的政策，包括支持妇女堕胎权和同性恋平权。每当参议院中的共和党人推动一些极端的政策时，斯诺都会发出反对的声音。

最差参议员

前不久在选民中进行的一项民意调查表明，认可国会的人只有23%，可见选民对现任议员评价之低。在这种情况下，要列举出最差参议员恐怕比找出最佳参议员容易得多。

这5位上榜的参议员有个共同点，就是在<u>立法成绩上乏善可陈</u>。

其中，懒惰也许是最重要的原因。位居榜首的夏威夷民主党人阿卡卡有中国移民和夏威夷当地人的血统，也是美国参议院中与华裔沾点儿亲的议员。这位现年82岁的议员在1990年进入参院，16年来完全没有提出过任何有影响的议案，在此基本是尸位素餐。有趣的是，在上一次选举中他获得的选民票数超过70%。这也许是夏威夷远离本土，当地选民对联邦一级的立法缺乏兴趣的缘故。

共和党的阿拉德和本宁同样毫无立法建树。阿拉德原来是个兽医，本宁在50年代曾经是个著名的棒球手。这两个人在参议院中都待了十来年，却难得露面。本宁更是个大老粗，除了与棒球有关的立法，他是一概不关心。

不过，这些糟糕的参议员能够留在这么重要的位置上，并且获得连选连任，总是有一定原因的。在一党独大的地区，只要争取到本党提名，选举就基本胜券在握。而只有在少数情况下，现任议员争取连任会在党内遭到重要挑战。阿拉德和本宁在上一次大选中获胜，与布什总统出面支持有很大关系。而布什支持他们的唯一原因，就是他们是现任议员。

除了党派政治之外，能够通过立法来为本州选民谋利益也是争取选票的途径。蒙大拿州的共和党人伯恩斯在17年的任期内设法为这个人口不到100万的农业州争取到了20亿美元的联邦拨款。伯恩斯之所以上榜，是因为卷入了阿布拉莫夫贿赂丑闻。

最有影响和权势的参议员

最佳参议员不等于最有影响力的参议员，也不等于政治上最有前途的参议员。参议院中共和、民主两党的领袖都没有入选，尽管他们无疑属于影响力最大的人物之列。在入选的参议员中，只有亚利桑那州的麦凯恩当时准备在2008年竞选总统，其他人都没有这个打算。另外，一些最知名的参议员，包括希拉里·克林顿、约翰·克里等等都没有入围。

无论是多数党还是少数党，参议员中的党团领袖都是个非常不容易充当的角色。多数党领袖必须平衡51位以上来自各个地区、有着不尽相同的政治观点立场的议员的要求，在不过分地冒犯少数党的前提下通过倾向于本党的法律。如果提案过了头，少数党就有可能动用无限制讲演这个武器让参议院瘫痪。而本党内也可能会出现造反的议员。少数党领袖则必须知道如何在团结本党议员的同时，在不同的各个议案中争取对方阵营里面倾向于自己的选票，或者在议案无法通过的情况下争取选民的同情，为日后选举打下基础。目前共和党参议院领袖是来自田纳西的比尔·弗里斯特，民主党领袖是来自内华达州的哈里·里德。这两位参议员在平衡利益上都是高手。也正因为如此，他们的主要精力不可能放在提出更多成功的立法议案上。

有入主白宫的政治野心的参议员也不可能将精力完全放在立法政绩上。他们更重视自己在外面的形象，更频繁地在公众场合出入，更多地去与各方面拉关系。如果提出立法，他们会首先权衡未来竞选中的政治利益。比如，希拉里·克林顿在2001年进入参议院以后，在所有有争议的问题上不是回避就是保持低姿态。她公开支持美国在阿富汗与伊拉克的战争，而且她与参议院共和党人合作，提出了一些很受欢迎的医疗改革方面的议案。这一切，都是为了后来的竞选总统做准备。

参议院的确是通向白宫的重要跳板之一。美国历史上43位总统里面，就有15位当过参议员。

平民社会中的贵族院

美国是个平民社会，起码美国人自己这么认为。虽说在过去200多年的时间里，这个社会滋生出了一批权贵家族，包括前总统布什一家，但美国毕竟缺乏正规的贵族制度——这是个由大批来自欧洲逃避宗教政治迫害的难民的后代建立的国家。

没有贵族本来是件令人骄傲的事，可是18世纪末，美国的国父们在制宪的时候偏偏非常担心这一点。他们在建立国家政治体制的时候有两点相互矛盾的共识：在启蒙主义的气氛下，这些欧洲移民的后代希望建立有别于欧洲专制国家和贵族社会的平民社会和平民政治；同时，他们又是这个社会里一批受过良好教育并且持有财产的富人，害怕彻底的平民社会将赋予那些"缺乏教养和财产"的人以同等政治权利，最后造成本阶级财产与地位的丧失，同时也害怕彻底的平民治国有可能导致暴民政治以及个人权利遭到毁灭。在美国宪法通过的同一年中发生的法国大革命以及随之而来的雅各宾血腥专政，证明了他们的担心并非多余。

基于这样的矛盾心理，国父们参照英国国会上议院（House of Lords）与下议院（House of Commons）的模式建立了国会参众两院制度。众议院由普通选民按照人口比例直接选出，参议院不仅不能直选，而且议员任期是众议院议员的三倍，每两年改选三分之一，以保持政治上的连续性。随着历史的发展，虽然参议院也实行了直选，但是参议员却能够无限地连选连任。参院中任期最长的议员、南卡罗来纳州的斯特罗姆·瑟蒙德在那里待了17年，直到满100岁才离任退休。

另外，第一任总统华盛顿与第二任总统亚当斯都曾经强调，参议院的主要功能之一，就是避免平民政治中"那些令人热血沸腾的时刻"完全左右政府。与众议院相比，参议院的立法过程冗长繁琐，效率低下。6年才需要竞选一次的参议员们通常与选民保持着相对较远的距离，与政治上层和工商业巨头的关系更加密切。历史学家们经常评价说，参议院是美国政治制度中仅次于大法官终身任职的最高法院的贵族实体。参众两院加在一起，钳制行政与司法权，成为美国政治体制中三足鼎立的不可或缺的部分。

不过，有了这么个贵族化的机构也让人担心。历史证明，这类机构很难避免权力的腐化与世袭化。因此，国父们在立法、行政、司法三权分立的基础上，干脆再进行更加具体的权力分离。参议院和众议院在立法中各自有不同的权力范围。比如说，总统任命的主要官员都需要参议院表决通过，众议院只能在一边干瞪眼。而众议院掌握着政府的主要命脉：税收与支出。联邦税务的增减只有众议院才能决定，联邦政府的开支也必须由众议院来批准。从一开始，参议员们就对这一规定非常不满。参议院多次提出修改这条宪法的提案，还专门设立了自己的拨款委员会来提出预算草案，可是每次参议院的草案都被众议院搁置不顾，造成了事实否决，直到今天依旧如此。

立法分权的另外一个典型例子是弹劾权。宪法规定,只有众议院才能够决定是否弹劾总统或者法官,但是一旦决定弹劾,参议院就要接过审理权,众议院不能再参与。不过,如果受弹劾的是总统,主持审理的就必须是最高法院首席大法官,以免议会中的党派政治干扰法律程序。这种复杂的分权制度,很大程度上限制了参议院的权力,也延缓了立法的过程。虽然效率受到影响,但在大多数情况下总算避免了平民政治"热血沸腾"所带来的各种负面后果。

特别值得一提的是,参议院由于掌握着对外战争以及国际条约的批准权,因此对美国的外交政策有着决定性的影响。总统虽然可以与外国签订条约,但是必须得到参议院批准。"一战"之后,民主党的威尔逊总统参加巴黎和会,代表美国签订了《凡尔赛和约》,并且发起成立国际联盟。然而,威尔逊将这些协定带回华盛顿之后,却遭到共和党控制的参议院的强烈反对。由于共和党比民主党在参议院中多了两票,总统的签字无法生效。情绪激动的威尔逊发表讲话说,美国的下一代人将为此付出战争的代价。这句话不幸被言中。自从威尔逊以后,美国的历届总统都接受教训,在没有确定参议院会同意之前,不敢轻易签订国际条约。

在参议院的各个委员会中,外交委员会是个特别有势力的机构。这个委员会负责对总统的各项外交政策进行监督、组织听证、发起辩论,就许多外交议题进行立法,并且有着批准或者否决总统任命的重要外交官员和驻外大使的权力。该委员会的成员,尤其是主席或者资深成员,在制定外交政策上的权力往往能与国务卿比肩。

从旁观者的角度看,参议院对外交政策以及通过这些政策对世界局势的影响的确有些令人担心。美国是世界上的头号强国,制定美国外交政策的人自然也必须具备全球性的知识和眼光。可是,参议员是各州选出来的地方民意代表,其首要责任自然是代表地方利益。一个出身于名不见经传、人口只有几十万的小州——比如北达科他、特拉华等等的参议员，有时竟然能够影响到整个国际局势，仅仅是因为这个州超过一半的投票选民——通常是成年人口的四分之一左右——认为这个人能够代表自己说话。这不能不说是世界政治中的失衡。

　　自从20世纪60年代民权运动以来，美国社会发生了重大的变化。妇女与有色人种至少在法律上获得了与白人男性平等的地位。参议院这个白人男性控制下的贵族式机构也在社会动荡的冲击下逐渐产生了变化。2006年，参议院中总共有14位女性参议员，包括希拉里·克林顿。少数民族的情况更加不乐观。当时参议院的少数民族议员一共只有五个人：四名民主党，一名共和党；黑人参议员只有来自伊利诺伊州的奥巴马，尽管黑人占美国总人口的12%。无论如何，在经过了200多年的运作之后，美国参议院当初的贵族色彩已经淡化了许多。

被推上法庭的共和党『锤子』

2005年10月20日下午,美国各大新闻网站都登载了得克萨斯州休斯敦地方警察局提供的一张照片,上面是微笑的共和党众议院议员、前不久刚刚辞去众议院多数党领袖职务的汤姆·迪莱(Tom Delay)。照片看上去和政客们普通的标准像没有什么区别——迪莱的分头梳得整整齐齐,西装革履,领口上还别着国会议员的徽章,笑容虽然灿烂,但显得不太自然。

这是迪莱向警方自首之后在警察局留下的档案照。

休斯敦的警察局马上接到了全美各地铺天盖地般打来的电话:为什么迪莱受到特殊待遇?为什么他的照片没有一般嫌疑人档案照上那条嫌疑人符号标志?狼狈不堪的警察局发言人只好通过媒体公布:休斯敦早已改变了过去的做法,不再在照片上加符号了。发言人还信誓旦旦地保证,迪莱议员在照相部门受到的待遇,和普通的嫌疑人没有任何区别。

尽管照片让讨厌迪莱的人大为失望,但

是这位号称"共和党锤子"的议员被推上法庭，还是让许多人笑得合不拢嘴。互联网上形形色色的"迪莱嫌疑人照"的产品——诸如T恤衫、茶杯之类也顿时热卖起来。

迪莱这次是栽倒在金钱上了。

"非法筹集政治捐款"

迪莱被起诉的罪名是违犯得克萨斯州的地方选举法律，非法为共和党筹集竞选资金。具体案情如下：得克萨斯州法律明文规定，政党在州地方选举中不得从大企业吸收政治捐款。休斯敦地方大陪审团认定，迪莱明知故犯，伙同另外两名共和党人组建了一个名为"得克萨斯共和党多数行动委员会"（TRMPAC）的组织，由迪莱担任主席。2002年得克萨斯地方大选期间，这个组织从多家大公司收取了19万美元的政治捐款，之后将这笔捐款转给了共和党全国竞选委员会，由后者将钱再转回竞选得克萨斯本州议席或职务的共和党候选人手中。从法律上说，这种做法等同于非法洗钱。

在迪莱被起诉之前，休斯敦的地方检察官罗尼·厄尔已经通过大陪审团起诉了迪莱在得克萨斯共和党多数行动委员会中的两名同事以及参与捐款的一些大公司。

非法募捐和洗钱都是严重的刑事罪名。9月28日，休斯敦地区大陪审团对迪莱的起诉一发出，他便不得不暂时辞去了众议院共和党领袖的职务。

迪莱的律师当即从法律技术和细节方面质疑这次起诉，检察官只好在10月3日再次召集大陪审团，重新通过起诉决定。地方法院随之在19日发出了对迪莱的逮捕令，于是才有了20日迪莱到得克萨斯向警方自首并在警察局拍照的故事。

拍照的第二天，迪莱首次出现在法庭上，向法官和检察官表示将做无罪申辩。在交付1万美元保释金之后，迪莱在律师的陪同下来到在法庭外守候多时的媒体面前大声宣布说："我的名誉一定会得到恢复！"接着，他大骂民主党籍的厄尔检察官的案件毫无根据，完全是在罗织罪名，不过是对他本人进行政治惩罚。他的律师则将矛头对准了法官，说负责案件的法官帕金斯曾经给民主党的外围组织捐过款，因此必须回避这一案件。

"如果一个法官给防止犯罪的组织捐过款，难道他就没有资格负责审判盗窃案了吗？"厄尔检察官反驳说。

检察官和辩护人双方都在指责对方利用刑事法庭来玩儿政治游戏。

得克萨斯州的地方政治

当然，这个案件从一开始就不是普通的刑事案件，不仅卷入的有众议院多数党领袖这么个大人物，而且因为这个地方刑事案中体现了得克萨斯地方错综复杂的政治运作。

说到政治，就不能不涉及金钱。人们批评美国政治全靠金钱在支撑，这话一点儿也不假。2004年的大选，共和、民主两大党仅仅在联邦一级的选举中就花费了超过13亿美元。但是，这庞大的竞选经费怎么用，却有严格而繁琐的法律规定。再有钱的个人和大公司，也不能罔顾法律来对自己支持的候选人或党派慷慨解囊。有强调州权传统的南方各州由于顾虑北方大公司通过金钱来控制本地政治，在这方面的法律尤其严格。迪莱被指控触犯的得克萨斯州选举法，就是一个典型的例子。

美国第二大州得克萨斯是个出牛仔也出石油的地方，该州的政治非常有特色。自从19世纪60年代的南北战争以来，得克萨斯一直是民主党中偏向保守的势力的地盘。60年代的民主党总统林登·约翰逊就出身于得克萨斯。但是，自从20世纪90年代以来，随着共和党内保守势力的兴起，得克萨斯很快从民主党州转变为共和党州。

共和党在2002年大选中夺取了本州议会参众两院的多数，使得该州立法和行政部门都掌握在共和党手中。

有趣的是，根据选民人数，得克萨斯州在2002年之前，共和党选民已经超过了民主党选民，因此布什才能在1994年被选为州长。但是，由于传统上选区的划分，民主党却一直在州众议院以及联邦众议院的议席中占多数。因为众议院的议席是按照选区分配的。只要在多数选区中民主党能够占微弱多数，共和党选民人数再多也没有用。这与2000年总统大选中戈尔得到多数票，但布什却拿下多数州的情况相似。

因此，重新划分选区，是得克萨斯地方共和党和民主党在2000年全国人口普查之后的关键之争。这一争夺不仅对州地方政治有决定性作用，对共和党在联邦众议院中获得多数席位也至关重要。迪莱担任主席的"得克萨斯共和党多数行动委员会"就是在这一背景之下产生的。这个组织的任务，就是为本州地区共和党州议会候选人筹措竞选款项，以夺取州议会参众两院的多数，最终借此通过法律，重新划分得克萨斯的选区。这个目的在2002年达到了——共和党有史以来第一次夺得了该州众议院的多数。

2003年，被共和党控制的得克萨斯州议会要讨论表决重新划分选区的议案。民主党人数少，明知无法通过投票来阻止该计划，有人想出了个绝招：一批民主党议员在议会开会期间集体离开得克萨斯，跑到附近的俄克拉何马和新墨西哥州，以便让议会达不到法定的投票人数。这场议员"集体逃跑"引起了全美媒体的关注，州法院还对带头的女议员海伦·吉丁斯发出了通缉令。迪莱还违反联邦众议员不得干预地方议会事务的规定，亲自给包括联邦调查局等机构打电话，要求他们出动去找这批人。当然，议员们躲得过初一躲不过十五，最终重新划分选区成为事实，直接造成2004年大选中得克萨斯州共和党从民主党那里夺走了联邦众议院的6个议席，进一步巩固了共和党的势力。

这也是为什么得克萨斯的民主党人不依不饶,一定要追究迪莱非法募集政治捐款的原因。

根据目前检察官出示的各种证据来看,迪莱要为自己洗刷罪名并不容易。甚至他自己也承认违反了规定,但辩解说"许多人都这样做",他被挑出来不过是民主党籍的检察官有意拿他开刀而已。如果迪莱被判有罪,他将面临最高两年的刑期。当时,迪莱的律师想方设法将庭审从目前的民主党选区挪到共和党选区去,以寻求有利于迪莱的法官和陪审团。

"共和党锤子"的由来

1947年出生于得克萨斯一个石油工业人士家庭的迪莱年轻的时候是个有名的花花公子和酒鬼,曾经因为酗酒被贝勒大学开除。80年代,他加入福音派教会戒酒,1985年成为虔诚的再生基督徒(born-again Christian)。这点经历,与前总统布什颇为相似。

迪莱1984年被选为联邦众议员。在1994年中期选举之后,共和党人获得了众议院多数,迪莱被选为党鞭。在这个位置上的操作,使他获得了"锤子"的绰号。

党鞭的主要工作,就是在每次表决议案的时候,协调组织本党议员的立场,以便尽可能将表决推向对该党有利的方向。虽然美国基本上是两党控制议会,但是每个具体选区的议员又因为选民意向、本人理念等各种考虑,在给具体议案投票的时候不一定愿意按照本党的路线投票。比如,共和党一贯主张减税、削减社会福利,反对提高最低工资标准。在有大量蓝领工人的共和党选区里,反对提高最低工资标准的做法就可能无法得到当地选民的批准。为了保住议席,该选区的共和党议员就要投下反对本党政策的票。这种情况在许多有争议的议案中都会出现。

共和党内过去习惯的做法,是在每次投票出现争议的时候,用各种方式——包括私下交易、由党内大人物施加压力等方式，让尽可能多的议员遵循党的路线。迪莱上任之后，却采取了新的办法。每次投争议票之前，他都精心算计，在保证共和党获得多数票之后，有选择地允许一部分本党议员投下反对票，以保住他们在本选区内获得选民支持。在他的主持下，上几届国会中出现了一系列极其相近甚至只差一票的记录。比如，共和党的老人医疗法案以216对215票通过，共和党的两个教育法案分别以217对216和209对208通过等。同时，对于那些不断违反本党立场投票的议员，迪莱便威胁要支持党内的挑战者。在他的控制下，共和党众议员党团比过去"守纪律"得多。为此，人们背后都管他叫"锤子"。

2004年，在前任众议院多数党领袖退休后，迪莱成为众议院共和党领袖。

在政治立场上，迪莱属于共和党的极右翼，比白宫里的布什总统还有过之而无不及。最典型的一件事，是2001年布什政府推行减税政策。迪莱在众议院里，硬是不肯通过给年收入10500~26625美元之间的低收入阶层减税。甚至白宫出面开记者会，宣布总统要让减税惠及低收入阶层之后，迪莱依旧对媒体宣称，总统说的话不能算数。至于环境保护、少数民族以及妇女和同性恋者平权等等主张，更是他的眼中钉。

个人操守被质疑

因此，这位"锤子"先生被推上法庭，不用说民主党人是欢天喜地，就连不少温和派的共和党人也在私下里偷偷高兴。毕竟，饱受"锤子"敲打的，主要还是共和党自己人。而且，这位先生做人也不甚检点，那几年没少给共和党惹出丑闻。众议院道德规范委员会虽然多次给予他警告，却总是被他当作耳边风，而且对敢于批评他的议员，尤其是共和党议员下狠手报复。

众议院议员的年薪十几万，在华盛顿这么个米珠薪桂的地方，要是拖家带口的话，连个宽敞点儿的房子都住不起。多数议员平日间要和各种利益集团联络，为自己募集竞选经费，有些操守不够好的便趁机沾光。而各种利益集团自然也无时无刻不在找机会向议员进贡，因此在首都发展出一种旺盛的院外游说业。游说公司主要集中在西北区 K 大街上，这里便被好事者称作"第四权力中心"。

1995 年，由迪莱挑头，共和党议员发起了一个"K 大街计划"，加强游说集团与共和党议员和官员之间的联系，用立法和行政权力来换取金钱和政治支持。

院外游说活动在美国不仅不违法，而且还是正常的政治运作的重要组成部分。每个选民都属于不止一个利益集团。比如，一个汽车工人是工会会员，同时也是全国枪支协会会员，又是渔猎资源保护协会的成员。那么，至少有三个美国最重要的院外游说集团代表他在国会活动：工会、自然环境保护协会、枪支协会。前两者是民主党的铁杆支柱，第三个却是共和党的永久同盟。这些组织都能够通过捐款、发动本组织群众等方式对政党和政客提供支持。

但是，法律禁止游说组织将金钱或者好处用各种方式直接给到议员及其家人的口袋里，而且这些年禁令越来越详细，越来越严格，能够钻空子的地方也越来越少了。

迪莱就不止一次被人发现有直接收受好处的嫌疑。就在得克萨斯地方检察官调查他的洗钱案的同时，联邦调查局也正在调查迪莱涉嫌通过一位说客非法收受好处的案件。

这位说客名叫杰克·阿布拉莫夫。这人在华盛顿手眼通天，和多位政客打得火热，因此，他对客户的收费要从每月 10 万美元起价。迪莱就是他的要好朋友之一。司法部的调查发现，阿布拉莫夫给迪莱和他的家人安排了数次奢侈的国际旅游。其中 2000 年到英格兰和苏格兰的度假就花费了 7 万美元。不过，真正掏腰包的当然不是阿布拉莫夫，而是另有其人。

美国许多州规定赌博非法，但是州法律管不到州内的印第安人保留地，许多印第安人也就趁机经营起赌场。阿布拉莫夫的游说公司的重大进项之一，就是为一些印第安人保留地在国会活动，让联邦国会不要通过不利于博彩业的法案。2000年3月，在迪莱的推动下，国会否决了一项限制赌博业的议案。两个月之后，阿布拉莫夫的公司就慷慨地为迪莱及其家人安排了上述豪华旅游。调查发现，一个经营赌场的印第安部落以及互联网博彩公司 elottery.com 各自为这次旅游向一个名为"国家公共政策中心"的机构支付了25000美元。而该中心作为注册的非营利组织可以用合法的名义为迪莱的旅游买单，因为迪莱在这次旅行中拜会了前英国首相撒切尔夫人。

调查人员发现，迪莱及其家人不仅多次接受类似邀请到国外旅游，他的妻子和女儿还分别从几个政治团体收取过大约50万美元的资金。

顺便提一下，司法部以经济罪名起诉了阿布拉莫夫。联邦调查局透露，阿布拉莫夫及其同事在过去几年中从印第安部落那里收取了至少6600万美元的费用。

迪莱众议员要应付的官司看来是一桩接着一桩。即便在非法募捐和洗钱案上被判无罪，迪莱恐怕也不那么容易能够回到他日前辞去的众议院多数党领袖职位。他的一位朋友私下对《时代》杂志说："什么地方的空缺都不像政界填补得那么快。他的时代一晃就过去了。"

国会山上的『黄色』风暴

离2006年中期大选还有6个星期，共和党正在担心丢掉国会参众两院。就在这个时候，忽然爆出了让国会的共和党人狼狈不堪的性丑闻：佛罗里达州共和党众议员、众议院关注失踪与被剥削儿童团体的主席马克·福利长期给一些在国会内实习的高中生发送带有性暗示的暧昧电子邮件和短信。福利当即辞职，并承认自己是同性恋，有酗酒的恶习。

丑闻一爆发，就在国会山上引发了政治狂风骤雨。一个又一个前高中实习生出面揭发福利对他们做过同样的肮脏举动，福利自己的助理则证实了这种情况，并且说早就向议长做出过报告。民主党自然高调谴责，共和党内部也出现了要求议长赫斯特引咎辞职的呼声。

这一丑闻会对11月7日举行的中期大选产生相当的影响。尤其是福利打算连选的席位，本来被认为十拿九稳，这下却成了问题。根据当地的选举法，共和党虽然临时调换候选人，但是却不能改动选票上的名字。这个选区中虽然共和党实力雄厚，但是要选民捏着鼻子去投"福利"一票恐怕也不容易。分析家还认为，以保守的社会价值观标榜的共和党会受到这一事件的拖累。在两党力量接近的选区内，保守的选民有可能因此而弃权，中立的选民也有可能转向民主党，从而帮助民主党在选举中夺取国会。

福利事件让人回想起几年前国会山上的所谓"黄色恐怖"时期。1998年底，在共和党国会通过弹劾民主党总统克林顿的决议前后，媒体和公众也在挖国会中共和党右翼的老底。先是前共和党众议院议长、以鼓吹"家庭价值"为号召的极右派历史学家金里奇在与第二任妻子离婚的诉讼中被揭发出曾经与众议院一名33岁的女工作人员长期存在婚外情。当记者追问金里奇时，他面对确凿的证据无可奈何地说："我假定所有人都犯过错误。"金里奇顺理成章地被冠上了"伪君子"的头衔，只得离开了众议院。之后，众议院主持关于克林顿绯闻听证会的共和党议员、司法委员会主席海德被人揭发当初与有夫之妇的妻子曾经有过5年的婚外情，而且破坏了对方的婚姻。事情曝光后，海德对外发表了一份声明，解释说自己当初是"年轻办错事"，这成了新闻界和娱乐节目用来打趣的笑料。

此风一开，新闻机构与左右翼各种团体纷纷出动，华盛顿政客们寻花问柳、暗度陈仓的各类丑闻一一被揭露出来公之于世，令不少显赫政要哪怕不即时落马，也噩梦缠身。在金里奇辞职后，共和党选出利文斯顿接任。然而，他还没来得及走马上任，忽然半路杀出了个程咬金。美国最著名的色情杂志之一《皮条客》揭发说，有四名为利文斯顿工作过的女性和他有婚外情。心里有鬼的利文斯顿马上承认，他在婚姻中"偶尔有过"欺骗或者越轨行为，马上宣布离任，连议员也不做了。《皮条客》出版人拉里·弗林特是美国色情出版业中的龙头老大。他1998年10月在《华盛顿邮报》刊登了大幅广告，出价百万美元给任何能够提供证据证明自己同某个政府高层有婚外情的女性。有好几个知道利文斯顿情况的女性立时就找上门提供了各种确凿的证据。利文斯顿下台之后，一脸美滋滋的弗林特对新闻界声称，好戏还在后头。他宣布，自己手上掌握的名单包括了十来个华盛顿位高权重的政客。其中有名共和党参议员还"同时和两个女人上床"。华盛顿的政客顿时惶惶不可终日，不知哪天这场"黄色恐怖"风暴就要降临到自己头上。那些习惯于向年轻的实习生、女助理、女秘书伸手的高层男人据说也立时收敛了不少，令华盛顿官场的夫人们过了几天相对松心的日子。

性与金钱，是美国政治丑闻中两大主要因素，恐怕也是世界多数国家政治丑闻中的主要因素。但对于美国之外的人来说，这中间却存在着一个矛盾的现象。在许多人心目中，美国是一个性态度极其开放的国家。有调查发现，美国夫妻中，丈夫不忠的比例接近70%，妻子则接近60%。结果是将近一半的婚姻以离异告终。对离婚的恐惧导致越来越多的美国人对婚姻本身失去了信心，不少人干脆拒绝进入婚姻殿堂，而是选择单身或同居。美国统计局在2001年的人口统计中，第一次发现单身或是单亲的家庭超过了传统的婚姻家庭。

那么，政治人物在性方面偶尔出轨，为什么会引起轩然大波，甚至使一些或是前程似锦，或是有权有势，或是德高望重的人在瞬间身败名裂呢？

原因在于，美国是个由具有狂热信仰的宗教移民特别是清教徒建立起来的国家。清教道德认定，性是人类侍奉上帝的途径之一，在性之中追求感官的享受不啻为莫大的罪恶。虽然20世纪60年代婴儿潮一代人里发生了所谓"性革命"，以性开放来反叛传统伦理，但美国社会中绝大多数人的道德观念并没有根本改变。在大学生的性革命闹得如火如荼的同时，社会深层中却另外进行着一场静悄悄的宗教革命。福音派宗教或者说基督教极端主义势力在这期间发展壮大，宗教保守派自80年代起也改变了过去远离政治的传统，开始积极地进入政坛，并且最终将小布什推选进白宫。

国会共和党中一个接一个的丑闻显示，标榜遵循"传统价值观念"的共和党保守派如今正在吞下自己种的苦果。毕竟，要压制人类本能的欲望并不是一件容易的事情。

❷ 白宫的门
权力的游戏

近观奥巴马

自1936年罗斯福总统第二次赢得选举以来，美国的现任总统连任的比例相当高。在11位争取连任的总统里面，只有三人失败（福特、卡特、老布什），一位退选（约翰逊在1968年），成功的有七人（杜鲁门、艾森豪威尔、约翰逊、尼克松、里根、克林顿、小布什）。的确，现任总统在竞选中比对方党派的挑战者具有明显的优势——除了知名度高之外，还往往有能力在本党内争取比较一致的支持，进而获得雄厚的资金与组织基础。而挑战的一方则往往要经过一番艰苦的党内激战，耗费大量人力财力之后方能见鹿死谁手。

2012年的大选也呈现出类似的局势。民主党一方，奥巴马稳摘提名桂冠，连像样的对手也没有出现一个；而共和党一方，则有十余人参加竞争，经过半年的苦斗，到了3月上旬仍然有四人站在台上，没有一个人表示有退出的意思。共和党的竞争者们相互攻讦，令民主党渔翁得利。奥巴马低迷的民调指数也开始有所上升。

和以前的总统相比，对于奥巴马在2012

年大选中能否连任，有人认为他的人气已过，也有人感觉他对选民依旧魅力无穷。由于许多评论人士都没有亲自接触总统，他们的观点往往像是雾里看花。

我曾有一次近距离观察这位总统的机会。

2010年，我被弗吉尼亚州的州长任命为州立社区大学的校董。这个社区属下的23个学院中，有一个坐落在华盛顿近郊。副总统拜登的夫人吉尔·拜登在这里担任英文系的教授。社区大学的学生多来自下层，北弗吉尼亚更是少数族裔和移民聚居的地区，也是民主党的票仓。由于上述种种因素，过去几年中奥巴马5次来到这个社区大学演讲。2月23日上午11点，奥巴马再次前来，公布白宫2013财政年度预算中的一些政府花钱的新项目，其中包括向社区大学拨款80亿美元用于职业培训、免除学生贷款的利率、5亿美元的各种资助。

坐在离奥巴马不到10米的地方，我非常仔细地记录下了总统的各种表现。

奥巴马讲话基本不脱离讲稿。虽然他那富有煽动力的声音抑扬顿挫，但是依然处处能够显示出谨慎与老练。只有在批评富人的时候，他才偶尔离开讲稿，透出了一点当年他竞选时的激情。"我们要保证每个人都为我们需要的事物付出公平的份额"——总统指出，富人的税率太低。他给富人增税、给学生增加福利的主张，赢得了在场人的一片欢呼。

在场的其实一共只有不到500人。根据白宫的要求，会场设在一个室内球场中，能够容纳的人不多，而且都经过学校的挑选，绝大多数教师和学生并没有目睹总统风采的机会。大概是因为通知没有早发出的缘故，到场的媒体也没有几家。大会在11点开始，12点白宫就要将2013年的预算公布并送达国会，因此这次讲话可谓很重要。之所以如此限制到场人数与媒体，恐怕是白宫不愿意出现任何意外。

不仅人数受限制，而且与会者完全没有与总统交流的机会。学校给我的邀请函上，写明这是一次"townhall"，也就是美国传统上的市镇会议，官员在这类会上必须回答选民的提问。在奥巴马执政初期，他曾经多次组织 townhall。而自从前年在一次会上被一位黑人选民质问与批评以后，总统就基本再没有做过同样的尝试。这次的会场照旧摆成 townhall 的式样，可是总统的话音刚落，就对群众挥手再见，跟身边与台下的一些人握手之后很快就离开了。

总之，奥巴马在这次讲话中的表现，体现了他近来的风格，也就是尽量减少可能出错的环节。以这样的风格争取连任，其竞选运动或许不至于犯重大的错误，可也失去了 2008 年那种热烈的气氛。不过话又说回来，历史证明稳健的作风非常适于争取连任，因为中间派选民对政府更迭总是抱着怀疑的态度。如果现任总统在任期的最后一年中不出现重大的负面因素，尤其是经济大幅度滑坡，其连任的可能性就比较大。

曾经担任国防部长的拉姆斯菲尔德在回忆他的从政生涯时，提到从小引导他进入政坛的叔父对他说的一番话："民主的领袖是靠说服大众来领导的。而说服大众有两种途径，一是通过理性，二是通过感性。"奥巴马总统以靠感性力量来打动选民而著称。2008 年大选时，一句"Yes, we can"（是的，我们行）的口号，曾经令千千万万的美国人为之倾倒。当时奥巴马到场的群众性集会，动辄几万甚至几十万人。三年多之后的 2011 年，总统与选民之间已经筑起了如此难以逾越的藩篱，不能不令人产生种种感慨。

金里奇兵败里士满

2012年12月19日下午,我接到了来自弗吉尼亚州共和党主席的一份邀请,说是总统参选人金里奇三天后将在州的首府里士满举行一个早餐会。这位90年代中期的众议院议长自11月初以来成为共和党内炙手可热的明星,从民调上看大有赢得艾奥瓦州第一场初选的势头。但是让我感到奇怪的是,艾奥瓦州的初选在2013年1月3日进行,共和党所有的候选人都在那里马不停蹄地拉票,弗吉尼亚的初选却要等到3月12日才进行。在这个关键时刻,金里奇为什么要花时间在1700公里之外的里士满?

怀着这个疑问,我在22日清早赶到了金里奇的早餐会。

会场设在一个四星级的旅馆,里面最多只能容纳200人。这天前来的,基本上是本地共和党的骨干,包括州议会多数党的领袖。与会者每人交25美元,筹集到的款项大概也就仅够维持开支。进口处设了张长桌,后面站着一位笑容满面的工作人员,请前来的人们在支持金里奇选举的单子上签名。一看之下，我才明白了金里奇前来的原因。

在美国参加竞选固然是每个公民的权利，但是为了避免太多不严肃的人去竞争提名，各州对于参选资格都做了相当严格的规定。弗吉尼亚州的规定是，参加总统竞选提名的人必须在本州11个议会选区内征集到1万个签名，每个选区最低的数目是400个。也就是说，参选者在各个选区之内都必须有义务工作者去挨家挨户征集签名。

1万个签名听起来似乎并不多，但是真正征集到并不容易。按照州的选举法规定，签名者需要填写姓名、住址、社会保险号码。负责征集的人必须亲眼看着每个人签名，将签好的表格拿到公证处去公证，之后才将表格汇集到参选人那里，由参选人提供给所属的政党，政党的选举委员会对照选民登记表，将不合格者剔除。22日这天下午5点，是签名的截止时间。到时参选人如果征集不够签名，就失去了参加本州初选的资格。

征集签名是一件非常辛苦的事情。首先，参选人必须动员到足够的志愿工作者或是筹集到足够的资金去雇人来做。通常一个人跑上一整天能征集到二三十个签名就很不错了。像商场、超市这样人群聚集的地方都是私人产业，没有业主的许可不得在那里从事政治活动。即便有了许可，那里的人来去匆匆，多数也不肯停留下来签名，况且有许多人还属于对方的党派。最有效的办法是到本党的地方委员会的会议上去，但那样的会每一两个月才开一次，非常容易错过。

因此剩下的办法就是挨家挨户敲门。可是美国人住得分散，白天上班时间敲100户的门顶多能找出20个人，傍晚时分志愿者们又多数要回家。如果每个志愿者平均征集20个签名，征集到1万个就需要500名志愿者，那绝不是一项简单的工作。

更何况签名中还总是会有许多不合格的。有人搬了家却忘记重新登记投票地址，有人会填错社会保险号码，有人写得潦草无法辨认，还经常会有征集签名的人忘了去公证，结果填写着50个名字的整张名单全部作废。因此，选举委员会总是提醒参选人：必须至少征集150%的名字，以免出现合格签名不够的情况。

看到金里奇在最后一刻还没有征集够签名，我的确感到有点意外。总统选举是以州为单位进行的。一个参选人无论多么有想法、多么有鼓动力，拿不到参选资格一切都免谈。金里奇这样的政坛宿将，按说对这点应该了解得非常透彻。没能征集到足够签名，显然是他的竞选运动缺乏草根组织。而一旦选举全民展开，草根组织是决定成败的因素。

为了组织早餐会，这位前议长看来将他在党内的关系全用上了。负责召集的是州共和党主席，陪同他一起来的还有弗吉尼亚的州长麦克唐纳。看上去有几分疲惫的金里奇在会上宣布说，他已经征集到了足够的签名，但是为了保险起见，还是希望与会者去支持他。我去问负责征集的人，她告诉我说，这次前来的人大概有一半原来已经签过名了，因此整个早餐会上征集到的名字还不到100个。在我看来，金里奇若是找上20人和他一起站在马路边，用他的名人效应去招呼路人，在这个时间内得到的签名恐怕要更多。

当天下午，各个参选人将签名递交到了州共和党总部。第二天点算后传出消息，金里奇以及得克萨斯州州长佩里都没能征集到足够的合格签名，其他如巴克曼、洪博培等人根本就没有上交签名，只有2008年曾经参选的前马萨诸塞州州长罗姆尼以及得克萨斯众议员保罗两个人成功拿到了参加初选的资格。

弗吉尼亚是美国第十二大州，在总统大选中有13张选举人票。由于该州在政治上属于"摇摆州"，被认为是2012年总统大选的兵家必争之地。失去在弗吉尼亚参选的资格，对金里奇——还有佩里——是一记非常沉重的打击。在1月、2月两个月份里，各个参选人会集中在艾奥瓦、新罕布什尔、南卡罗来纳、佛罗里达、内华达等几个州的初选竞争上。目前金里奇除了新罕布什尔之外，在南卡罗来纳、佛罗里达等大州领先于罗姆尼。但是弗吉尼亚失利的消息传出后，他在民调中的地位就开始下滑。如果他不能赢得上述几个州，到3月份连弗吉尼亚的初选都不能参加，他的总统梦，弄不好就要断送在里士满了。

金里奇在得到坏消息之后，没有检讨自己缺乏组织能力，反倒是责怪起弗吉尼亚的选举制度有问题，自称他受到了一次珍珠港式的袭击。说这种负气的话，恐怕这里的选民就更不会同情他了。他们会问：金里奇都参加竞选一年了，家又住在弗吉尼亚州，为什么就不能多和邻居朋友们打打交道？为什么不和地方组织多一些往来？没有一个个志愿者将他们的心投进去，没有一个个选民将他们的信任投进去，金里奇就不可能赢得国父华盛顿家乡人的信任与信心。

金里奇在2012年总统大选中的这场失败，证明了许多人在他参选开始时就怀疑的一点：他也许是共和党参选人中最有经验和思想的人，但是到了具体的组织管理层面，却比那些当过州长的人略逊一筹。这对于他日后的募捐和动员能力都产生了即便不能说致命，至少也是非常负面的影响。

"没人热爱罗姆尼"

离南卡罗来纳州的初选还有几天,盖洛普公司的民意调查显示,共和党参选人罗姆尼的支持率达到了34%,远远超过了名列第二位的桑托勒姆(15%)和金里奇(15%)。从多个民意测验组织提供的数字综合来看,罗姆尼在党内的支持率已经超过了三分之一。随着洪博培宣布退出竞选并且立即背书罗姆尼,后者赢得共和党提名的机会大大增加。

曾经有"布什总统大脑"之称的竞选专家卡尔·罗夫算了一笔账:共和党中非现任总统的参选人从来没有如罗姆尼那样同时赢得艾奥瓦和新罕布什尔两场选举;在新罕布什尔中得票只有第四和第五位(如本次选举中的金里奇和桑托勒姆)的人从来没有赢得过提名;在新罕布什尔得票只有1%的人(如得州州长佩里)从来不可能后来居上;没能赢得至少其中一次选举的人(如众议员保罗)从来得不到提名。按照罗夫的算法,罗姆尼似乎已经胜券在握。

罗姆尼2008年已经参加过一次提名竞争。虽然败给了麦凯恩参议员,但他从那以后就一直没有停止过竞选活动。四五年下来，罗姆尼在共和党的高层以及捐款大佬中积聚了不少人气。由于他向来有善于管理经济的名声，在经济低迷的大环境下被认为是对奥巴马总统最具挑战性的参选人。自2011年初参选，他在党内的支持率就在25%左右。

然而，在过去的一年里，罗姆尼的支持率曲线却总是在20%至25%上下徘徊。好几位右翼的参选人大起大落，一次次对罗姆尼构成严重的威胁。先是得克萨斯州州长佩里，在8、9月刚刚参选时令保守派兴奋不已，他们觉得又出现了一位牛仔般的小布什。结果佩里第一次辩论就出师不利。他指责不赞成给非法移民子女以社会福利的人"没有心肝"，一句话导致佩里的声望直线下降，从此以后一蹶不振。在佩里之后兴起的是原本籍籍无名、从来没有政府经验的凯恩。有两个星期，凯恩在民调中赶上甚至超过了罗姆尼，令外界大跌眼镜。殊不知，一通性骚扰和婚外情的丑闻，迫使凯恩退出了竞选。此后，人们似乎又看中了90年代当过众议院议长的金里奇。本来，金里奇结婚三次，最后一任妻子是他在国会的年轻助理，与她的婚外情导致了金里奇第二次离婚。虽然金里奇的政治立场相当右倾，但是他的这点个人经历使得保守派选民不看好他的为人。不过这位前议长在辩论中的出色表现，让很多人又开始对他刮目相看，在艾奥瓦选举之前三星期，金里奇在民调中超过罗姆尼十几个点，被分析家一致看好。可是就在这三个星期之内，支持罗姆尼的组织花了数百万美元做负面广告，硬是将金里奇的支持率拉了下来，让他大为光火。气愤之下,金里奇也开始做广告,攻击罗姆尼经商的时候曾经导致有人失去工作。这一来反而让金里奇在共和党内大为丢份儿。在很多人看来,金里奇去攻击自由市场经济,这与属于民主党左翼的奥巴马又有什么区别呢?结果是,艾奥瓦州大批的保守派转而将选票投给了大多数人并不熟悉的宾夕法尼亚州的前参议员桑托勒姆,也不管这位缺乏个人魅力的参议员在2006年争取连任的时候以19点之差输给了对手。桑托勒姆在保守的艾奥瓦州以8票之差输给罗姆尼,到了比较自由派的州新罕布什尔就只好屈居第五了。

在提到罗姆尼时,连他在共和党内的拥趸都会摇摇头说:"罗姆尼?没有人会热爱他。""罗姆尼曲线"实际上反映的就是这样一种情况。这位马萨诸塞州前州长的政治生涯处处显示他属于共和党内的温和派。在州长的任上,他推动了州内的全民健保改革。奥巴马总统在2009年提出医改法案的时候,就特别指出罗姆尼改革是该法案的样本。另外,他曾经签署过支持堕胎权等为保守派大为诟病的法律。2008年参选时,罗姆尼开始大幅度向右转,以争取共和党内势力强大的社会议题保守派的支持。正是因为有这段历史,保守派的基层选民无法信任罗姆尼,觉得他不过是顶着共和党标记的民主党人。

不过也正因为如此,共和党高层人物以及大金主们相信罗姆尼在大选中比其他候选人更加具有竞争力。他不仅有出色的经济管理记录,而且不会将竞选的重点放在一些煽情的议题——比如堕胎权和持枪权上面,因此能够获得中间派选民的支持。的确,罗姆尼虽然在共和党内多次被对手超过,在全国性普遍的民调中却一直高于其他共和党候选人,甚至最近也开始领先于奥巴马总统。

随着罗姆尼在初选中的节节胜利,保守派的选民也开始逐渐半信半疑地站到了他这一面。如果他能够在 1 月底之前的南卡罗来纳与佛罗里达的初选中以较高的票数获胜，那么在没有意外的情况下共和党的竞争可以算是尘埃落定。

总统参选人的家底

美国的选举经常被人指责为"富人的游戏",不仅外人这么说,美国人自己也这么说。那么,参加总统选举竞争的人究竟有多富呢?翻翻2012年诸位参选人的家底,大概能给这个问题做个有趣的注脚。

每次大选,来自各个政党的登记参选的人总不下好几十个,但是真正有竞争力的屈指可数。这次民主党方面只有总统奥巴马在争取连任,共和党方面一开始有八九个,但艾奥瓦和新罕布什尔两场提名选举下来,就剩下了罗姆尼、金里奇、桑托勒姆、保罗几个人。他们中有人家产上亿,也有人的资产不过中等。

先从最富的说起。共和党参选人、马萨诸塞前州长罗姆尼的个人资产估计为8500万至2.64亿美元。他来自一个富裕的摩门教家庭,父亲乔治·罗姆尼曾经当过密歇根州的州长。不过他的财产都是自己作为投资银行家与投资管理顾问挣来的。父亲留给他的资产,则全部捐给了摩门教的杨百翰大学。

位居第二的是前众议院议长金里奇,他

的资产在 700 万至 3100 万美元之间。金里奇出生在宾夕法尼亚州一个贫困的普通人家。他在大学和研究院学欧洲历史，拿到博士学位后到大学里教书。1978 年被选入国会之后，连选连任 20 年，从普通议员做到议长。1998 年辞职之后，他开了一系列的咨询与媒体出版公司，出版书籍与影像教育材料，这是他收入的来源。

奥巴马总统的身家为 280 万至 1180 万美元。他出身于普通中产阶级家庭，原本没有什么家底。作为总统，他每年的工资为 40 万美元，其他收入来自于两本自传的销售。2010 年，奥巴马夫妇的收入为 172 万美元。

众议员罗恩·保罗的财产价值为 240 万至 540 万美元。他在首都华盛顿附近的寓所价值为 10 万至 25 万美元（华盛顿近郊的房价平均在四五十万以上），另外的不动产主要投资于矿业与贵金属。保罗的父亲是一家小奶制品厂的经理。他曾经开玩笑说，自己最精明的投资就是结婚，因为太太工作供他上医学院。他们夫妇结婚几十年，养育了 5 个孩子，其中 3 个当了医生。医生中最年长的那个被选入了参议院。

前参议员里克·桑托勒姆比保罗似乎更穷一些。他的资产在 100 万至 300 万美元之间，主要是住房的价值以及 7 个孩子的教育准备基金。他买了两处出租的房子，根据市场波动价值 35 万至 75 万美元，但是也欠下了大约 50 万至 125 万美元上下的债务。

刚刚退出竞选的得克萨斯州州长佩里似乎是最穷的参选人。这位在美国第二大、经济富裕的州里面当了12年州长的人的净资产价值在100万至250万美元之间。佩里有点共同基金，但是因为在州长任上多年，不得参与管理，所以那里面的钱不多。他的主要收入就是州长的工资，每年132995美元，不过是个比较高层的公务员的工资。

另外在已经退出的参选人里面，中国人熟悉的前驻华大使洪博培倒是出身于大富人家。他的父亲白手起家，创立了Huntsman公司，该公司先后给各种非营利机构捐赠了10亿美元。洪博培本人的资产估计在1600万至7200万美元之间。

总体上说，2012年参选美国总统的人相对于普通民众的确比较富裕，但是其中不少人却也只是中上人家的水平，尽管他们都已经在重要的位置上任职多年。通常来说，这些人智商不低，能力超群，交友广泛，要凭借自己的能力去发财并不困难。从政对于他们不是致富的捷径，反而需要他们自己及其家庭做出大量付出和牺牲。

国王缔造者

2012年2月11日下午,美国保守联盟（American Conservative Union）和《华盛顿时报》共同宣布,在CPAC,保守政治行动大会的投票中,前马萨诸塞州州长罗姆尼在共和党总统提名参选人中获得了38%的支持率,名列第一。其他几位参选人桑托勒姆、金里奇、保罗分别占31%、15%、12%。这次投票,是在每年一度的CPAC大会上进行的。

尽管与会的人数大概是五六千,参加投票的人只有3000出头,CPAC（Conservative Political Action Conference）是美国保守派除了联邦选举之外最重要的年度活动。本届共和党的参选人中,除了一贯特立独行的保罗之外,所有人都去参加了大会并且做了讲话。在本党初选中领先的罗姆尼更是连续去了两天。在长达26分钟的讲话里面,罗姆尼几十次使用"保守"这个字眼来讨好听众,宣称他历来就是一位保守派,虽然大多数的保守派人士对此持保留意见。其他在会上讲话的人还包括上届副总统候选人萨拉·佩林、已经退选的得克萨斯州州长里克·佩里和明尼苏达州众议员米歇尔·巴克曼、大部分的共和党州长、上百位的参众议员,以及经常出现在媒体上的多位保守派的思想家。在大选年里,除了在 8 月份举行的共和党全国代表大会之外,无论哪个场合都不可能聚集如此众多的政治明星。这次大会也引起了新闻界的高度重视,报名参加的大小媒体从业者——其中有大批博客和校园媒体——1200 人。各个大的电视台的新闻节目和全国性的报纸都将会议的消息放在显著的位置,一些金牌主持人甚至亲临会场。

每年举行三天的 CPAC 大会被人们认为是共和党内的"国王缔造者"(the King-maker)之一。参加会议的人是来自全美甚至世界各地的保守派的基本群众,绝大多数人除了自付旅费和食宿之外,还要付从 195 美元至 3500 美元不等的入场费。只有退伍军人和学生能享受优待,前者的票价是 125 美元,后者只需要 35 美元。最贵的入场费,包括了参加名人晚宴与合影以及作者签名等等活动。这个大会对所有人都是开放的,但通常只有那些"政治发烧友"才有如此浓厚的热情。而共和党的政治家们会在这里放低身段,竭力吸引听众,因为他们明白这几千人不但有能力左右党内的民意走向,而且都是竞选中拉票与筹款的人。没有这些基层积极分子的鼎力相助,财力再雄厚的人也很难取得成功。

CPAC 就是从基层发起的活动。1973 年,美国保守联盟和自由美国青年党(Young Americans for Freedom)这两个组织决定在首都召开一次年会来"务虚",讨论一些重大的政治与社会议题。最初到来的只有几百人,并没有引起外界多少注意。1976 年,CPAC 进行投票,选择与会者最心仪的共和党总统候选人。结果是,在时任总统福特与加州州长里根之间,人们选择了后者。1980 年,候选人里根亲自出席 CPAC 讲话,再次高票获胜。从此,里根与 CPAC 结下了不解之缘。里根后来回忆说:"在当总统期间,我几乎每年都会参加 CPAC 的活动。我在当总统之前就已经去参加。来的都是和我一样的人,是那些在保守派的目标看上去毫无希望时仍然坚持不懈的人。言语无法表达我对他们的勇敢与希望的敬意。"里根之外,曾经亲临 CPAC 讲话的总统还有小布什。

通常来说,共和党的群众偏中老年,可是 CPAC 的参加者中,年轻人比例居然非常高,通常接近甚至超过一半,2012 年的与会者中,25 岁以下的竟然占了 55%。入场费低固然是一个重要的因素,但更主要的是共和党大学生协会(College Republican)等青年人的政治组织做了大量的工作,包括用大巴接送、帮助找住宿地点等等。共和党的要人明白,他们代表着未来。在会场上,各个总统参选人都专门安排了与青年人的会面和活动,为竞选班子招兵买马。至于众议员这一级的人物,在会场上能不断地碰到,因为他们到了这里,也成了与会的普通一员。对于这些年轻人来说,这是少有的与许多政治名人直接接触的机会。另外,保守派的培训机构也在现场招生,介绍实习机会,使得 CPAC 成为名副其实的政治演练场。有多位今日的政坛精英,当年就是通过这样的场合进入政界的。

CPAC 体现了美国开放式的、自下而上的政治体系,每个愿意参加的普通人都有机会。明星固然引人注目,但普通人却是大人物讨好的对象,而不是相反。前国防部长拉姆斯菲尔德回忆说,小时候他叔父曾经对他说的一番话,令他永远难以忘怀:"我们推行的是民主政治。这个民主政治是以说服人民来进行领导的。说服的方式可以是讲道理,也可以是动感情。把道理和感情都讲通了,就是好的政治家。"

死亡率最高的职业

2013年11月19日,在林肯总统发表"葛底斯堡演说"150周年纪念日的那天,奥巴马总统来到华盛顿近郊的阿灵顿国家公墓,给肯尼迪总统献上花圈。11月24日是肯尼迪总统被刺50周年的纪念日。一年半之后,美国人又要纪念林肯总统遇刺150年。肯尼迪是最后一位被暗杀的总统,而林肯是第一位。

美国建国237年,总共有44位总统。其中有四位被暗杀,比例几近10%。至于暗杀而没有成功的比例就更高了。最近一位几乎丧命的是里根总统。他在走出华盛顿的希尔顿大饭店时,凶手开枪打中了他的胸部,子弹与心脏擦边而过,侥幸躲过一劫。负责保卫总统安全的特勤部门常年要应对各种各样针对总统生命的威胁。因此,总统在美国经常被人称为"死亡率最高的职业"。的确,除了战争年代的士兵,没有哪个职业会如此高危。

保护美国总统恐怕是世界上最困难的工作之一。在美利坚合众国刚刚建立的时候,总统出门经常连保镖也没有。当年华盛顿、亚当斯、杰斐逊都经常会到大街上行走，与路人打招呼。白宫也允许人们随意参观。杰斐逊是位鳏夫，家庭生活很简单。他抱怨说，夜晚不时有游客会敲白宫的门。有几次总统来不及换衣服，只好穿着睡衣拿着蜡烛台去应门。

第一次暗杀总统的企图发生在1835年。有个名叫理查德·劳伦斯的油漆匠在国会外面朝安德鲁·杰克逊总统开了两枪。军人出身的杰克逊外号"老胡桃"，素有勇武之名。总统看见枪手非但不躲，反而冲了上去，用手杖将凶手狠狠地揍了一顿。后来劳伦斯被证明有精神病，被关进了医院。

这次暗杀事件除了增加一点民众在茶余饭后的谈资之外，对总统的安保工作没有任何影响。美国人顽固地认为，既然总统是民选的，就不能像欧洲那些王室一样，出入时前呼后拥，隔绝于人民之外。总统身边有一两个保镖也就够了。

林肯总统1865年4月14日在剧院看戏被凶手约翰·威尔克斯·布斯暗杀的时候，身边也就只有一个保镖。这真是令人不可思议。惨烈的南北战争刚刚结束，双方的仇恨依旧难解难分。在此之前，已经有过两次刺杀总统的企图。其中发生在1864年8月的那次，凶手的子弹射向总统的头部，穿过了他那顶著名的高礼帽。具有讽刺意味的是，就在被刺之前几个小时，总统刚刚签署法令，成立了特勤局去调查假钞。后来特勤局成为保护总统安全的部门。

更不可思议的是，林肯被暗杀后，美国政府对总统的安保并没有随之加强。总统们因私出行时也仍然很少带保镖。国会多次讨论是否应该增加总统的安全保卫，最后的结论都是，总统如果不能走到民众中间、体验民众的生活，而是被保镖隔绝开来，那么民选总统还有什么意义？如果总统担心，那么他们自己花钱雇保镖就是，用不着纳税人去花这笔钱。

所以，当刚刚上任几个月的加菲尔德总统在1881年7月2日乘火车去威廉姆斯学院演讲的时候，他身边根本就没有保镖。随行的是他的两个儿子和国务卿布莱恩。到火车站去送行的是国防部长林肯，也就是林肯总统的儿子。就在加菲尔德走进候车室的时候，凶手查尔斯·吉特奥朝总统开了两枪，一枪打中他的胳膊，另外一枪击中他的背部。80天之后，加菲尔德因枪伤感染而去世。

在两位总统被暗杀之后，白宫的安保有所加强，总统身边也配备了保镖。然而，这种安排却让总统们感到不方便。摆脱保镖成了他们喜爱的游戏。第二十五位总统威廉·麦金莱1896年当选，1900年连任。麦金莱当过议员和州长，很爱和公众打交道。他经常会不通知警卫就外出，自己上教堂，或者陪着妻子逛街，让保镖们很是头疼。

1901年9月，麦金莱到纽约州的布法罗去参加泛美博览会并做演讲。他在几天中与大批群众见面握手。据说这位总统是最善于握手的政治家之一，平均每分钟能握50回。凶手里昂·乔戈什将枪用布包扎在手上，趁着与总统握手之际近距离开了两枪。总统在8天后去世。

在第三位总统被刺之后，美国政府和国会终于开始重视总统人身的安保工作。在麦金莱的副总统西奥多·罗斯福继任之后，特勤局开始专门在总统身边布置多名保镖。到1906年，国会正式通过法案，指定特勤局为保护总统、副总统人身安全的机构。不过，即便有了严密的安保，肯尼迪总统依然遭到毒手。1963年11月22日，当总统的车队缓缓地驶过得克萨斯州达拉斯市中心街道、肯尼迪与夫人向路旁夹道围观的群众挥手致意时，凶手李·哈维·奥斯瓦尔德在路旁一栋大楼上用步枪向总统射击。子弹打中了肯尼迪的颈椎和头部，总统的鲜血与脑浆溅落到第一夫人粉红色的套装上。

从那以后，总统的安保工作越来越严密。如今专门负责保护总统、副总统、外国元首的特勤人员一共有1300多人。但是，作为民选的国家元首，美国总统依然要大量地接触人民。尤其是到选举年，争取连任的总统还是要花大量的时间深入民间。要将总统完全与普通选民隔绝开来，无论是从制度上还是技术上都几乎不可能。

要补充一句的是，关于历次总统被暗杀，各种阴谋理论不断浮现。但基本的一个事实是，四位成功的总统刺客都是精神不太正常的人，至少是政治偏执狂。在任何一个社会中，这种人的存在都是难免的。对于民主制度来说，最重要的是不能让这样的人去改变制度的性质。因此，总统继续成为"死亡率最高的职业"是美国人不得不付出的代价。

医改，奥巴马的一道坎儿

2012年3月26日上午10点，美国联邦最高法院开始审理奥巴马医改法案中有关税务的一些条款。这是有关医改法案的一系列诉讼的一个部分。这场口头辩论持续三天，每天两个小时，是20世纪60年代以来就单一的案件进行的最长的口头辩论。在审理开始之前，首都出现了由茶党人组织的数千人的示威，要求取消这个两年前通过的法案。而支持法案的人也发起了一些群众性活动。著名的民调机构"拉斯穆森报告"3月中旬的调查显示，56%的美国人要求推翻这个法案。共和党的候选人也就医改对奥巴马发起了新一轮的批评，并允诺如果能够上台，就立即动用行政部门的力量将该法案推翻。

经常令美国之外的人感到困惑的是，为什么这个看上去要为人民提供更多福利的法案会遭到如此强烈的反对？的确，对奥巴马医改的误解非常多，尤其是在欧洲与亚洲国家。最根本的一点，是谁来为美国的医改埋单。在发达国家以及像韩国这样的推动了全民医疗保健制度的新兴工业国家，医疗保障中的大部分开支是由政府来支付的。而美国的医改立法，主要部分不在于政府要花多少钱，而是政府立法要求个人购买医疗保险。不肯购买而又收入没有低到有资格拿政府补贴的个人，则会受到罚款或其他方式的惩罚。同样，公司也必须给雇员购买保险，否则就必须缴纳罚款。当然，政府也同时增加了不少开支，特别是对穷人的补贴。换句话说就是，奥巴马医改法案没有将医疗事业国家化，没有由国家来包揽医疗费用，而是主要让个人和私营企业掏腰包。这是奥巴马医改法案与当今发达国家医疗制度不同的地方，也是法案遭到激烈反对的根本原因。

医改法案出台之后，立即从法律上遭到了来自大多数州政府的反对。根据美国宪法，联邦政府只有管理州际贸易的权利，其他商业行为不属于联邦政府管辖的范畴。许多宪法专家认为，联邦政府无权强迫个人购买某种商品，包括医疗保险，也无权规范各州居民在经济上的不作为（不去购买保险）。因此，有28个州的总检察长控告联邦政府侵犯州权。在医改法案通过仅15分钟后，弗吉尼亚州的总检察长库奇纳里就将第一份状子递进了联邦法庭。库奇纳里曾经对笔者描述道，议长佩洛西宣布法案通过的锤声刚落，他就从办公室跑着冲进了街对面的联邦法庭递下了诉状，由此开始了对奥巴马医改法案的一系列法律行动。

以中产阶级纳税人为主的反医改的民间势力，推动了声势浩大的茶党运动的兴起，帮助共和党人在2010年中期选举翻盘夺下国会众议院。不过，美国经济开始复苏，茶党的影响力也在降低。而医改法案重新被提到新闻焦点上，对于奥巴马争取连选连任来说不是个好消息。这次最高法院的审理，无论判决如何，医改都会是奥巴马竞选的一个难题。如果民调显示正确的话，那么将近三分之二的美国人对目前的医改法案有不同程度的抵触，其中多数人认为应该推翻整个法案。要是最高法院推翻了医改法案，那就等于否定了奥巴马在过去三年中最大的政绩；而若裁决维持法案，那么反对医改的人就会竭尽全力去支持奥巴马的对手上台，以通过行政部门来废除医改。

  不过，医改法案也有大批的拥趸。比如当初立法的时候，为了争取更广泛的群众基础，法案中针对某些群体加入了条款。其中最重要的一条，就是将青年人从家庭保险中独立出来的年龄从21岁改为26岁。根据白宫的说法，在过去两年中因此而得益的年轻人至少有250万。要知道，这个年龄段的人过去自行购买保险的比例最低，因为他们的就业率与患病率都比较低，所以购买保险的愿望并不高。如今法律一改变，美国的"啃老族"们就很容易在父母的保险计划中再待上5年。这一招儿，为奥巴马赢得了大批年轻人的支持。

  美国是会跟随欧洲，进一步走上全民福利国家的道路呢，还是继续美国历史的传统，更强调个人权利与自由市场经济？医改法案是否能够通过最高法院这一关，将是一个重要的分水岭。

切尼：最有权势的副总统

迪克·切尼任副总统时在美国电视上的出镜率尽管比不上总统布什，但是在决定内政外交的重大会议上的出席率却和总统一样高。白宫内部的知情人都说，没有切尼的参与，布什绝不会做出重大的决定。而这两届政府多数的重大决定，特别是对外政策方面的重要决定，基本出于切尼之手。

副总统在白宫决策中占有如此重要的地位，在美国历史上非常少见。

"人类的想象力能够创造出来的最不重要的职位"

美国总统是政府中权力最大的人物，美国的副总统却有可能是政府中最没有权力的高级官员之一。美国宪法并没有赋予副总统以特别的政治权力。这一职务上唯一的宪法权力就是副总统同时兼任参议院议长。100名参议员如果出现50对50的投票，副总统则能够投下决定性一票。除此之外，副总统基本上是个闲职。只有在总统交给副总统一些特殊的使命时，后者才能有点事情做。华盛顿的副总统约翰·亚当斯说，这是个"人类的想象力能够创造出来的最不重要的职位"。罗斯福的副总统杜鲁门回忆说，他在副总统任上成天和朋友打扑克，参议院开会辩论时他总是高高地坐在议长的位子上给母亲和妹妹写信。

然而，副总统又是离权力顶峰最近的职位，一旦总统去世、因病或被弹劾不得不离职，副总统就是总统职务的第一继承人。同时，副总统职位也是日后登上总统宝座的台阶。美国历史上最终当上总统的副总统就有14人。在"二战"以后，由副总统出来竞选总统成了一种趋势。自艾森豪威尔以来，唯一没有打算去竞选总统的副总统只有两位，其中一位是福特政府的洛克菲勒，另外一位就是迪克·切尼。

切尼之所以成为强势副总统，很大程度上是因为他无意竞选总统，无须为自己将来的政治前途考虑。不过，切尼更重要的资本，在于他的政治经验以及他与工商界和保守势力的密切关系。

从怀俄明到五角大楼

切尼副总统与布什总统之间，主次关系怎么看怎么不对。通常，副总统比总统或者年轻一些，或者政治经验少一些，或者个人魅力欠缺一些。反正，副总统之所以为"副"总是有点明显的道理。

然而，切尼在各方面看上去都比他的总统要高一筹。切尼虽然只比布什大5岁，可是政治经验和阅历都是布什无法比拟的。

切尼1941年出生在美国中部人烟稀少的内布拉斯加州，在同样荒凉的怀俄明州度过了他的童年与青少年时代。那个地方民风淳朴，却也保守僵化。

中学毕业后，切尼曾经得到耶鲁大学的奖学金，但是在耶鲁上了一年学之后，便因为成绩不好退学，回到家乡怀俄明大学读书。他一直对人自称是怀俄明人。

切尼的政治生涯开始于 1969 年。当时正值尼克松总统上台，28 岁的切尼被刚刚从国会议员位置上退下来到白宫负责经济发展事务的拉姆斯菲尔德挑中，成为后者在白宫的特别助理。切尼在白宫一路官运亨通，当福特副总统接替了因水门事件下台的尼克松入主白宫之后不久，三十出头的切尼被任命为白宫办公厅主任，是这个职位上有史以来最年轻的官员。而原来的办公厅主任拉姆斯菲尔德这时就当上了美国历史上最年轻的国防部长。

福特竞选失败之后，切尼回到怀俄明，两年之后竞选当上了怀俄明州的共和党众议员，重新回到首都。切尼四次连选连任，总共在国会待了 10 年，从后座议员一直当到共和党党鞭。相形之下，小布什在此期间才刚刚在教会的帮助下摆脱酗酒的恶习，开始对政治表现出一点兴趣。

在国会期间，切尼的政治立场越来越明显地倾向极端保守。他坚决反对堕胎合法化，反对枪支管制。他投票反对成立教育部，反对将马丁·路德·金的纪念日定为国家假日，也反对制裁南非的白人种族主义政权。

切尼在从政期间与里根政府的副总统老布什结下了亲密的私交。1989 年，老布什在宣誓就任总统之后，很快就任命切尼入主五角大楼。在将近 4 年的国防部长任上，切尼主导了两场重要的战争。第一场是 1989 年入侵巴拿马捉拿军事强人诺列加的行动，代号"正义事业行动"（Operation Just Cause）。第二场就是 1991 年代号"沙漠风暴"的海湾战争。切尼就在这后一场战争中与伊拉克结下了不解之缘。在国防部这几年的经历，对切尼日后外交政策的导向起了关键的作用。

在国防部长职务上一个重要的副产品，就是切尼有机会与美国的大军火与大军需公司建立了紧密的联系。这些钱包鼓胀的大公司历来是共和党最坚决、最大方的捐款者，也是许多政府官员卸任后热衷于寻求的雇主。其中最大的公司之一就是哈里伯顿（Halliburton）。

哈里伯顿公司首席执行官

在"沙漠风暴"行动期间，切尼主持的五角大楼将科威特油田灭火以及地区重建的巨额合同交给了以得克萨斯州的休斯敦为基地的哈里伯顿公司。这家1920年成立的公司主要从事石油开采、能源与建筑业，从这时开始，切尼与哈里伯顿公司的关系日益密切。切尼的五角大楼与哈里伯顿连续签订了数亿美元的各种合同，包括1992年签署的承包美国工兵部队5年军需供应的合约。

民主党的克林顿1993年竞选胜利，中断了切尼在政府中从政的生涯。离开政府一年后，哈里伯顿的首席执行官托马斯·克鲁山克邀请切尼一起外出钓鱼。殊不知，哈里伯顿公司垂钓的目标，却是这位前国防部长。克鲁山克问切尼是否有意接任公司的首席执行官。1995年10月，切尼正式掌门列入美国500强的哈里伯顿公司。

切尼领导下的哈里伯顿公司，一方面通过与其他公司合并等方式将规模成倍扩大，另一方面又通过在海外设立分公司等方法逃税。在切尼主持的5年中，哈里伯顿的海外分公司从9个增加到44个，所交的税则很快从1995年的3.02亿美元减少到1998年的8500万美元。难怪，在切尼2000年离开哈里伯顿去参加布什的竞选班子时，公司一次性付给了他2000万美元。

虽然人在商界，切尼的心却没有离开政治。1997年，他和老上司拉姆斯菲尔德等一批共和党的强硬派在华盛顿成立了一个名为"新美国世纪计划"的组织，目的在于推动美国在世界上的霸权地位。这个组织在成立声明中这样强调："在20世纪即将结束的时候，美国是世界上最强大的国家。在领导西方取得了冷战的胜利之后，美国面临着机会与挑战：美国是否能够有远见地在过去几十年成功的基础上建设未来？美国是否能够找出按照美国的原则和利益来塑造新世纪的道路？"

这个组织很快成为共和党保守派阵营对外政策的智库。组织的成员进行了一系列的研究与讨论，得出了美国必须增加军事开支，以巩固军事霸权地位的结论。在伊拉克问题上，该组织主张对伊拉克进行军事打击，以推翻萨达姆政权。

"新美国世纪计划"中除了切尼与拉姆斯菲尔德之外，还有沃尔福威茨、博尔顿、刘易斯·利比等一干人物。他们在布什2001年上台之后纷纷进入政府决策部门，塑造了今日的美国对外政策。

能源与世界

尽管只是副总统，切尼对外交、军事、能源政策的影响很可能远远超过总统本人。当过国防部长的切尼与五角大楼自然关系密切，而他加强美国军事霸权的主张也正对军方的胃口。

从制度上看，美国国务院是负责制定外交政策的主要部门，国家安全委员会则直接为总统提供外交与安全方面的信息与建议。自上台伊始，切尼就不断地将自己人安排到这两个地方。"新美国世纪计划"的成员阿米蒂奇、佐利克、博尔顿、多布里扬斯基都分别担任过不同级别的副国务卿。国家安全委员会中更是充斥着与切尼关系密切的人，包括总统国家安全事务助理哈德利，就是切尼担任国防部长时的助理部长。事实上，在2000年大选胜利之后，切尼就派出了他的心腹白宫办公厅主任利比到国务院、中央情报局等各个对外工作的部门寻找与自己观点相同的人，之后先将他们安排到副总统身边工作一段时间，然后派入有关机构。通过这种方式，切尼的人逐步控制了外交事务，将包括前国务卿鲍威尔在内的外交事务上的温和派排斥在决策之外。

切尼能够掌握对外政策的大权，也是布什对外交事务一窍不通的结果。在当上总统之前，布什只是短暂地到过几次国外，竞选时连主要国家领导人的名字都说不清。但是，布什与切尼在外交事务上有一个共同的关心点：能源，或者说石油。刚刚上台的第二个星期，布什就下令成立了一个能源工作小组，由切尼亲自担任组长。这个小组中包括了美国的一批石油和能源大亨，特别是安然公司的重头人物。在安然公司垮台后，美国几个环境组织通过法院诉讼获得了能源工作小组的一些文件，其中有文件建议美国政府出动军事力量，除掉美国获得石油资源的各种障碍。对于许多反对伊拉克战争的人来说，这些文件证明了伊拉克的石油才是布什政府发动战争的真正动机。

家庭与为人

　　切尼的夫人琳恩也是共和党内相当知名的人物。她是切尼的中学同学，学业上远比丈夫出色。在获得威斯康星大学的博士学位之后，琳恩长期从事著书立说工作。在里根政府时期，她曾经担任美国国家人文基金会主席，成天在电视上抛头露面，比在国会里当议员的丈夫还要风光许多。

　　切尼夫妇有两个女儿。大女儿伊丽莎白嫁给了一位律师，这位律师后来担任国土安全部首席法律顾问。伊丽莎白本人在 2002 年被国务院任命为副助理国务卿，专门负责近东事务。小女儿玛丽是一位公开的同性恋者。虽然她一直在帮助父亲以及共和党竞选，但是她与保守派阵营看上去总是有点格格不入。

　　与切尼接近的人都知道，这位副总统对自己人不错，尤其是对那些忠心耿耿的部下更是关怀有加，但是对政见不合者却非常冷酷无情。不久前，在参议院的一次辩论中，民主党参议员雷西提到切尼与哈里伯顿公司的关系，竟然遭到副总统在大庭广众之下用最下流的粗话破口大骂。而在"特工门"事件中，他的手下利比冈顾法律打击对手，就是切尼本人行事风格的印证。

美国外交政策上的一系列失败，特别是伊拉克局势的反复起伏，以及切尼的政治手腕与个人风格，使得这位副总统越来越不受民众欢迎。后来的一次民意调查发现，切尼在人民中的受欢迎率已经下降到19%。这在美国政治领袖中的确极其罕见。

福特：不失眠的总统

2007年1月2日是前总统福特国葬的日子。华盛顿的市民清早起来，发现从国会山到乔治城的主要道路两边每隔3米就站了一个身着黑色制服的卫兵，等待总统的灵车通过。除了这点之外，城里面气氛平常。灵车过后，一切又恢复了正常秩序。和两年半前里根总统那五天隆重的国葬比较，国会山前看不到等待前往吊唁的长长队伍，更看不到大批痛苦哭泣的民众。倒是在他的遗体被运回家乡之后，本地的乡亲在福特图书馆外冒着严寒排了8个小时的长队为他送行。

这正符合了被历史学者称为"意外的总统"的杰拉尔德·福特的心愿。

在美国现代历史上，从来没有当总统的野心却意外地当上了总统的人有两位：一是接替了罗斯福总统的杜鲁门，二是接替了尼克松总统的福特。这两个人都出身于中西部农村地区的普通人家，两人都争取到了本党下届总统候选人提名。杜鲁门赢了，福特输了，因此他只当了两年总统。和杜鲁门不一样的是，福特甚至连当副总统也没有经过选举。

尼克松的搭档阿格纽因逃税丑闻下台，正在因水门事件缠身的尼克松，于是从众议员里找来了以为人正直善良著称的福特。

有趣的是，杜鲁门和福特的前任总统都以聪明过人著称，而且在国内外事务中都有重大建树。这两位副总统偏偏却又都被看作学识平常、才智中庸的过渡性人物。他们对此也都很有自知之明。福特上台后一句"我是一辆福特，不是一辆林肯"的幽默话让公众会心一笑。美国人都明白这中间的社会文化含义——福特在向他们表达自己的为人和价值观。和中西部美国小城镇的普通人一样，他笃信宗教，忠于职守，重视家庭，善待邻居，正如一辆结实、俭朴、耐用的福特轿车。

福特和尼克松的个性有天壤之别。尼克松这个老牌政客，为人多疑，喜好各种阴谋诡计，因此在政坛中得了个"诡计迪克"（Tricky Dick）的外号。他身边的人说，总统总是难以入眠，经常半夜起来在房中踱步。最后，"诡计迪克"却是聪明反被聪明误，因水门丑闻下台。

福特入主白宫之后，那里的工作人员马上发现了重要的变化。尽管福特做了许多重大的决定，但是总统晚上总是睡得很香。助理们回忆说，福特总是根据良心判断，所以做完决定后良心并不受折磨。

说到福特的决定，最重要的就是他在上台之后赦免了尼克松在水门事件中的一切犯罪行为。这在美国国内引起了极大争议，连福特身边的许多人也不同意。当时媒体上有各种传言，说是福特被挑作副总统的时候就与尼克松有私下交易，让尼克松避免牢狱之灾。福特自己倒是一副洒脱的样子由着外面传说，也不多加解释。1976年，他竞选总统以微弱的票数败在民主党候选人卡特手下。不少历史学家认为，赦免尼克松导致了福特竞选失败。

不过，经过了31年之后历史却站到了福特一边。当年激烈反对该决定的绝大多数人如今也承认，赦免尼克松让美国尽快地结束了一场持续了两年的噩梦，很大程度上促使人民恢复了对政府的信心。

与多数美国总统比较，福特是个宽容、个性温和的人。尼克松有个长长的政敌单子，福特却说："哪怕只有一个私敌，也是树敌太多。"不过，福特毕竟也过不了竞选这关。在与卡特竞选期间，他私下对助理们说，实在不喜欢那位来自佐治亚州的花生农场主。不过，最近20年中这两位前总统却成了至交。在福特的葬礼上，卡特总统情绪激动地致辞说，福特是他所认识的最令人尊敬的社会公仆之一。

在福特身边工作过的人对他的为人诚恳也很有感触。尼克松的国务卿基辛格是个心机很深、总是倾向于政治阴谋论的人。新总统上台后，他本来以为会失去权力和地位，没想到福特却让他继续留任。"用人不疑，疑人不用"，福特自己虽然并非才高八斗，却在短短的两年任期内起用了一大批共和党的重要人物，包括任命老布什为驻北京联络处主任、拉姆斯菲尔德为国防部长、切尼为白宫办公厅主任长。

值得一提的是，尽管福特被人认为是个"无足轻重的总统"，他的夫人贝蒂·福特却是美国历史上最重要的第一夫人之一。民主党中改变了传统第一夫人形象的是埃莉诺·罗斯福，共和党中改变这一传统的是贝蒂·福特。福特伉俪结婚48年，育有三个儿子和一个女儿。这位职业妇女出身的第一夫人相信男女平权，支持妇女堕胎权，遭到保守派的猛烈攻击。

在成为第一夫人之后不久，贝蒂·福特被发现患了乳腺癌。妇女这类身体疾病是过去人们不愿意提起的话题。福特夫人却向社会公布了自己的病情，而且敦促妇女去进行检查。这个举动，拯救了大批妇女的生命。离开白宫后，福特夫人又大胆地公开了自己酗酒的习惯，并且在1987年建立了贝蒂·福特中心，专门帮助那些酒精或者毒品上瘾的人。

福特总统逝世之后，美国著名专栏作家乔治·威尔说了一句意味深长的话："想要当总统的人都必须先做一系列见不得人的事情。也许，做了那种事情的人就不应该当总统。"没有经过选举上台的福特总统深得人缘的秘密也许正在于此。

3

"保卫民主"

谁动了谁的奶酪

美国官员嫖娼如何处理

斯皮策也许是美国如今最知名的政客之一。让斯皮策出名的，固然是由于他在当州总检察的时候将华尔街金融大鳄的不法行为狠狠地整顿了一场，在媒体上当了一阵风云人物，更是因为他在2007年嫖妓被联邦调查局抓住而不得不黯然辞职。具有讽刺意味的是，斯皮策的行为之所以被发现，是他付给妓女的钱太高。银行发现他在当州总检察与州长时有不正常的大笔金钱往来，怀疑他有贪污或行贿受贿的嫌疑，于是联邦政府开始调查，这才追出他在这期间嫖妓花费了至少8万美元。调查中又顺藤摸瓜，查出一个名叫"皇帝俱乐部"的卖淫集团，在纽约、华盛顿、伦敦、巴黎等大都市运作，每小时收费1000至5500美元，客户都是各界名人政要。在老鸨的记录上，这位48岁的民主党州长的代号是"第九号客人"，是以他的政敌和媒体经常用"第九号客人"这个称呼来讥讽他。

斯皮策当然不是被抓住的第一个高层嫖客。2006年10月，联邦政府在华盛顿查出了一名被称作"首都鸨母"的女子黛博拉·保尔弗雷。她手下的女子多数是附近大学的研究生，可谓才貌双全。她掌握着长长的一串客人名单，其中不乏重量级的政要。事发不久，45岁的路易斯安那州共和党籍的参议员戴维·维特就带着太太文迪出现在蜂拥而来的记者面前。维特承认自己曾经是保尔弗雷的嫖客，向公众承认自己犯了"罪过"，太太也表示原谅丈夫。之后二人拒绝回答任何问题便离开了。至于回家后如何处理，外界自然无法知道。当时公众要维特下台的呼声甚高，该州的民主党州长也已经准备好寻找接替者。不过维特最终并没有辞职，而且在2010年还以超过对手几乎20个百分点的高票获得了连任。根本原因，是选民认为他替公众服务得不错，尤其是在卡特里娜飓风之后，他为本州争取到了巨额的联邦拨款，也为自己争得了民心。

还有比这更离谱的。1990年，马萨诸塞州第四选区的民主党众议员、同性恋者巴尼·弗兰克被发现在1985年付钱召男妓，结果和这位叫作史蒂夫·戈比的男妓成了好友。后者住进了弗兰克的家，在他的家里展开了有组织的卖淫活动。事发之后，国会进行了一段时间的调查，做出弗兰克对卖淫活动并不知情的结论。不过因为弗兰克利用权力替戈比注销了33张停车罚单，国会对他做出了警告处罚。但是，第四选区的选民显然并不在意他的行为，连年将他选入国会，直到2013年他宣布退休。

的确，如果当地的选民不在乎，法律还真没法去严厉处置那些嫖妓的民选官员。难怪当初路易斯安那州受人拥戴的州长埃德温·爱德华兹就公然说：除非他的床上"有个死了的女孩或者活着的男孩"，媒体再怎么公布他的丑闻也还是拿他没办法。

在美国，除了内华达州的一些地区之外，卖淫和买春都是非法的。美国合法的色情场所，只是像脱衣舞夜总会这类地方。对于非法卖淫，警察也经常会去"扫黄打黑"。嫖客若是被抓住了，算是轻罪（misdemeanor）而不是重罪（felony），多数地方的法律规定以罚款了结。不过，事件中若是卷入了未成年人，罪行就严重了。

法律明文规定，有意召雏妓的嫖客要被判侵犯儿童罪。有不少州甚至规定，如果卖淫嫖娼活动在中小学附近进行，同样属于性侵儿童。2001年，康涅狄格州沃特波利市的共和党籍市长、曾经竞选联邦参议员但未成功的菲利普·吉奥丹诺被联邦调查局监听到与一名妓女的通话。他试图安排让该妓女12岁的侄女和8岁的女儿一起参与性活动。为此，他被判犯下包括虐待儿童等多项重罪，被判刑37年。如今他仍然在伊利诺伊州的重罪监狱服刑。

选民也许能原谅某些嫖妓的官员，但是如果官员用公款来嫖妓或者做性交易，那就无论是法律还是民情都不会放过。人们都还记得，2008年民主党的副总统候选人爱德华兹被曝出花掉上百万美元的政治捐款来供养情妇、掩盖私生子的丑闻。司法部门对他进行了两年之久的调查，并以6项重罪起诉。如果罪名成立，他要面对30年的刑期。然而最后陪审团判他无罪，但是这位曾经名噪一时的政客、被认为有可能会入主白宫的政治明星从此身败名裂，政治上恐怕再也无法重生。

官员嫖妓被抓住的事情在美国时有发生，每次都会在媒体上引起一点轰动。不过从数量上来看，这并不太常见。美国的民选官员，特别是有点名气的公众人物，终日生活在显微镜般的公众监督之下，每次竞选的时候个人和家庭中事无巨细都会被媒体或者政治对手翻出来晒晒。嫖妓这种行为若是经常有，要逃过公众的眼睛也不太容易。

有个历史的小注脚大概能够显示美国人对娼妓这个"最古老的行业"的态度。在20世纪之前，妓院在多数地方是合法的。历史和考古学家发现，在20世纪初年，白宫附近就起码有10个妓院，首都市中心有一片妓院区。到20世纪头10年之后，社会风气逐渐转为严厉。1918年，美国通过了禁酒法，与此同时，各地也逐渐将妓院非法化。直到今天，这个行业从道德上仍然不为公众所认可。

美国政坛婚外情

美国前副总统戈尔在政坛上素来以刻板著称。如果他的形象稍微活泼一点，2000年的选举也许就不会以如此微弱的票数输给小布什。虽然从政20多年，在外人眼中戈尔的私生活无可挑剔——他与中学时代的女友蒂珀结婚40年，生了四个孩子，在公众场合夫妻俩从来亲亲热热，令不明就里的外人羡煞。因此，不久前戈尔夫妇离婚的消息一公布，从圈内好友到美国公众都大跌眼镜。措手不及的媒体只好用"戈尔夫妇无过错的离婚"或者"童话般的婚姻也有结束的时候"之类的标题来搪塞；刻薄一点的评论则嘲笑说，"原来克林顿夫妇的婚姻才是天长地久"；甚至也有号称专家的人摆出一本正经的面孔，分析那些"美丽的婚姻"最有可能在双方年老的时候突然出现危机。殊不知，很快就有各种各样的消息传出，看上去木讷的戈尔其实婚外情不少，而且几年前夜间在旅馆做按摩还被女按摩师控告性骚扰。

这几年来，如美国媒体所称的"在床上被抓住"的政坛人物还真有不少。民主党总统候选人约翰·爱德华兹遭到《闲话》杂志跟踪，在凌晨两点去旅馆里会情人与私生女儿的时候被抓个正着；共和党南卡罗来纳的州长马克·桑福德2009年忽然消失了一个星期，他的助理们支支吾吾地说，州长到阿巴拉契亚小道爬山去了，结果却被发现是私下里偷偷到阿根廷去会情人，给"去阿巴拉契亚小道爬山"这个60年代以来一直时髦的健身运动赋予了新的含义；底特律市年轻的市长夸梅·基尔帕特里克用公家的手机给情人发了大量肉麻的短信，被正在调查有关他的另外一个腐败案件的司法当局翻了出来。随着时代的发展，政坛黄色丑闻也不仅仅限于有权有势的男人找年轻漂亮的女人的传统模式，同性恋或者女强人也开始占据新闻版面。新泽西的州长吉姆·麦格里维结过两次婚还有个女儿，却忽然公布自己是同性恋，辞职后与老婆离了婚并与男友同住；南卡罗来纳州38岁的漂亮的印度裔州议员妮基·哈蕾2010年在竞争共和党州长候选人提名的时候，被对手狠劲抹黑，说她背着丈夫与不止一个人私通，导致她在第一轮选举的时候没能过半数。

　　政坛花花公子的性丑闻在媒体上的曝光率高，那自然是因为有读者的缘故。曾几何时，这些被称作"花边新闻"的消息只是小报和闲话杂志追踪的对象，可是自从克林顿与实习生莱温斯基的丑闻导致总统被弹劾之后，性丑闻也就登上了严肃媒体的大雅之堂。不过，尽管这类黄色丑闻经常会让当事人狼狈不堪，但如果没有其他因素卷入，比如腐败、渎职、违法等，对政治格局就不至于有太大的影响。

当年在弹劾克林顿的时候，国会里的批评者常常强调的一句话就是："要追究的不是性关系，而是谎言。"也就是说，克林顿与莱温斯基的私情本身并不构成弹劾的基础，但是总统就此对司法机构撒谎就犯下了伪证罪，必须受到法律惩罚。婚外性关系违背了大众的伦理道德，却并不一定违法。对于政坛人物来说，婚外性关系更不见得一定会导致公众的利益受到侵犯。但是，婚外性关系往往是有权势者利用手里的权力来实现的，或者在这种关系中做出了各种越权的举动，这就要遭到司法与舆论的追究。

拿约翰·爱德华兹的例子来看，这位竞选期间苦心营造自己"好丈夫""好父亲"形象的政客，被揭发出背着患乳腺癌的妻子偷情，这固然不道德，但司法机关正在查办的，却是爱德华兹是否用竞选经费来买他的情人封口——据说他为此而动用了十几万美元的公众捐款。如果最终能证明他这么做了，这位身家亿万的富豪律师也难免牢狱之灾。

马克·桑福德的情况也类似。消息刚传出，这位州长第一时间就解释说，他对妻子不忠是事实，不过整个过程中完全没有耗费纳税人的钱。议会不肯休继续调查，发现州长一年多前可能用公款到阿根廷去旅行。桑福德赶紧在深入调查之前便将旅行用的钱还清，也不管里面的确有公事开支的部分。虽然避免了被弹劾的命运，但是桑福德原本灿烂辉煌的政治前途却暂时被打上了个句号。

真正被送入监狱的是底特律的市长。这位31岁就当选为美国第十一大城市市长的黑人似乎从一开始就没有打算过清廉的日子。从2002年上台伊始，有关他贪污渎职、徇私舞弊的丑闻就没有断过。连他手下的警察局的官员、身边的保镖和其他工作人员都联合起来向政府部门揭发市长的腐败行为。他甚至将一位脱衣舞娘请到市长官邸开派对，太座河东狮吼，将该舞娘痛打一顿。不久后，这位舞娘被人枪杀，谋杀者用的是底特律警察的手枪。各种各样的丑闻与诉讼，最后让这位市长成了州监狱中的第 702408 号囚犯。

安然度过性丑闻风波的政客，大约都是除了性之外别无他事，特别是在经济上清廉，在工作上勤恳，为本选区的人民谋利益。弗兰克在男友爆出新闻之后，推说对对方的举动一概不知，媒体的确也挖不出什么证据。由于在国会中资历深厚，弗兰克也是那种很能够给本地带来利益的人。他 2010 年的连任也不像会出问题的样子。

虽然美国媒体上关于政客们见不得人的性关系的新闻不断，但是相对世界上大多数国家来说，这里的政坛人物性丑闻并不算多。严厉限制个人欲望的基督教新教在美国历史上传统深厚，至今仍然影响巨大。通过民主选举进入政界的人，在竞选期间私生活早就被人翻了个底朝天。而在进入政坛以后，他们的言行举止也终日受到媒体与公众的监督。那类公然包二奶三奶或者是终日用公款去花天酒地声色犬马地享受的官员，在美国政坛上恐怕一星期也生存不下去。

警察枪击案背后的黑人种族困境

2013年7月27日半夜两点,佛罗里达州60岁的黑人男子雷·米德尔顿到一辆私人汽车上拿包香烟。有邻居看到这一幕,马上打电话报警。一队警察飞快地赶到,对米德尔顿大喝:

"举起双手,让我们能看到!"

米德尔顿以为是邻居在开玩笑,因为这里是他母亲的家,汽车也是他母亲的车。他转过身来才发现警察正拿枪对准他。

往下在瞬间中发生的事情双方就各执一词了。米德尔顿说,他举起手往后退了几步;警察说,在警告了几次之后,米德尔顿反倒向他们冲过来。总之,警察朝他开了火。有的报道说警察打了15发子弹,也有的说只有7发。无论如何,警方显然没有打算要他的命,因为米德尔顿仅仅是腿上受了轻伤,几天以后就出院了。

像这样的意外其实经常会有,比如2011年佛罗里达州迈阿密市的警察8个月中在高犯罪率的街区打死了7名黑人。每次事件只会在地方报纸上占个小角落,可是这次枪击发生在枪杀黑人少年马丁的齐默曼被佛罗里达的陪审团宣判无罪的两个星期之后，美国的种族关系中正充满了火药味，于是这条新闻就被媒体炒作了一阵子。

在2012年，有136位手无寸铁的黑人被警察、保安、守卫打死。但是，这个数字与黑人社区中的谋杀案件比起来几乎可以说微不足道。最近这些年，每年有八九千的黑人被谋杀。黑人社区中的谋杀率是白人社区的7倍。而超过90%的黑人受害者是被黑人打死的。仅仅是芝加哥这个有130万人口的城市，2012年被谋杀的就有532人，主要发生在黑人区，大部分罪犯和受害者也是黑人。目前美国监狱中的犯人几乎一半是黑人。超过3%的黑人男性在监狱里服刑。在成年男性中，黑人坐牢的比例是白人的5至7倍。而在不到20岁的男性青少年中，黑人坐牢的比例是白人的9倍。警察进了高犯罪率的黑人区往往心惊肉跳，在神经紧张的情况下动用武力。根据联邦调查局的数字，2011年，有72位警察在执行任务时丧生，他们的平均年龄为38岁。

美国黑人社区背负着300年奴隶制的沉重历史枷锁，饱受歧视和贫穷的折磨，这是一个没有争议的事实。自20世纪50年代中期的民权运动以来，黑人过去半个世纪里在法律上不仅争得了平等权利，而且在入学、就业等重要方面还得到一定照顾。如今，在435个国会众议院议席中，黑人议员有42位，与他们12%的人口比例相去不远。而奥巴马在2008年当选总统，更被认为是美国种族关系改变的最重要的象征。

然而与此同时，黑人社区的社会经济情形却每况愈下。与半个世纪之前相比，黑人中产阶级的比例日渐走低，如今黑人家庭的收入只有白人的三分之二上下，黑人中受过四年制大学教育的人数大约只有六分之一，失业率却达到17%。而社区中的犯罪率之高，令人望而却步。

在这一连串的数字后面是一个更为令人困扰的现实：黑人的家庭结构正在全面地解体。这个群体中男女两性之间的鸿沟越来越大。男性的犯罪率远远超过女性，而男性受教育的程度却远远低于女性。大学和研究院中的黑人学生以女性居多。这导致黑人女性，特别是受过良好教育的女性，在婚姻上选择余地非常小。亚特兰大市一位31岁的黑人女检察官在接受媒体采访时承认她非常盼望结婚，但是"大多数我们起诉的罪犯是黑人男性，这真是令人沮丧"。许多优秀的黑人女性在失望之余，选择了其他族裔，或者干脆单身，哪怕是去当单身母亲。

不过这类女性并不是黑人社区中单身母亲的主体。如今这个社区中72%的孩子是在单亲家庭——通常只有母亲——的环境中长大的，而大量开始生孩子的女性自己本身还是孩子，特别是穷人家的孩子。2010年的数字显示，每1000个十几岁的黑人少女中，就有117人怀孕，其中52人当了母亲。这些在高中时期就生孩子的年轻母亲基本都没有结婚，在没有完成学业的情况下许多人没有工作，要靠政府的福利体系来养活。这也是为什么黑人中结婚人口的比例逐年急剧下降、人口出生率却没有降低的原因。

贫穷固然困扰着这类单亲家庭，但是这类家庭中道德价值的滑落却更令人担心。从小就在没有父亲的家庭中依靠国家福利生活，使得大量的男孩在成长过程中缺乏父爱，在生活中缺少男性的榜样，在学习与工作上更是没有动力。在社区中游荡的青少年结成了各种团伙，进一步导致当地学校教育质量的下降，形成了贫穷—犯罪—贫穷的恶性循环。

60年代末，黑人社会学家乔伊斯·拉德纳到圣路易斯的黑人贫民窟去访问了一批十几岁的母亲。她后来的成名作《明天的明天》（Tomorrow's Tomorrow）就是基于这些访问写成的。在书里，她描述了这些已经为人之母的少女们为子女设计的梦想：她们希望孩子长大之后能够好好读书，找到稳定的工作，或者是经商从政。拉德纳得出结论说，黑人与白人的梦想其实没有什么区别。20年之后，她再次回到同一个社区，访问20年后的少女母亲们。结果令她大吃一惊。拉德纳发现，在种族平权运动过去了一代人之后，少女母亲们的梦想变了——她们中许多人觉得，孩子长大以后，和自己一样不工作、吃社会福利并没有什么不好。拉德纳哀叹道，平权运动与国家福利看来还是有许多负面效果的。

又一代人过去了。黑人家庭的状况不但没有改善，反而在继续恶化。1880年，有人对费城的黑人社区做过一番详细的统计，发现那里75%的家庭都是典型的所谓"核心家庭"，也就是包括结了婚的双亲及子女。而如今，这样的家庭结构正濒临灭绝的危险。这个趋势如果不扭转，美国的种族分化与冲突恐怕还会加剧。

假若斯诺登无罪，美国将会怎样

美国情报机构的合同工爱德华·斯诺登披露政府搜集公民通信信息的"棱镜"计划并辗转逃到俄罗斯避难之后，他的父亲朗·斯诺登在美国四处为儿子寻找法律帮助。最后，他找到了肯塔基州的共和党参议员兰德·保罗，也就是两次竞选总统的众议员罗恩·保罗的长子。保罗父子是美国小政府主义者的代表人物。认同斯诺登做法的参议员热心帮忙，将老斯诺登介绍给他父亲的法律顾问、著名的宪法律师布鲁斯·费恩。在费恩的帮助下，老斯诺登通过维基解密的创办人阿桑奇与儿子间接取得了联系，并且取得了俄罗斯政府的签证，而费恩将陪同老斯诺登一起到俄罗斯去见儿子。

费恩恰巧是笔者的好友。虽然媒体盈门，甚至有记者终日守候在他的公寓外面，他还是很爽快地接受了我的采访要求。在长达一个小时的谈话中，费恩除了对我透露了上述细节之外，还慷慨激昂地陈述了斯诺登无罪的观点。以下是他这番陈述的要点。

首先，费恩指出奥巴马总统、克里国务卿，

以及两党一批国会议员指控斯诺登为"叛徒",完全没有法律依据。根据无罪推定的原则,任何公民如果没有经过法庭按照程序进行的审判与定罪,都不能被称为罪犯,更何况叛国罪是最严重的罪行之一。凭这点,斯诺登就可以反告政府。

其次,斯诺登不是政府雇员,而只是政府合同公司的雇员。因此他的做法顶多是违反与公司的合约,而不是泄密。违约可以被开除,但并不是犯罪行为,不应该被政府起诉。况且政府至今没能拿出任何证据说,斯诺登的泄密具体伤害了什么人。他所揭发的,是政府的违法行为。对于政府违法,每个公民都有揭发的义务。

为什么政府为了反恐而搜集公民的电话记录属于违法?费恩认为,那不仅违法,而且违宪。美国宪法第四修正案规定,政府不得对公民的住宅与人身进行没有根据的搜查。除非经过法庭批准的程序,否则任何搜查都违犯了宪法。费恩指出,这是英美法律长久的传统。他专门引用了18世纪英国首相威廉·皮特一句著名的话:一个穷人的破房子是他的领地。风能进来,雨能进来,英国国王却不能进来。

我问道,根据斯诺登揭露出来的情况,政府并没有去监听公民的电话,而只是搜集所有通话的记录,以从中找出与恐怖分子本月关联的蛛丝马迹。这些记录电话公司都掌握,也不是什么秘密,为什么政府不能拿去呢?他回答道,个人与电话公司之间有合同,用户在电话公司那里留下通话记录,但是,用户并没有允许电话公司将记录交给政府。政府与私人电话公司之间使用这些记录的动机是不一样的。在用户不知情的前提下，政府拿走这些记录，完全是违法行为。

许多人批评道，斯诺登不应该直接向外界公布，而应该到政府的监察部门，包括国会，去揭发国家安全局的做法。费恩认为，对于斯诺登，那是一条危险而不现实的路径。国会有关委员会的议员在过去7年中对国土安全局的做法颇有了解，但是却没有人站出来说话。斯诺登也不知道找谁才是。况且政府的保护揭秘人的《吹口哨人保护法》只涵盖联邦雇员。

据费恩说，斯诺登离开美国之后便没有和他的父亲与家人直接联系过，只有他在俄国的律师打了个电话来谈了一下情况。另外，仍然躲藏在伦敦厄瓜多尔大使馆避难的维基解密创始人阿桑奇也给费恩来过一通电话。维基解密的律师正在帮助斯诺登。费恩已经帮助斯诺登的父亲给奥巴马总统写信，要求不起诉斯诺登，但不是赦免，因为他并没有犯罪。不过至今还没有从总统那里听到回音。

由斯诺登案件，费恩进而批评美国的整个反恐政策。他认为，"反恐战争"是种荒唐的说法。这是美国历史上第一次将某种策略来作为战争对象。不是某个敌人、某个国家、某种意识形态，而是反恐这种策略。这样一来，战争就变得没有结束、没有结果、没有国界、没有限制了。这给美国的民主自由带来了根本性的伤害。自由是要面对一定危险的，而完全安全的生活就会丧失自由。美国要反恐，但是不能放弃根本的价值观。特别是不能因为寻找完美（完全消灭恐怖主义）就摧毁已经存在的好东西（法治保护下的自由）。

说到世界上的其他国家，费恩认为每个国家的命运都要由自己的人民来决定。美国人没有权利去告诉中国人应该怎么生活。

费恩最后说，斯诺登是个英雄。他放弃了自己在美国高收入的工作与舒适的生活，就是为了揭露政府对人民权利的侵犯。他与当初推动美国人权的人一样,不能忍受政府在没有人民认可的前提下去监视人民。

斯诺登的案件要是最终回到美国来审判,大概最后将成为最高法院判决中又一个著名的历史案件。而费恩为斯诺登做的辩护,也会在美国法律中留下深深的印记。

政府关门谁之过

2013年10月，超级大国美国由于议会内部与行政部门之间的矛盾，政府预算无法通过，导致联邦政府关门16天，让整个世界惊愕不已。无论是意识形态与美国相近的盟友，还是有心看美国笑话的异邦，甚至是心怀恶意唯恐美国不乱的敌国，都弄不清楚美国人葫芦里到底卖的是什么药。是以，阴谋论、崩溃论、瘫痪论等等到处盛行。

其实，了解美国三权分立的政府设计的人对此并不会感到奇怪。他们甚至会争辩说，出现这样的结果，正是体现了美式民主制度设计的初衷。

18世纪末，当英国北美13个殖民地决定成立美利坚合众国的时候，没有人对这个国家制度的设计有非常明晰的蓝图。旧大陆的君主制正是他们所要摒弃的，而许多美国国父们推崇的古代罗马共和国的分权理想却又在实际中演变成了寡头统治甚至后来的君主政治。如何防止暴政的出现？如何在最大限度上保障个人自由？这是立国者们最关心的。因此，在设计这个国家的制度时，华盛顿、杰斐逊、亚当斯、麦迪逊、富兰克林这批人将制度建设的要点放在如何限制政府之上。有"宪法之父"称号的麦迪逊说过的一段话最能体现这点：

"如果人是天使，政府就没有必要；如果是天使统治人，对政府内外的监督也没有必要。在建立一个由人来控制、以管理人为目的的政府时，最困难的是：你必须首先让政府能够控制被管理的人，之后让政府能够自控。"

《独立宣言》的作者、文字以简洁优美著称的杰斐逊干脆将话说得更明白："当人民害怕政府的时候，那就意味着专制；而当政府害怕人民的时候，那就意味着自由。"而他期待建立的政府，就是"既不能掏我的钱包，也不能打断我的腿"。

基于这样的原则，美国的国父们设计了一个复杂的政府制度：立法、行政、司法相互独立、相互制衡。根据宪法，人民普选出来的国会有最大的权力。国家最重要的事务，包括税收、财政、宣战，都必须由国会来投票决定。国会之中又有相互制衡的参众两院，而100位参议员与435位众议员又来自全美各地的州和选区，代表各种有着相同或不同利益的选民。国会特别是参议院中如果有几个顽固坚持己见与多数人不合流的，就很有可能导致议会僵持甚至停摆。而行政首脑受到议会的掣肘以及任期的限制，想要做的事情多数都做不成，更不用说无论是立法还是行政决议都有可能遭到来自司法机构的挑战，而发起挑战的人，通常还是人海中的无名之辈。当然，在这个联邦制而不是中央集权制的国家里，独立运作的各级地方政府不肯买联邦的账也屡见不鲜。

显然，美式民主制度是无效率的，而无效率是一种制度设计，也是限制政府——特别是联邦政府——权力的必要。《常识》的作者潘恩将这点说得非常明白："政府即便在最好的情况下也是一个不得不需要的魔鬼，在最坏的情况下就是个令人难以容忍的恶魔。"他们认为，只有让这个"恶魔"做不成多少事情，才能保障公民的自由。而高效率的政府，比如天子诏令全国动员的那类，也许做点好事很快，但做坏事更快。熟悉历史的人对此都会深有体会，而当时的人却不一定明白。1939年，普林斯顿大学在马上要入学的新生中做了一个调查，让他们选出活着的人中谁最伟大。普林斯顿的教授、诺贝尔奖获得者爱因斯坦名列第二，排在第一位的是阿道夫·希特勒。

这次导致美国政府关门的一系列事件，从各个角度都体现了美国的这种制度设计。奥巴马的医改法案，从根本上改变了占美国经济17%的医疗体系。这个法案在国会遭到来自共和党的强烈挑战。法案虽然在2010年3月得以通过，却遭到来自各地——包括27个州的政府检察长以及因此而兴起的茶党的猛烈挑战。奥巴马政府在最高法院以5：4的微弱票数勉强胜诉之后，2013年10月1日正式全面实行。在此前夕，国会中的共和党人利用预算案的机会，对推迟奥巴马医改进行了最后的努力，才导致了政府关门的后果。

政府这次关门，引起了许多美国人对美式民主的又一次思考。政府的职能应该是什么？是否应该像一些人期待的那样对人民实行"从摇篮到坟墓"的看护？而政府每次给予人民的福利，是否也同时剥夺了人民的权益？比如有了全民医保，就剥夺了他们不花钱去买医保或者买什么样的医保的权利？最近几家宗教大学告医保法案违宪用的就是这个理由：医保法案规定要提供避孕药物与堕胎措施，天主教反对避孕，福音派基督徒反对堕胎。如果强迫这些机构购买政府规定的医保，是否就侵犯了宪法第一修正案保护宗教自由的权利？政府管得越多，这类问题就越多。统而言之，政府越大，社会就越小。美式民主制度和大政府是无法并存的。

1787年9月，在制宪会议结束的时候，本杰明·富兰克林从议会大厅走出来，一位妇女问他："博士，我们得到了什么？是共和制还是君主制？"富兰克林回答道："女士，是共和制，也就是说，如果能保住的话。"

美式民主的共和制是否还能保住呢？是不是会重蹈罗马的覆辙走向寡头制？对于未来的历史学家，这是个研究课题；而对于今日的美国人，这是个十字路口的关键选择。

奥巴马医改：动了谁的利益

由共和党控制的美国众议院与民主党的参议院和总统闹别扭，两边为了预算争执不下，导致联邦政府关门大吉，过了八九天还不知道如何收场。双方争执的关键点，是三年半前通过的医改法案，也是奥巴马主政以来最重要的社会改革，因此通称奥巴马医改。

医改的目标，是保证人人都能享受医疗保险。这份2600页的法案通过时，民主党在参众两院都是多数派，而共和党人除了一名众议员之外则统统投下了反对票。自从法案通过之后，美国出现了大规模的反医改运动，有遍布全美的地方上的小规模集会，有首都几十万人的示威，有参议员的冗长演讲，有茶党运动的兴起，有2010年议会选举共和党大幅翻盘。总之，奥巴马医改并没有随着时间的推移更多地被美国人接受，相反是有越来越多的人表示怀疑。最近加入怀疑行列的，有当年坚决支持医改的大工会。运输工会的主席吉米·霍法甚至写信给总统，指责奥巴马医改正在摧毁40小时工作制。

为什么为人民提供医疗保障权的法律会

在美国引起如此大的反响？笔者最近参与执行奥巴马医改法案的经历也许能说明一点问题。

从 2010 年起，我受州政府的委派担任弗吉尼亚社区大学系统的校董。两年制的社区大学是美国公立大学系统中最基层的一级，特别是大批穷人的孩子通过这里受教育之后再去工作或者转入四年制大学。我在的这个大学有 23 个分院，大约 40 多万学生，每年的预算是 14 亿美元左右。学费非常低廉，本州居民全日上课，每年学费只有 3000 美元。州内企业需要的大量的技术培训也可以在这里进行。州政府的教育拨款超过一半给到了社区大学。大学的校长与 15 名校董一起管理学校。

在学校数万教职员工中，有 1 万多人是临时受聘来当教师的。学校按照他们授课的课时来付钱。他们不能享受任何的福利待遇。这样的教职授全职的工资也只有 4 万美元，比清洁工高不到哪里去，不过申请的人依然很多。刚刚从大学研究院毕业的博士硕士们，在找不到更好的工作时靠此维生并且积累教学经验，也有许多有其他工作的人教上一两门课来补贴家用。另外，不少穷困的学生在学校一边打工一边上学，也就不需要在工作地点与学校之间来回奔波。他们也被算在临时工之列，同样不能享受包括医疗保险在内的福利待遇。

2013 年 5 月份的一天，校董会开会。校长提出来说，10 月 1 日奥巴马医改就要实行了，学校必须拿出一份对付的方案。原来，医改法案规定，凡是在一个单位工作30小时以上的人，雇主都必须为雇员缴纳医疗保险金。美国的保险费不便宜，每个人每个月最少要200多美元。而如果按照社区大学目前的标准，每个雇员的保险月费超过800美元，一年要上万。给所有的临时雇员买保险，学校需要支付大约一个亿以上。

校董们面面相觑。如此大的一笔巨款，校方是无论如何无法支付的，除非我们大幅度提高学费。可是提高学费让穷学生们受不了，大批人会因此退学。无奈，在校董会的认可下，校长只好拿出一个行政命令，规定今后所有临时雇员都不得工作超过29个小时。也就是说，不许那些最需要工作的人全职工作。

接着问题又来了。如何保证这些人工作不超过29小时？弗吉尼亚社区大学的23个学院遍布整个州，每个学院的财务部门是独立运作的。按照1966年建校时的设计，学院之间的距离不超过一个小时车程。在人口密集地区的几个学院之间距离更近。按照医改法规定，弗吉尼亚社区大学算是一个雇主，所以如果一个人在两个学院同时半职工作，就要被算作全职雇员，哪怕一份工作是教书，另一份是扫地也不行。这样，学校麾下的23个学院就必须建立起一个大系统，以防止有人偷偷地去异地工作。这个系统比防止非法移民工作更复杂。但如果系统不健全，学校就要因违犯医改法而吃官司。

这还不算。由于学校是州立大学，雇员的工资来自州政府，所以学校的临时雇员也不得到州政府任何其他部门任职。这样，需要建立的防止人们"违法"工作的系统就更庞大、更复杂。目前奥巴马医改法案已经推行，无论是州政府还是学校都还没有想出一个解决的办法。但是，数万在学校里工作的教师与学生就这样不明不白地失去了部分工作，而祸首正是那个以帮助穷人的名义而制定的医疗改革法案。

奥巴马医改的主要条款刚刚开始正式推行，但是许多雇主已经开始了裁减工作小时、雇用半职工人的行动，特别是那些低工资、低利润的行业，比如超市和商场。许多超市门口如今挂着大大的"雇用半职员工"的招贴，叫人为美国的穷人扼腕。那些拿一小时10美元的售货员，如今要被减去27%的工作时间，连加班的可能也没有了。拿这么点工资，还不如去申请政府福利，能得到政府的医疗补助。从私营企业工会的角度看，这个法案更具威胁性，因为半职的临时工通常是没有加入工会资格的。如果雇主越来越倚重半职雇员，工会的人数就可能进一步锐减。

在历史上，以穷人的名义推行的社会改造政策，经常会有巨额的代价。而最后的代价往往是由穷人和整个社会付出的。这已经一再被历史所证明。没想到在奉行自由市场经济的美国我们又看到了这种场面。

胜败之战，过了150年还没有结束

弗吉尼亚的首府里士满有一条美丽的林荫大道。每隔几百米，路中心就有一座巨型雕像，绝大部分是150年前南北战争中南部联盟的领袖——罗伯特·李、战略家托马斯·杰克逊、骑兵统帅杰布·斯图亚特、联盟总统杰弗逊·戴维斯……如果准确地命名，这条穿过当年南部联盟首都的大路也许可以叫作"败将大道"。

谁说历史一定是胜利者写的？美国南北战争的历史，失败的南方人也许比胜利的北方人写得更多。战争之后，北方的将领和统帅们既有机会当官又有能力做生意，南方的败将们灰溜溜地回家，只好坐下来奋笔疾书回忆录，这帮人被称作"目标失落后的作家"（Lost Cause Writers）。他们笔下的历史，将南方人描写得浪漫而勇敢，北方人则猥琐而冷酷。一个半世纪以来，他们的影响依然随处可见——至今，李将军仍然是最受人爱戴的将领，《飘》也仍然是畅销的小说，虽然已经没有多少人会羡慕郝思嘉在战前的生活方式。

更令外人难以理解的是，当年的南北战争如今还在年复一年地"重演"（reenactment）——在每个战争纪念日或者公众假日，在当年的战场上都会有大批穿着南北方军服，各自在练兵、交战的队伍。几十万对南北战争史入迷的人们，订做或购买当年式样的服装，自备枪支甚至马匹，用当年的番号组成军队，带着家人、孩子、学生来观战，年年乐此不疲。其他国家的人大概很少会采用这样的娱乐方式——中国人重演甲午战争？法国人重演色当战役？英国人重演敦刻尔克大撤退？德国人重演"一战"或者"二战"？恐怕很难想象。

要理解个中原因，可以从林肯的葛底斯堡演说开始。1863年7月的葛底斯堡战役，是南北战争的转折点。在这次战役之前，进攻的北军经常被防守的南军打得节节败退。葛底斯堡一战，死亡7000人，南军最精锐的皮克特师全军覆没。在葛底斯堡捷报传来的同一天，格兰特将军在密西西比的维克斯堡也打了一个大胜仗，战局有利的一面从此向北方倾斜。1863年11月19日，当林肯到葛底斯堡为阵亡将士墓园的揭幕式演讲的时候，北方已经能够看到胜利的曙光。

然而，战争的胜利不等于统一的完成。南北战争中有62万人死于非命，几乎等于美国历史上所有战争中死亡人数的总和。尤其是南方，自由人的家庭中大约家家户户都有伤亡者。当时很多人断定，即便北方能够以武力来保持国家的统一，南北方之间结下的仇恨，几代人也无法化解。南方人只要有机会，一定要东山再起闹独立。

对这种情况林肯总统再清楚不过。他经常会亲临战场，听取官兵们的陈述。林肯认为，重建美利坚联邦，不能依靠压制反对声音，而是要进一步弘扬自由精神。于是，他在葛底斯堡的演说中，丝毫没有谴责南部的分裂者，而是强调奠定美国立国基础的自由与平等精神。他的"民有、民治、民享"一说，从此深入人心。在战争的最后阶段，林肯推动制定了一系列宽松地处理分裂地区的政策，包括赦免放下武器的军人，如果他们宣誓效忠联邦就可以重新获得公民权等等，正是他信念的体现。

越是到战争的最后阶段，林肯对叛军宽松的政策就越是明晰。1865年4月，当他随同军队进入已经被战火焚烧得满目疮痍的里士满时，将军们问道，对南方的军队和人民应该如何处理。林肯答道："不要太难为他们了。"

军队的统帅格兰特将军也忠实地去执行林肯的宽松精神。1865年4月9日，南军的主将李将军在弗吉尼亚的阿博马托克斯向格兰特投降。李将军身穿整洁的军服，只带着一位随从前往。从战场上匆匆赶来的格兰特见到这位威名远扬的将领，为自己靴子上沾的泥浆感到小学生似的局促不安。格兰特拿出来自联邦政府的受降条件，要求南军交出所有的武器装备。李将军说，可以缴枪，但是军人的马匹是自备的。他们回乡后，还需要用这些马匹来耕田运输。格兰特将军先斩后奏，同意了李将军的条件之后再上报华盛顿。签订过投降条约之后，北军连夜开动印刷机，印制了3万张赦免证明。南军的官兵拿着这张证明，可以免费搭乘火车轮船回家，沿路的政府驿站还管他们饭。

南方人就这样解甲归田。许多人依旧怀恨在心，也有不少人私底下磨刀霍霍。在北方全面胜利、林肯总统却遭到暗杀之后，他的政策还在继续。战后，唯一被审判处死的南方军人，是一位战俘营的长官。他在佐治亚州的安德森维尔战俘营看管的 45000 名北方战俘中，有 13000 人被饥饿和疾病夺取了生命。

南方人没有了武器，但是却保留了他们的发言权。那些受过良好教育的人，在放下武器之后拿起笔去塑造历史。就连南部联盟的总统戴维斯也在 1881 年出版了两大卷的《联盟国政府之兴衰》，给后人留下了重要的研究资料。格兰特将军后来当了两届总统，在退下来后由于手头紧，接受了一个杂志的邀请去写回忆录，使这位北军统帅的事迹和个人观察有了详细的记录。

南北方战败者与战胜者之间的笔仗，经过了 150 年之后还没有打完。虽然年代久远，南北战争依旧是美国史学家与普通民众最珍爱的题目。每年还在出版各种各样关于这场战争的书籍与文字。这也带动了"重演"等各类纪念活动的盛行。自由地说，自由地写，自由地表演，也让历史变得更加丰富多彩，更加人性化。当然，这也避免了在无法说话的高压锅似的环境中出现的危险的爆发。

美国如何给穷人提供高等教育

2010年,弗吉尼亚州新选举的州长鲍勃·麦克唐纳上任。在他竞选期间,我曾经对他表示有兴趣为推动本州的高等教育做些工作。州长在竞选时曾经许诺将大力增加对高等教育的投入。在麦克唐纳上任后不久,他任命我为弗吉尼亚社区大学的校董。

出身常春藤盟校的我,当时对社区大学毫无了解,只知道那是正规大学中最底层的学校。我问州长,为什么派我去社区大学而不是我更熟悉的顶尖公立院校,例如弗吉尼亚大学或者威廉-玛丽学院,他的回答有点出乎我的意料:"社区大学是本州最重要的高等教育机构,州政府高等教育的经费大多数都给了这个大学。弗吉尼亚大学只有6%的经费来自州政府,政府派去的校董没有多少权力。"

就任之后,我才逐渐开始明白社区大学在美国教育中的重要性。

美国的教育体系与大多数国家不一样。根据《宪法》的规定,联邦政府无权兴办教育,权力属于地方。今天美国的中小学教育都是由各地民选的校董会来管理的。而大学在1862年之前绝大多数为私立。林肯政府在1862年推动立法，将大量联邦政府控制下的土地批给各个州兴办大学，为推动州立大学教育打下了基础。这也是为什么美国除了军事院校之外没有国立大学的原因。

社区大学是州立大学中最基层的一级，主要面对的是低收入者。可以说，社区大学给美国的穷人接受高等教育提供了敲门砖。

弗吉尼亚州立社区大学始建于1966年。那也是美国的高等教育开始普及的时代。与普通大学不一样的是，社区大学通常没有宿舍，学生都住在附近。这为学校建设和管理节省了非常大的一笔开支。而为了保证所有人都有机会，州议会立法规定，在本州任何地区开车一小时的距离内都必须有一个校区。这个学校如今有23个校区。最大的校区在北弗吉尼亚，学生6万多人。最小的校区则只有一两千人。校区如此分散带来了一个意料之外的好处：负责拨款的州议会的140名参众议员，每个人的选区都有至少一家学院。这样就在很大程度上保证了学校在拨款上能得到优先考虑。

社区大学的大门对所有高中毕业生敞开。到这里来上学不需要入学考试，不过学校要测验学生的基本阅读写作以及数学能力。没有通过测验的学生必须补课，直到合格之后才能进入正规课程。至于上多少门课，学生自己选择。等到修够了学分就可以拿毕业文凭。这种相当于两年制的大学被叫作"初级大学"（Junior College）。

对于州内的居民来说，社区大学的学费是非常便宜的，目前一年还不到 3000 美元，只有其他州立大学的三分之一，而且贫穷学生还能得到减免学费等各种补助。实际上，每个学生的花费接近 1 万美元，不足之处由州政府拨款补贴。弗吉尼亚社区大学 2013 年 15 亿美元的经费，一半以上来自州政府，另外还来自基金会、私人企业、联邦政府项目计划等。

　　学费便宜不等于教育质量差。在美国，真正质量差的是那些没有被认证的野鸡大学，比如中国人听说过的巴灵顿大学或者西太平洋大学，凡是被认证的学校都要受到独立的学术认证委员会的严格审查。有哪门课或者哪个专业通不过质量关，学校的教育认证就会被列入"查看一年"的行列。如果没有改进，该学校的高等教育执照就面临被吊销的危险。

　　正是因为有这种严格的审查，许多四年制大学都与社区大学进行联合教育。在弗吉尼亚，社区大学的毕业生可以根据成绩进入州内 20 多家大学再读两年，之后获得该大学的本科文凭。学校目前与 30 多家大学签订了转学合同，包括与常春藤盟校齐名的威廉－玛丽学院与弗吉尼亚大学。平均成绩为 3.5 分（满分 4 分）的学生可以直接进入威廉－玛丽学院，弗吉尼亚大学则要求 3.4 分。这些学校可以拒绝其他申请人，但是不能拒绝接受社区大学合格的毕业生。也就是说，社区大学的学生只需要三分之一的学费就能完成头两年的大学教育，而且有保证能进入与自己分数相适应的高等学府。在 2013 年社区大学获得两年毕业文凭的学生里，有 65% 的人选择转学到了某个四年制大学。

　　除了两年制的本科教育之外，社区大学还负担着本州内大量的职业培训工作。为了增加工作机会，弗吉尼亚州政府每年都给予雇主一定的补贴去进行职业培训。社区大学的许多项目，就是根据本地工商业的需求去设置的。比如在两座核电站附近的学院就设立了一些核电技术培训课程，在造船厂和码头附近则设立了与轮船和航运业有关的课程。每个社区学院都有一些由当地小有名望的人组成的董事会，将地方上的需求反映给学校。有时候投资者甚至会根据当地社区学院的培训能力以及合作态度而决定是否将资金投入该地区。

培训类的课程还包括业余爱好培训。许多人在业余或者退休后会到社区大学修一些艺术、文学类的课，也有人就此获得了第二职业。在北弗吉尼亚州的一个校区里，由于当地高科技人才多，学生中有博士学位的人数远远高于教师。

弗吉尼亚社区大学如今有40多万学生。在这个人口720万的州里面，有6%~7%的居民在这所大学中读书。社区大学的重要性由此可见一斑。

最后要提一句的是，负责监督该大学管理并做出最重要决定的15名校董由州长任命，任期4年。校董是没有工资的，等于义务工作。让公民直接参与政府管理，这也是美国地方政府管理的特色之一。

挑战政府？『我们在保护美国的司法制度』

美国在阿富汗打击塔利班和基地组织的战争告一段落之后，2002年，在五角大楼授意下，美军在古巴的关塔那摩基地设立了关押来自世界各地的宗教恐怖活动嫌疑犯的监狱。这座监狱最多的时候关押过680多名囚犯，2006年在押的还有大概460人。

这座监狱中的囚犯没有经过审判就遭受长期拘押，其中不少人是美军在阿富汗花钱悬赏得来的，其中难免一些冤假错案。囚犯中最年轻的甚至只有十三四岁。该监狱从设立伊始就遭到了国际社会，特别是国际人权组织的严厉批评。人权组织采取了从公开批评到上法庭申诉等各种行动，以保障这些囚犯的基本权利。不过布什政府不为所动，坚称美国有权这么做。直到不久前，关塔那摩三名囚犯集体自杀，布什总统才松口表示，有可能会尽快关闭这所监狱。至于其中的囚犯如何处理，白宫和五角大楼都没有明确表示，只是坚持说那里面都是一些"危险的恐怖分子"。

关塔那摩监狱的情形之所以持续引起外

界注意，除了人权组织的积极活动之外，还是西方国家特别是美国的大批律师努力的结果。这些律师秉承美国宪法保护个人生命与自由权利的精神，顶着美国政府与国内舆论的压力，为那些被冠以"恐怖分子"称号的人辩护。在关塔那摩自杀事件发生之后，笔者采访了代表其中一位来自也门的自杀者的两位律师。

免费辩护

按照美国宪法，嫌疑犯有权委托律师进行辩护。法律甚至规定，如果嫌疑犯无钱雇用律师，法庭就有责任指派律师为其辩护。可是，关塔那摩的囚犯被布什政府定义为"敌方战斗人员"，既不享受公民的权利，也不享受《日内瓦公约》赋予战俘的权利。他们被关进监狱之后，就断绝了与外界的一切联系。他们不得与自己的家人见面，接不到来自外界的消息。多数人已经被关押了好几年。这些犯人争取自由的唯一机会，就是通过家属或者熟人为自己在西方国家找到辩护律师。

可是，一个在阿富汗深山里被抓获、不通西方语言、不懂西方政治文化的人又有什么办法在西方雇用律师呢？鉴于这种情况，不少国际人权组织展开了囚犯援助计划。总部在纽约的宪法权利中心（Center for Constitutional Rights）就是其中最重要的组织之一。

从关塔那摩监狱设立的第一天，宪法权利中心就开始关注这里的状况。该中心设立了一个"关塔那摩全球正义行动"，参加的人包括大批北美和欧洲的律师。囚犯的家属亲朋如果主动联系这个中心，就能够得到免费的法律援助。同时，中心还动员与他们联系的囚犯家属，一旦有机会联系到被关押的亲朋，就让这些囚犯给中心介绍监狱中的其他囚犯。就这样，如今在关塔那摩中的460名囚犯中，三分之二已经获得了西方律师的免费代理和辩护。

笔者见到的这两位律师，一位名叫戴维·恩格尔哈特，另一位叫雷金纳德·麦克奈特，他们供职于华盛顿一家有375名律师的中型律师所。据他们介绍，该律师所一共代表了四名关塔那摩囚犯，其中三名沙特人，一名也门人。这次自杀的，就是这个名叫阿里·阿卜杜拉·阿迈德的28岁的也门籍男子。该男子的父亲在七八个月之前找到了宪法权利中心，由中心介绍给这家律师所。

政府设下重重难关

令笔者非常吃惊的是，这两位律师尽管接手案件已经超过半年，可是却从来没有见过自己的客户。说到美国政府和军方给律师设下的重重障碍，他们不断地摇头。恩格尔哈特透露，他们在2005年12月接过案件之后，马上与政府方面联系，要求与当事人见面。得到的答复是，有关部门无法确认囚犯的身份，不知道监狱中的囚犯与他们的客户是否同一个人。仅仅为了这点，律师就与政府谈判了多个回合，最后政府方面才承认被囚的正是这个人。

在确认了囚犯的身份之后，政府方面又要求律师们必须通过严格的安全审查。这一查就是整整半年。在此期间，他们与客户完全无法联系，他们代表的囚犯甚至根本不知道律师的存在。对这种完全违反美国宪法自由精神的做法，律师们不断提出强烈抗议，负责安全审查的五角大楼却是充耳不闻。恩格尔哈特感慨地说，这下他才明白什么叫作"第二十二条军规"。

审查了半年之后，这两位律师终于得到许可，能够前往关塔那摩去探望客户。可是许可并不等于成行，因为只有军方才能落实具体日期。不过，律师这时可以给客户写信，通知他案件已经被受理。这个律师所的确已经向他们的客户发出信件，并且安排好8月份去关塔那摩。想不到，就在这个时候传来了阿迈德自杀的消息。麦克奈特说，他们接到消息的时候，阿迈德已经死去三天了。军方的解释是，他们不知道三名自杀者中有两人已经有代理律师。接到消息后，律师们要求亲自前去查验尸体，却遭到政府的拒绝。理由依旧非常奇怪：美国政府无法确认自杀者与律师们说的是同一个人。

在自杀事件发生之后，美国政府发表声明，在指控这三个人为"恐怖分子"的同时，还斥责自杀行为是"向美国进行的不对称的战争"。其中一位来自沙特阿拉伯的自杀者的律师透露，这位所谓的"恐怖分子"其实已经被列入下一批释放的141人的名单。名单上都是确认的"无害人员"。但无论是当事人还是律师都没有接到有关释放的通知，这无疑促成了自杀的悲剧。恩格尔哈特说，多位给囚犯提供辩护的律师已经告上法庭，敦促法庭要求军方在转移或者释放犯人之前必须预先通知律师。

"我们在保护美国的司法制度"

对于习惯了美国司法制度的人来说，关塔那摩囚犯的遭遇几乎像是天方夜谭。这数百名嫌疑犯不经过司法程序被关进监狱，被剥夺了与外界联系的一切机会，谁也不清楚关押的期限到底会有多长。精神上无论多么坚强的人，陷入这种境地也难免产生绝望。囚犯中出现了大规模的集体绝食，而且数十名犯人试图自杀。2005年，纽约一家受理了六名囚犯案件的律师乔舒，派出一位名叫所亚·科兰杰洛－布赖恩的律师前往关塔那摩会见客户，目睹了一位来自巴林的囚犯企图自杀的行动。那次自杀被及时制止。这次三人死亡，是第一宗成功自杀的事件。

关塔那摩的情况引起了美国司法界极大的不安。数百家律师所积极参与了辩护行动，有上千位律师为这些被政府定性为"恐怖分子"的囚犯免费充当辩护人。恩格尔哈特和麦克奈特所在的这家律师所，就有10位律师提供了各个方面的服务。在"9·11"事件之后的气氛之下，这无疑是相当勇敢的行为。

这两位律师说，他们之所以自愿充当辩护，是因为律师的责任之一，就是要保证司法制度正常运转。可是在关塔那摩，正常的司法制度根本就不存在。他们所做的一切，就是要为那里的人争取一个司法体系。恩格尔哈特说，美国的律师有个历史传统，就是为那些不受欢迎的人、名誉不好的人进行辩护。他说，不久前在电视上看到一位加拿大律师为那里的恐怖嫌疑人辩护，他说："我们这里不是美国。我们实行的是无罪推定。"作为一个美国律师，恩格尔哈特为自己的政府感到惭愧，也感到律师的责任。他认为，自己的做法正在保护美国司法制度的根本原则。

麦克奈特，这位年轻的黑人律师补充说，每个人都受到了恐怖主义活动的影响。但是，反恐中最根本的一条，就是要保障法治，保障人们享受基本权利。否则，美国人保护自己的制度与生活方式的能力就会从根本上被削弱。

这些也是美国大批参加为"恐怖嫌疑人"辩护的律师们的基本信念。

4

表演与政治
政客都是好演员

华盛顿官场的夫人们

世人大都知道，在布什总统任内，美国政府内部真正精通国内国际事务的不是总统布什，而是副总统迪克·切尼。但是很少有人知道，切尼的"另一半"——副总统夫人琳恩·切尼却是一个能够与丈夫一较高下的厉害角色。不久前，琳恩·切尼出版了她的第七本书，书名是《华盛顿跨越特拉华河：冬天里向年轻的爱国者们讲述的故事》(When Washington Crossed the Delaware : A Wintertime Story for Young Patriots)。副总统夫人为什么要写这样一本给孩子看的历史书呢？这里面牵涉到了深刻的政治因素，同时也体现了琳恩·切尼在整个共和党保守的社会运动中的地位。

共和党女将

琳恩·文森特1941年出生于怀俄明州，与迪克·切尼是中学同学。中学时代的琳恩不仅相貌漂亮，而且在学校里成绩拔尖，让学校的橄榄球队队长迪克爱慕不已，但成绩不怎么样的迪克却总是自惭形秽。琳恩在中学毕业后上了科罗拉多大学,之后又在科罗拉多大学拿了个硕士学位,最后在威斯康星大学得到了博士学位,专攻19世纪英国文学。至于迪克,在中学最后两年拼命努力,赢得了耶鲁大学的奖学金,却在第二年因为学习成绩太差而不得不中途辍学,两年之后才重新进入怀俄明大学去攻读本科和硕士学位。琳恩和迪克在1964年结婚,生下了两个女儿。

1969年,刚刚到尼克松政府里任职的众议员拉姆斯菲尔德看中了年轻的迪克·切尼,任命他担任自己的特别助理,由此切尼开始了他的政治生涯。接替尼克松的福特重用拉姆斯菲尔德,使他成为美国历史上最年轻的国防部长。同时,34岁的切尼成了美国历史上最年轻的白宫办公厅主任之一。丈夫在政治上春风得意的同时,琳恩·切尼也完成了她的学业,开始了著书立说的学术生涯。这些年里,她一共写了7本书和大量的文章,主要都与历史和历史教育有关系。1986年,里根总统任命她担任了美国国家人文基金会的主席。这个基金会每年有数以亿计的人文基金,对美国文化与社会的发展趋势起着重要的操控作用。琳恩·切尼在这个位子上一直待到1993年克林顿上台。

作为政治上的保守派,琳恩·切尼在任期间和卸任以后,致力于在美国学校的历史教育中坚持传统的历史观。她常常在文章和讲话中严厉地抨击自由派历史学所推行的那套在世界历史教育中强调非西方文化、在美国历史教育中强调印第安文化传统以及少数民族和妇女的历史贡献的做法。这使她在当今的美国教育方针政策的形成中扮演了关键的角色。她出版的这本儿童历史著作,目的正是要通过讲述美国国父华盛顿的故事来恢复"正统"的历史教育。

虽说女性选民比较倾向于民主党,但是共和党里面的女将也不在少数。其中身兼夫人与政治领袖的另一位重要人物,是克林顿1996年的竞选对手、共和党参议院多数党领袖鲍勃·多尔的夫人伊丽莎白·多尔。其实,按照现在的政治势力和影响来排行,原来的"鲍勃·多尔夫妇"现在应该改成"伊丽莎白·多尔夫妇"了。

出生在北卡罗来纳州的伊丽莎白·汉福德本来是位民主党人。她在杜克大学本科毕业后进入哈佛法学院,1965 年毕业获得律师资格,随后进入约翰逊政府工作。尼克松政府上台之后,作为民主党人的伊丽莎白继续留在共和党政府中,主持一些有关消费者权益的项目。1975 年,在担任联邦贸易专员期间,伊丽莎白与来自堪萨斯州的共和党参议员罗伯特·多尔(昵称鲍勃)结婚,将政治身份由民主党改为共和党,从此在历届共和党政府里平步青云。她在里根政府中担任过交通部长,在老布什政府中担任过劳工部长。1990 年,伊丽莎白·多尔被任命为美国红十字会主席。

1996 年,共和党参议院领袖多尔决定竞选总统。多尔风格沉稳平实,却少了点个人魅力。不少人看着陪同丈夫助选的风采耀人的伊丽莎白,私下免不了要说,妻子看上去要比当丈夫的更适合去搞竞选。果然,到 1999 年,精疲力竭的鲍勃·多尔无意再去问鼎白宫,伊丽莎白却毅然辞去红十字会的工作,与得克萨斯州州长小布什竞争共和党总统候选人提名。虽然没有成功,但却以脱口秀式的平易近人的讲话风格征服了大批选民。在 2002 年的中期选举中,她将目标转向本州的联邦参议院席位,果然势如破竹,成了来自保守的北卡罗来纳州的第一位女参议员。不少人预计,伊丽莎白的政治前途绝不会到此为止。

第一夫人

说到民主党内的女将,自然首推白宫前女主人希拉里。当布什夫妇在 2001 年入主白宫、克林顿总统离任、第一夫人希拉里·罗德姆·克林顿成为纽约州新任参议员的时候,美国妇女界的活跃人士之中一片窃窃私语。"这下可好,白宫女主人倒退了一个时代。"

的确，希拉里·克林顿自从大学时代开始就是校园里民权、反战运动的活跃分子。她在耶鲁法学院的同学对我回忆说，当年的希拉里热诚、爽朗、干练，在校园里颇得男生的青睐。我的这位朋友当年曾经暗暗地喜欢过她，"不知道她为什么会嫁给克林顿那个家伙"。老兄在事隔30多年后还感慨不已。据说，克林顿夫妇当年的耶鲁同学普遍认为，希拉里嫁给克林顿绝对是吃了亏。后来希拉里在美国法律界名列律师百强。丈夫当总统后只好回家当主妇，哪怕这家是安在白宫，也实在不能说是公平合算。

相形之下，劳拉·布什对政治、公共事业、职业、男女平权等等问题毫无兴趣。尽管当初也拿了个图书馆学的硕士学位，但工作不过是婚姻的台阶。一结婚，劳拉马上辞去了工作，与布什家族所有的妇女一样，在家里相夫教子，除了偶尔随大溜去参加一些有钱人的募捐聚会之外，根本不过问公共事业。

克林顿在竞选的时候，身旁的希拉里为他争得了大批职业妇女的选票。职业妇女们觉得，愿意娶一位女强人为妻的男人一定会重视妇女权利。保守人士质疑希拉里是否有可能越权，克林顿一句玩笑话就把这些人挡了回去。"有希拉里和我一起在白宫，美国纳税人可得了便宜，因为这等于买一送一。"

布什在竞选的时候，劳拉跟在后面亦步亦趋，除了客套话之外，难得对外界开口。一脸笑容加上身边两个宝贝女儿，一副完整的贤妻良母形象，获得了保守地区人民的爱戴，但是却被刻薄的自由派娱乐脱口秀主持人称作"第一机器人"。

在进驻白宫之后，两位第一夫人马上显示出了自己的风格。有名牌律师身份的希拉里毫不犹豫就承担起了最困难的医疗保险改革工作，果然不负"买一送一"的诺言；而劳拉却热衷于当白宫的主妇，偶尔出来摆摆样子号召孩子们多读书。但是根据几位曾经到过布什在得克萨斯的家做客的人回忆，他们在布什家里根本找不到多少书籍的踪影。

就连在名字的选择上也显示出了两位第一夫人的巨大差别。希拉里在结婚之后一直不肯从夫姓，始终保持着自己的名字"希拉里·罗德姆"，到克林顿竞选总统之前，为了不要太违背习俗，才勉强在希拉里·罗德姆之后冠上了丈夫的名字。幽默的克林顿曾经对妇女选民声称："我有一位参加工作的祖母，抚养我的是一位单身母亲，在我的家庭里，妻子挣钱总是比丈夫多。"就凭这一番话，他赢得了绝大多数职业妇女选民的欢心。劳拉却严格遵守传统的做法，在结婚第一天就抛掉了娘家的姓氏改从夫姓。从那以后，她在公众场合就不再是劳拉·沃尔什，而成了"乔治·沃克·布什夫人"。难怪人们会说，两位第一夫人尽管年龄相仿，在生活道路上的选择却是南辕北辙。

这两位第一夫人之间的差别显示的是美国传统女性与现代女性、家庭妇女与职业妇女之间的根本差别。劳拉体现的是20世纪50年代沿袭下来的美国妇女的风貌，而希拉里则代表了六七十年代女权运动中成长起来的职业妇女。

在对华盛顿官场近距离观察之前，受到好莱坞电影中官太太形象的影响，我总觉得官场或者上层社会里面的妇女恐怕多数都带点儿交际花的味道——虽然受过一定的文化教育，善于言辞社交，热衷权力，身材相貌都保持得很好，但是离开丈夫在经济上就无法独立。掰着指头数一数，美国历史上的第一夫人里面，不算家庭财产在内，具有高学位、高地位、高经济收入、在结婚后仍旧长期坚持工作、真正经济上从来都能够独立自主甚至有权宣称自己是家庭收入主要来源的，也就是希拉里一人。

不过，别看希拉里在美国第一夫人中那么形单影只，她可代表了美国整整一代的职业妇女。在1998年前搬到华盛顿以后，通过与这里政治、商业、法律、新闻等各界人士的交往，对他们做近距离观察，我逐渐发现，是希拉里而不是劳拉代表了当今华盛顿官场夫人的典型形象。华盛顿的要人中间有不少像前国务卿奥尔布赖特或者赖斯那样凭自己能力闯进政治高层的女性，而男性达官贵人的妻子们多数都是些经济上能自主、政治上有己见、事业上有成就的职业妇女。也就是说，当今华盛顿甚至整个美国的政治上层已经不再是一个完全由男性主导的社会集团了。

夫唱妇不随

希拉里·克林顿、琳恩·切尼、伊丽莎白·多尔这几位政坛巾帼虽说在公众生活里锋芒毕露，但是她们与自己的丈夫在政治观点立场上总还算是"夫唱妇随"，没有太尖锐的冲突。但是，华盛顿官场的夫妇之间政见相左的却也不在少数，而且有趣的是，他们的家庭生活似乎依旧其乐融融。看来，家庭内的"同床"并不妨碍他们政治上的"异梦"。而朋友之间跨党派的友谊就更加司空见惯。

接替赖斯担任总统国家安全事务助理的斯蒂芬·哈德利原来是华盛顿某著名律师事务所的合伙人。他在政治上一贯以保守著称，在国际事务上立场强硬，与副总统切尼关系尤其密切。然而，他的夫人——首都华盛顿特区的一名资深检察官——却是个自由派的民主党人。不仅如此，在夫人的影响下，他们家两位千金都倾向于民主党。虽然此公在外面叱咤风云，回到家里在三个女人的围攻之下也只好忍气吞声。2004年民主党丢了总统大选，当父亲的不管多么高兴，在家中也只能三缄其口。

华盛顿政治圈子中最著名的对头夫妇，自然要数詹姆斯·卡维尔和玛丽·马塔林。律师出身的卡维尔是民主党内著名的政治竞选策划人。自从80年代以来，在他的指挥下，好几位民主党的议会和州长竞选人在形势不利的情况下转败为胜。1992年，知名度甚低的阿肯色州州长克林顿决定竞选总统，起用了卡维尔来组织竞选。

争取连任的共和党总统老布什刚刚打赢了一场海湾战争，人气甚旺。卡维尔却将目标集中在当时的经济不景气上，一举击中了布什政府的软肋。"傻瓜，经济才是关键！"（It's the economy, stupid!）那句著名的竞选口号，据说就是他的发明。可以说，克林顿当上总统，卡维尔是头号功臣。

对于卡维尔来说更幸运的是，除了政治吉星高照之外，他还交上了桃花运，使得他成了克林顿之外竞选运动中最大的赢家。在1992年总统角逐期间，还是单身汉的卡维尔遇到了老布什竞选班子中负责政治事务的律师玛丽·马塔林。这两人同样是有名的铁嘴钢牙，同样精明强干，但是却属于完全不同的政治阵营。卡维尔是从里到外的民主党自由派，马塔林却是从头到脚的共和党保守派。也不知道怎么搞的，两人却一见钟情。竞选尘埃刚刚落定，两人立即结为连理，成了终日恶斗的华盛顿政坛中少有的佳话。结婚后，两人也没有因为对方而改变自己的政治观点。卡维尔照旧为民主党出谋划策，而马塔林也依然在共和党要人处进进出出，还曾经给小布什当过助手，也给副总统切尼担任过顾问。夫妇俩在家里卿卿我我，到了电视上却唇枪舌剑。两人还共同写了一本畅销书，说的自然就是他们如何协调爱情与政治活动。看来，在今天这个时代，人们之间道不行，无须乘桴浮于海，甚至连结婚过日子也不会耽误。

聪明就是性感

华盛顿官场中这类"两强并立"式的夫妇日益增多，和美国社会发展的整体趋势是一致的。在过去半个世纪里，婴儿潮一代的美国妇女的社会角色和地位有了实质性的根本变化。妇女受教育的程度越来越高，参加工作的人越来越多。在各个行业，包括传统上由男人把持的政治、经济、法律等领域里，日益出现了妇女的身影。统计表明，自1970年以后，美国大城市中双方均受过高等教育并各自从事专业工作的夫妻增加了大约一倍。特别是经过 60 年代女权运动之后，妇女与男子平等的意识更加普遍。当年参加过民权与妇女运动的女性已经步入中年。许多人不但事业有成，而且在政治上有能力与男性一见高低。如今在美国 50 个州里面，目前有 10 个州的州长是女性。其中 6 位是民主党人，4 位是共和党人。所以，这些州里就出现了"第一先生"。在国会中，女议员的比例也在逐年上升。本届国会中，已经有 63 位女性众议员，14 位女性参议员。照目前的形势发展下去，白宫出女总统和她的"第一先生"的日子已经在望。女人只有通过窄窄的一道当"夫人"的门缝才能够影响政治的日子，恐怕是一去不复返了。

更加令现代职业妇女感到欣慰的是，在六七十年代妇女地位提高的同时，婴儿潮一代的美国男性对女性的审美观以及对生活中女性伴侣的要求也有了重要的改变。60 年代女权运动中"聪明就是性感"（Smart is sexy）的口号，在那些年代中成长起来的大学生里面深入人心。聪明能干、社会责任感强、在学校里面喜欢出头露面的出色女生更能得到男生的青睐。这样的女性，尤其是像希拉里·克林顿、琳恩·切尼这些在名牌大学中受过最好教育的女性，也就顺理成章地吸引了后来成为政治领袖的出色男生的瞩目。女权主义运动开展了 30 年后的华盛顿官场中出现的一对对彼此之间高下难分的"强人"夫妻，许多就是当年的大学同窗。美国最高法院两位女大法官之一的露丝·金斯伯格对此非常感慨。她在一次接受记者采访时以自己的个人经历来证明说，这是 60 年代与过去相比的一大进步。露丝出生于 1933 年，50 年代初期进入康奈尔大学学习。在学校中，17 岁的她遇见了年长一岁的马丁·金斯伯格，两人一见钟情。露丝·金斯伯格后来回忆说："马丁是唯一在乎我是否有思想的人。在那个年代里这是非常少有的。"这位后来在哈佛和哥伦比亚法学院受过教育并且在班上夺得第一的女大法官毕业后没有一个法律事务所肯雇用她，连她在大学里的教授也认为这个女生之所以读法学院，只不过是为了在家里能够听懂当律师的丈夫在说什么。最后她只好到大学里去教书。为了保住大学里的教职，金斯伯格在怀孕期间尽可能穿上肥大的衣服，否则被学校发现就有可能遭到解雇。在宣誓就任大法官的仪式上，金斯伯格动情地说到时代的变化："在这个年代里，妇女也能够有所追求，也能够获得成功。女儿和儿子一样受到珍爱。"

事实上，在最近这几十年里，聪明能干的女人越来越和美丽贤惠的女人一样受到男性的珍爱。而在政界，即使是在功成名就之后，单身男士也倾向于寻求"女强人"而不是"小鸟依人"、唯唯诺诺的年轻女性为伴侣。伊丽莎白和鲍勃·多尔的婚姻就是一个典型的例子。在许多时候，对智力上平等的伴侣的追求甚至跨越了一些看上去难以越过的种族、文化、政治界限。前国防部副部长沃尔福威茨是美国外交政策的鹰派代表人物。这位离过婚的纽约犹太人爱上了一位在世界银行负责北非妇女事务的埃及穆斯林妇女。他的这位女朋友并不年轻，也说不上漂亮，但却特立独行，极其有主见，让沃尔福威茨从心里佩服。

最后话要说回来，哪怕是在华盛顿的政界里，男性传统上注重外表与年龄的择偶标准也并没有完全消失。不过许多人已经注意到一个奇怪的现象，就是那些成功的职业妇女在外貌上似乎也越来越漂亮。人们都注意到，如今的希拉里比十几年前更加光彩照人。其他一些在各界中出人头地的女人也同样如此。她们虽然已经是五六十岁的人，但一个个照旧穿红着绿，神采飞扬，自信心十足，年龄的增长似乎只能给她们带来更多的光彩。倒是不少丈夫们虽然与妻子年龄相仿，可秃了头再加上挺着肚子，或者是像最近的克林顿一样脸上皱纹重重，已经显出了老态。也许，事业和成就才是女人最见效的美容妙方？

沃尔福威茨这只鹰

2005年3月16日,布什总统提名美国国防部副部长、著名的鹰派人物沃尔福威茨接替即将离任的沃尔芬森担任世界银行行长。这个决定招来欧洲许多国家和美国自由派人士的严厉批评。虽然正在寻求缓解大西洋两岸关系的欧盟国家最终表示支持该项任命,但是一些欧洲政府官员还是委婉地表示了怀疑态度。比如英国的财政部长戈登·布朗就说,在世行行长的任命上取得国际认可是非常重要的。他希望美国能够与发展中国家就此进行讨论。荷兰的财政部长则说:"提名不止一个人总是聪明的做法。"

2003年那场伊拉克战争为沃尔福威茨在美国国内外赢得了傲慢与固执己见的强硬派的名声,难免遭到欧洲多数国家讨厌。但白宫这次提名他担任世界银行行长,显然是希望沃氏能够在此任上继续用强硬手段推动布什总统的世界民主化政策。就这点上,恐怕没有谁比沃尔福威茨更合格了。

波兰犹太移民的后代

保罗·沃尔福威茨 1943 年 12 月出生在美国芝加哥的一个犹太移民家庭。他的父亲雅各布·沃尔福威茨出生于波兰，1920 年 10 岁的时候随父母移民美国。雅各布大学毕业后到了纽约，一面在纽约大学读书学习当研究生，一面在中学当数学老师。在此期间，他遇到了比他大几岁的来自匈牙利的数学家沃尔德。沃尔德也是犹太人。纳粹占领匈牙利之后，这位在欧洲已经有点名气的数学博士逃到了美国。沃尔福威茨和沃尔德合作，发表了大量数学专业上的文章。在得到博士学位后，雅各布·沃尔福威茨成为康奈尔大学数学系的教授，是一位颇有建树的数学家。

受父亲的影响，保罗·沃尔福威茨中学毕业后也进入康奈尔大学学数学。但是，他主要的兴趣却在社会科学上。根据他自己后来的回忆，他父亲经常告诉儿女，能够逃脱欧洲各个专制政权的迫害而生活在美国是多么幸运。因此，他从小便对独裁政权产生了深刻的厌恶。在芝加哥大学研究院就学期间，沃尔福威茨主攻政治学，并且在 1972 年获得该校的政治学博士学位。在拿到学位前两年，他就已经获得了耶鲁大学的聘请去担任助理教授。有趣的是，虽然今日有着共和党极右翼的名声，中学和大学里的沃尔福威茨却是个相当激进的民主党人。他曾经积极投入民权运动，包括参加了马丁·路德·金组织的华盛顿民权大游行。他在许多美国国内社会政策方面一直同情民主党的立场。最终成为共和党，是因为他认同里根政府强硬的外交路线。

在耶鲁教了三年书之后，沃尔福威茨转到美国军备控制和裁军总署工作，从此进入了政府部门。卡特政府期间，他担任了国防部负责区域项目的助理国防部长的副手，这在五角大楼也算是个中级职务。

共和党的里根总统上台之后，沃尔福威茨在政府中青云直上。他先是被调往主管外交事务的国务院任职，1982年就被提升为美国国务院负责东亚和太平洋事务的助理国务卿。主管东亚事务几年，沃尔福威茨因此对亚洲各国状况相当熟悉。1986年，沃尔福威茨被任命为驻印尼大使。在大使任上，他充分展示了自己的管理才能，使驻雅加达的大使馆被美国国务院监察部门评为管理得最好的大使馆。他原来的妻子是一位社会人类学家、语言学家，也是印尼事务专家。在妻子的帮助下，沃尔福威茨学会了当地的语言。有一次他甚至还参加了当地一个妇女杂志举办的炊事比赛，得了个第三名。印尼人因此对他印象很好。

但是，真正让沃尔福威茨成为美国对外政策中一个关键性人物的，是他从印尼大使任上回来之后。1989年，正值"苏东波"发生之际，美国政府急需制定冷战之后的外交政策。老布什总统将素有理论家名声的沃尔福威茨从印尼调回，改任国防部主管防务政策的副部长，在五角大楼中位居第三。当时的国防部长就是后来的副总统切尼。沃尔福威茨的任务，就是制定冷战后美国的军事政策。在他的主持下，美国重新调整了地区防务政策，最后导致美国和苏联在核武器上的重大裁减行动。

沃尔福威茨在国防部副部长的任上做的另外一件重要大事，就是参与指挥了1991年对伊拉克的海湾战争。他在这次战争中的角色与经历在很大程度上推动他成为 12 年之后另外一次伊拉克战争的设计师。

伊拉克战争的设计师

民主党的克林顿政府上台后，沃尔福威茨在政府里失去了影响力。从 1994 年至 2001 年，他在约翰·霍普金斯国际关系学院当院长。但是，他念念不忘的却是伊拉克。

冷战时期美国外交政策的主轴是乔治·凯南提出的"遏制政策"，其核心内容是采取军备竞赛、结盟等方式，遏制对手的发展，同时达到尽量避免爆发全面战争的目的。在 1991 年的海湾战争中，老布什政府基本上还在遵照这一思路。海湾战争的目的，主要是将伊拉克赶出其非法占领的科威特。此后，美国主要的决策人物，包括当时的国防部长切尼都主张撤兵。至于萨达姆政权，美国政府预期，在战争结束之后，该政权在国际社会的制裁之下将无法支持下去，最终会被国内反对势力推翻。然而，在什叶派和库尔德人起来造反的时候，美国在一旁无动于衷，结果萨达姆政权经受住了海湾战争的打击。老布什的国家安全顾问斯考克罗夫特后来坦白说，保全伊拉克的领土完整对于美国在海湾地区的利益至关重要。美国并不希望伊拉克分裂，因此眼睁睁地看着大批伊拉克反萨达姆的人士被残酷屠杀，也没有施以援手。

当时政府内部以沃尔福威茨为首的一批人对此极为愤怒。他们认为美国无论是从道义还是从战略考虑上都应该将萨达姆置于死地。沃尔福威茨指出，冷战时期的遏制政策已经过时，美国应该主动出击，在伊拉克还没有能力动用大规模杀伤武器之前就将它打垮。如果其他国家不同意，美国就应该单独行动。而且，美国应该对那些有威胁的国家采取先发制人的军事打击。

1992 年，沃尔福威茨将他的上述想法写成了一个政府军事行动指南草案。没想到，草案还在拟议阶段，就被人透露给了媒体。据说，这是军事部门里面有人认为沃氏的想法既疯狂又危险，于是将该草案秘密交给了《纽约时报》。白宫只好让切尼去重新草拟这一文件。切尼在草拟的文件中，重新加入了采用遏制政策以及联合盟国行动的内容。

事实上，在1991年海湾战争之后，沃尔福威茨已经逐步形成了有悖于冷战以来美国外交传统的准则。根据该传统，外交是一件需要耐心、交流、妥协、联盟的事务，万万不可单独行动，更不可操之过急。小布什总统上台后最初几个月基本上沿袭的也是这样一条路线。而沃尔福威茨则认为，美国面对真正的威胁，有必要采取先发制人的行动，哪怕在世界上单枪匹马也在所不惜。他又根据对伊拉克的观察，做出了在独裁国家中只有推动民主制度的建立才能最终保障美国安全的结论。于是，攻打伊拉克的想法在他心中越来越成熟。然而，沃尔福威茨这只鹰还需要等待时机才能飞得起来。

"民主化的多米诺骨牌"

"9·11"事件给了鹰派以千载难逢的时机。随着世界贸易大厦的倒塌，布什政府的外交路线发生了急剧的转变，从原来维持世界现状、尽量减少参与国际事务的孤立主义倾向变为通过反恐战争来在中东地区推动民主化。沃尔福威茨在这一政策的形成中起了最关键的作用。许多有机会深入了解白宫决策过程的专家都认为，沃尔福威茨是布什政府外交政策班子的大脑。

这时的沃尔福威茨坐在国防部的第二把交椅上，顶头上司是冷战时期遗留下来的共和党元老拉姆斯菲尔德。"9·11"恐怖袭击事件发生后，布什总统发誓追赶到天边也要和恐怖分子算账，而且要将恐怖分子以及庇护他们的人同等对待。两天之后的9月13日，念念不忘伊拉克旧账的沃尔福威茨就在记者会上公开宣称，美国不仅要打击恐怖分子,而且也不能饶过那些"为恐怖分子提供支持的国家"。根据在克林顿和布什政府中一度负责对付恐怖活动的部门首脑克拉克回忆说,袭击发生后第一周内,沃尔福威茨已经向布什提出了伊拉克卷入恐怖袭击的可能性,以及推翻萨达姆政权的具体计划,尽管没有任何证据说明伊拉克和基地组织有任何关系。

一个月后,白宫发表了一份题为"美国国家安全战略"的报告书。这份报告书引起了外交政策专家们广泛的关注。在报告书中,"预防性打击"取代了遏制政策成为美国军事行动的指南。其中许多语言,与当年沃尔福威茨草拟的军事行动指南如出一辙,而且伊拉克被认定是美国打击的主要目标之一。该报告还显示,美国应该以中东地区为起点在全世界推动民主化。专家们断言,沃氏的观点已经为白宫所采纳。于是,"沃尔福威茨思想"就演变成了"布什主义"。

应该说,在"预防性打击"与"民主化"这两个所谓"布什主义"的主要内容中,沃尔福威茨更重视的是后者。从90年代初开始,他就通过学术、政府、媒体的种种渠道来宣扬只有在独裁国家中推动民主化,才是实现和平与安全的最终途径。尤其是在中东,他认为只要在一个国家,比如伊拉克,成功地建立了民主制度,就会影响到周边国家。这一说法被人们称作"民主多米诺骨牌"理论。不过,沃尔福威茨觉得这个名字并不妥当。他在2003年的伊拉克战争开始后接受媒体采访时解释说:"多米诺骨牌是一个打倒另外一个,而民主制度的作用却是树立榜样。"

沃尔福威茨对推动阿拉伯世界民主化情有独钟,恐怕还有来自外人不知的影响。他和原来的妻子在数年前离婚,沃尔福威茨后来的女朋友是一位来自阿拉伯世界的沙哈·阿里·利扎。这位在封闭的沙特阿拉伯长大的50多岁的妇女是那个世界中少见的女权主义者。她获得过牛津大学的国际关系硕士学位,结过婚又离过婚,过去几年里一直在世界银行中担任高级职务。根据接近他们的人透露,沙哈在推动沃尔福威茨将注意力集中在伊拉克民主化上起了举足轻重的作用。

共和党政府中的理想主义者

以犹太人的身份和穆斯林的女权主义者谈恋爱，这故事本身虽然奇特，却从某个角度反映了沃尔福威茨的思想和性格。认识沃氏的人几乎都能得出这样一个印象：他是个理想主义者。无论你是否同意他的理论和做法，你都很难不承认这个人的真诚。在他那副冷静，甚至有几分呆板和羞怯的面具之下，是一个充满着激情而对信念追求执着得近乎偏执的人。

在五角大楼这位国防部副部长的办公室里，挂着一幅题为"血腥道路"的油画，画的是美国南北战争中尸横遍野的残酷场面。按照他自己的说法，这幅画不断在提醒他战争有多么可怕。

在伊拉克战争开始之前，沃尔福威茨多次对亲近的朋友表示，他非常担心一旦战事起来，伊拉克会动用生物或者化学武器去大量杀害美国军人和伊拉克平民。至于人人都担心的战后伊拉克局势，他倒是觉得无须忧虑。他认为，只要推翻了萨达姆政权，在美国的帮助之下，伊拉克人民肯定会选择民主制度。对于伊拉克民主制度以及中东民主化的前途，沃尔福威茨比谁都乐观。

虽然沃尔福威茨被世人广泛认为是布什的班子中"新保守主义"的重要代表人物之一，可他并不属于布什总统亲密的圈子。如果认真观察，人们会发现他和布什之间在意识形态上有着相当根本的差别。这种差别最后是否会导致两人分道扬镳还难说，但是却必定会在他们中间产生一定隔阂。

来自得克萨斯的布什总统在外交思想上基本秉承了美国的孤立主义传统。孤立主义主宰了第二次世界大战之前100多年美国的外交政策，其核心内容在于认定美国在道德上是最伟大的国家，不需要也不应该与任何国家结盟,除非不得已,最好不要参与旧大陆的事务。"二战"和冷战打破了这一传统。可是冷战之后,孤立主义的核心思想——"美国道德至上"以及不与欧洲结盟——又重新开始抬头。在布什总统所来自的南方基督教极端主义团体中间,这种思想非常流行,而布什正是他们的代表人物。在竞选总统之前,布什对国际事务毫无兴趣,甚至极少出国旅行。这些年里布什政府的单边主义外交政策,正是孤立主义思潮的体现。对于布什来说,民主制度所以优越,不过是因为那体现了美国价值。

沃尔福威茨却绝对不是一位孤立主义者,也不认为美国就一定比别国优越。相反,他更可以说是一位世界主义者。他相信民主制度的普世价值,坚定地认为哪怕是落后国家的人民只要有机会,也有能力建立良好的民主制度。他主张美国积极介入国际事务,利用美国强大的军事力量去推动中东以至世界民主化。在一次媒体访问中记者问道,如果民主化政权反对美国该怎么办。他回答说:有菲律宾的例子摆在那里。美国支持菲律宾民主化,但是民主政府却收回了美军在那里的基地。即使这样,反对美国的民主政权也比支持美国的独裁政权更好。

世界银行?也许

以知人善任著称的布什总统不会不清楚自己和沃尔福威茨之间的不同。也许,提名他担任世界银行行长正反映了布什对这位教授的认识。

美国是 1945 年成立的世界银行最大的股东,掌握着超过 16% 的股份。世界银行行长按照惯例也就由美国人来担任。这个职务虽然说是管理金融,但实际上更多要做的是从事外交与政治方面的工作,因为世界银行如今每年向发展中国家提供 200 亿美元的贷款,是美国影响发展中国家的重要渠道。

对于具有孤立主义倾向的布什来说，美国尽管在世界银行、联合国这样的机构中有别国无法比拟的影响，但是要与世界各国合作，毕竟会经常碍手碍脚地令别国不痛快。沃尔福威茨的学术背景、他对其他国家的知识与兴趣、他在第三世界中推动民主化的热情，都让沃氏有可能在世界银行行长的任上发挥最大作用。

的确，沃尔福威茨对国际组织和国际援助项目比布什政府中其他高级官员更加感兴趣。他曾访问过印度洋海啸灾区。根据他身边的熟人透露，从那以后沃尔福威茨便开始考虑离开国防部，从事改变第三世界贫穷现状的工作。他在提名后对媒体承认，对灾区的访问使他"明确了将来的目标"，他希望将来能够"让世界变成一个对我们大家来说都更好的地方"。也许，以他的热情和理想主义，世行行长沃尔福威茨有可能变成布什政府在第三世界的亲善大使？也许。

在沃尔福威茨获得提名之后，许多人立即联想到罗伯特·麦克纳马拉。这位肯尼迪和约翰逊政府时期的国防部长是必须对越南战争负主要责任的官员之一。在约翰逊政府最后一年中，他离开五角大楼成为世界银行的行长，在这个位置上坐了13年。80年代离任之后，麦克纳马拉致力于推动禁止并最终销毁核武器的运动。他在后来出版的回忆录中对美国在越南战争中的错误决策做出了大量的反省。一些反战人士猜测，沃尔福威茨是否会成为下一位麦克纳马拉，最终深刻反省伊拉克战争的错误呢？

恐怕不会。要知道，麦克纳马拉在离开国防部之前，已经对越南战争中的许多政策产生了深深的怀疑。相形之下，沃尔福威茨当时为他的伊拉克政策的成功而高兴。如果将来伊拉克政策砸了锅，那也已经不再是他的责任了。

沃尔芬森将在2005年6月离任。之前，沃尔福威茨已经开始了一系列的准备工作。在获得提名的当天，他出人意料地给爱尔兰著名摇滚歌星、U2乐队的博诺打了个电话，向后者讨教在非洲拯救贫穷的经验。博诺那些年来致力于在非洲开展慈善事业，名声如日中天。《洛杉矶时报》还曾发表社论，说博诺才应该被任命为世行行长。据说，严肃的沃尔福威茨和调皮的博诺还谈得颇为投机，并且讨论了许多可能推行的计划的细节。看来，沃尔福威茨没准儿还真能为世界的发展与和谐做些贡献。

沃尔福威茨为何中箭落马

世界银行行长沃尔福威茨2005年上任的时候曾经意气风发，信誓旦旦地要整顿世行内部的腐败与无能。结果，两年之后自己却因为违规给女友加薪而灰溜溜地辞职下台。反腐之人因腐败而栽跟头，沃氏固然不是第一个，但他这一下台，令华盛顿内部知情者——其中不乏讨厌沃氏的人——担心，改造世界银行的计划再一次搁浅。

虽说沃尔福威茨的反腐败计划公开针对的是受援国家，但是他也试图在世行里面推动改革，这就让他在世行内部很不得人心。的确，世行内部的腐败与无能是出了名的。说是援助第三世界穷国的资金，他们自己人花去一多半。无论什么项目都是人浮于事，世行的所谓专家们坐着头等舱或者商务舱满世界飞、住高级旅馆，开会、写报告占去了大部分的时间。

就拿这次被曝光的世行薪水为例。在世行1万名雇员中，年薪18万美元以上、超过美国国务卿收入的人就有1396名。更何况世行外国雇员的薪水都不用交税，美国雇员的税收也由世行来报销。那些收入18万美元以上的美国雇员，按照大约40%的个人所得税计算，世行付给他们的薪水超过了30万美元。另外，世行还给自己的雇员各种数不清的福利，包括子女上私立学校的教育费用。

拿着这么高薪的人做了些什么工作呢？以沃尔福威茨的女友利扎做个例子。在加薪调职之前，她的专业是公关，负责就世行的北非项目与媒体联系，向媒体发出一些世行在北非做了什么工作的新闻稿。如果是在正式的同规模商业机构里面，这份工作大概也就需要六分之一至四分之一的全职。

更糟糕的是，世行许多所谓专家到第三世界国家去扶贫，到了那里却作威作福，并且经常与地方上腐败的官员勾结，滥用资金。比如，在巴基斯坦一个贫穷的地区，世行投资的第一个项目就是建设一座五星级旅馆，以便他们自己的人出差有地方可住。

为了交差，也为了保住饭碗，世行以及国际货币基金组织、联合国一类机构的官员不断地在受援国与援助国推动建立了庞大的官僚机构。项目做得好不好、有没有效果并没有多少人关心。报告是否写得漂亮、交得及时，世行官员前往视察的时候是否接待得好成了能否拿到援助的关键。曾经在世行工作多年的纽约大学教授伊斯特里在他的畅销书《白人的负担》中透露了这样一个情况。坦桑尼亚作为非洲最大的受援国之一，每年要提交2400多份报告，接待超过1000名来自援助组织的官员。结果是，坦桑尼亚在这些年发展得最快的行业就是应付国际组织的官僚机构。

这种情况已经持续了很多年,在美国官场中根本不是秘密。多年来,世界银行遭到来自左右各方的严厉批评。自由派指责世行以贷款来强迫发展中国家接受发达国家的条件,保守派批评世行完全忽视市场原则,两派都认为这个所谓银行既腐败又无能。沃尔福威茨在华盛顿多年,对此有清楚的了解。作为伊拉克战争的主要设计师,这位保守派知识分子本来有一番雄心,要彻底改造世界银行,消除腐败,令其在国际扶贫事业中发挥真正的作用。当时,哪怕是一些强烈反对伊拉克战争的自由派人士也暗地里对沃氏抱着希望,但愿他能够将打伊拉克的那种坚决拿到改造世行上面来。

不用说,沃尔福威茨改造世行的计划在世行内部引起了高度的反感。在许多人看来,沃氏既非金融界出身,也没有在世行工作过,哪里有资格来管他们。一个外人竟然想动他们的既得利益,这是他们不能允许的。从沃氏上任开始,世行内部就酝酿了一个倒沃的潮流。而参与世行运作的许多欧洲政府对伊拉克战争早有意见,如果不进行大量的努力,他们在沃尔福威茨困难的时候只会踹一脚而不会拉一把。

遗憾的是,学术界出身的沃尔福威茨却有一个致命的弱点:非常缺乏行政能力。五角大楼和他共过事的人评价说,他连自己的秘书都管不好,更不用说管偌大一个世界银行了。他走马上任之后,本来应该做的第一件事情就是弄清楚情况,分清里面谁可能是同盟、谁可能是对手。可是他缺乏这么做的本事,因此便采取了最方便却也最不聪明的做法:从五角大楼带去了一批信得过的自己人。这些人无论能干与否,不熟悉世行内部的运作,在管理期间免不了出问题。沃氏在任的两年,得罪了世行内部几乎所有人。这次出事之后,36位世行前高级官员对外写信,攻击他的反腐败计划是"独断专行""缺乏透明度"。他辞职后,世行雇员甚至就在他的眼皮底下公开举行欢庆活动。因此，人们批评说，沃尔福威茨犯下了与在伊拉克同样的错误：要打一场战争，却没有任何处理战后事宜的计划。在世行中，战争甚至还没打响，沃氏就败北了。

　　说起来，华盛顿政治名人的个人生活经常因为政治纷争而遭受池鱼之灾。笔者与沃尔福威茨有些私人交往和了解。他本来就是个比较内向、不善交往的人，而利扎个性开朗，跟他应该是很好的一对。经过这样一场风暴，这段七八年的情缘正在经受一场困难的考验。

与副总统一起打猎的人

2006年2月11日，美国副总统切尼到得克萨斯一个农场里打鹌鹑度假，却意外地将自己一位朋友哈里·威廷顿误当作鹌鹑给打伤了。

事件发生之后，副总统办公室没有立即直接知会媒体，而是等了一天之后才由农场的女主人打电话通知当地报纸。切尼本人在四天之后才出面接受媒体采访。媒体对如此的处理方式提出了尖锐的批评，指责切尼试图隐瞒真相。同时，副总统的枪法也成了晚间脱口秀主持人热衷谈论的话题。

在这一连串好莱坞式的悲喜剧背后，却有一个真正令人感兴趣的问题：副总统是和谁在一起度假？什么人被邀请和副总统一起打猎？要知道，切尼这次出行完全是私人活动，既没有通知媒体，除了保镖之外也没有任何官员和助理跟随。也就是说，副总统这时完全没有公务在身，而是预备和密友们在一起度过几天愉快的日子。这些副总统的密友、这些能让切尼完全信任的人、切尼在他们身边感到完全放松的人，却正是当时主导白宫政策走向的重要幕后人物。

先看看被打伤的威廷顿。

已 79 岁的威廷顿是土生土长的得克萨斯人。这位杂货店老板的儿子毕业于得克萨斯大学奥斯汀分校的法学院，之后长期在奥斯汀市当律师。不过，让他成为当地大财主的不是来自律师的收入，而是经营地产。他在得克萨斯州的特拉维斯县拥有大片土地。

在过去 40 多年里，威廷顿一直是得克萨斯共和党里面的活跃人物。1964 年，现任总统布什的父亲老布什还是得克萨斯州的众议员时，就与威廷顿建立了个人关系。当时，老布什竞选该州的联邦参议员，威廷顿就是助选人马之一。从那时候起，威廷顿就是当地共和党重要的捐款人和组织者。小布什担任州长的时候，将威廷顿任命为该州丧葬管理委员会的主席。

得克萨斯是个非常保守的州，威廷顿在那里却小有那么点儿"自由派"的名声。在 20 世纪 80 年代，威廷顿曾经是得克萨斯监狱管理委员会的成员。他目睹了弱智囚犯所遭受到的不公平待遇。他强烈反对对弱智罪犯施行死刑。这里面也有个人的原因——威廷顿的四个女儿中，有一个是弱智。

切尼打猎的农场，其主人来历也并不一般。这个农场最早的主人约翰·巴克莱·阿姆斯特朗在得克萨斯历史上颇为有名。19 世纪后期的得克萨斯人烟稀少，是各种各样的罪犯和逃亡者理想的出没之地。当时，这里出了个名叫约翰·威斯利·哈丁的著名土匪，多年神出鬼没，杀害了40多名地方治安人员和居民。身为州警的阿姆斯特朗在一场枪战中活捉了这个匪首，用赢来的4000美元的奖赏买下了这块将近5万英亩的土地，在那里建起了农场。

当今农场的女主人安妮·阿姆斯特朗的丈夫托宾·阿姆斯特朗就是约翰·阿姆斯特朗的孙子。而这位能够请动副总统前来做客的阿姆斯特朗夫人也并非寻常之辈——她曾经是美国历史上少数担任过重要外交使节的女性之一。这位有"蜜糖加钢铁"之称的女人1927年出生于新奥尔良市一个名门望族，毕业于著名的瓦萨女子学院，在结婚之前曾经当过记者。婚后定居得克萨斯，她很快就投身于当地共和党的组织活动。按照她自己的说法，她在共和党中的工作"是从给募捐信贴邮票开始的"。

这位能干的女人在共和党中青云直上，1971年当选共和党全国委员会的两位共同主席之一，并且进入尼克松的白宫充任部长级的顾问，为总统在内政外交上出谋划策。尼克松辞职之后，安妮·阿姆斯特朗继续为福特政府服务，在1976年被任命为驻英国大使。在里根和老布什政府期间，她一直担任总统对外情报咨询委员会主席以及国务卿的顾问，是美国外交政策重要的幕后角色。

阿姆斯特朗夫人对尼克松总统忠心耿耿。在水门事件真相已经基本水落石出、国会讨论弹劾总统的时候，她是仅有的几个公开为尼克松辩护的官员之一。在各种社会政治观点上，安妮·阿姆斯特朗都持强硬的保守观点，唯有在妇女权利问题上，她的看法经常会与自由派接近。是她说服了白宫和五角大楼将军事院校向妇女开放，对女性在美国军队中的重要性日益上升起了关键作用。

安妮·阿姆斯特朗也是切尼曾经担任首席执行官的哈利伯顿公司以及通用汽车等大公司的董事。

卷入这次打猎事件的还有另外一位女大使，就是现任驻瑞士和列支敦士登的大使帕米拉·维利福德。

维利福德是布什家族的老朋友了。这位中学教师出身的大使也是土生土长的得克萨斯人。她的丈夫是位有钱的医生，他们夫妇与布什夫妇是至交，多年为共和党和布什父子慷慨解囊。根据民间的选举监察机构透露，在2000、2002、2004年三次大选中，他们夫妇一共捐款23200美元。小布什在担任州长之后，就将维利福德任命为德克萨斯州高等教育协调委员会的成员，后来又升任主席。在1996年，维利福德和劳拉·布什共同发起了得克萨斯年度书市活动。小布什的两次总统就职典礼，维利福德都是主要的组织者之一。因此，在2003年，没有任何外交经验的维利福德被任命为驻外大使的时候，很少有人感到惊奇。

值得一提的是，美国的驻外大使职务并不一定由职业外交官来担任。事实上，大使职务经常被总统用来奖赏捐款人。通常，白宫会任命一些能干的外交官到第三世界或者与美国经常发生摩擦的国家或者地区。但是，驻美国的盟国，特别是生活优裕的发达国家的使节，就往往只需要从事一些礼节性的活动，是不折不扣的肥缺。这样的位子用来酬谢捐款人的确再合适不过。共和党这么干，民主党也这么干。

说到募捐，安妮·阿姆斯特朗的女儿凯瑟琳·阿姆斯特朗——也就是在误射之后切尼决定由她向媒体报告消息的那位，也是共和党募捐机构中的一个重要角色。布什在当得克萨斯州长时，曾经任命她担任该州公园与野生动物委员会主席。在2000年大选中，她曾经为布什募捐超过10万美元，因此而获得布什竞选班子给予的"布什先锋"的称号。获得同一称号的还有许多共和党阔佬，包括最近因为游说丑闻而被投入监狱的阿布拉莫夫以及正在法庭上受审的前安然公司董事长肯尼恩·莱。布什2004年连任之后，凯瑟琳·阿姆斯特朗就变成了一位成功的政治说客。她的客户都是得克萨斯州政府的工程承包商。由于母亲年事已高，凯瑟琳在过去几年中一直充当农场的女主人，招待过不少共和党政客和大佬到这里度假打猎。切尼副总统和威廷顿都不是第一次到这里做客。

这次打猎误伤事件，将鲜为人知的美国高层社交生活暴露在公众面前。在两党政治中，虽然也有一些穷小子从底层一路青云直上的佳话，但是整个上层政治和经济权力集团中的人们之间却有着许多年，甚至许多代人的错综复杂的社会关系。白宫主人虽然换了一届又一届，在决策集团中却永远有着这些个人和家族的身影。小布什政府中充斥着里根、老布什，甚至尼克松和福特政府的人，布什竞选的成功，极大地仰赖这些人的捐助。难怪，小布什政府的政策，也总是打满了这些人的经验与利益的印记。

甘居幕后的斯蒂芬·哈德利

在华盛顿这块地方，政治人物要做到人人称赞或者是人人喜欢，几乎是不可能的事情，更不要说人人信任。布什总统的国家安全事务顾问斯蒂芬·哈德利就创下了这么一个奇迹。说到哈德利，无论哪个党派的人都愿意美言两句。卡特总统的国家安全事务助理布热津斯基这样评价哈德利："他是一个头脑清醒、负责任、做事平衡的人。他不是个制造危险的新保守主义者。"兰德公司一位学者的话道出了许多民主党人的想法："当国家处于紧急状态的时候，我想不出有哪个人深夜待在布什身边更令人放心。"

决策者和执行者

2005年1月26日，斯蒂芬·哈德利接替了入主国务院的康多利扎·赖斯，成为布什总统的国家安全事务顾问。在华盛顿走马灯一般的官场中，这件事情几乎没有引起媒体的普遍注意。

这也许正对了哈德利的心思，因为他最怵头的事情就是出头露面。在这个公众舆论几乎被媒体完全垄断、媒体又极大地激发了个人表现欲望的时代，哈德利是极少数绝对不希望在马路上被公众辨认出来的政府高级官员。

"我的做法更多是在幕后操作，"哈德利在刚刚接任的时候对媒体坦白地说，"康迪（赖斯）成功地为总统的政策对外做出了解读。重要的是，她能够继续扮演这个角色而不受到任何竞争声音的干扰。"

哈德利似乎天生就是个演配角的人。从2000年竞选时开始，他就一直在布什总统的外交顾问班子里。虽然认识他的人都知道他并非没有主见，而且总统也非常尊重他的意见，但是哈德利却没有在布什的外交政策中留下多少明显的个人印记。公众第一次注意到他，是2003年那次"黄饼事件"。那年，布什在国情咨文中提到，伊拉克想从尼日尔购买被人称为"黄饼"的核武器原料氧化铀，作为萨达姆政权试图获取大规模杀伤性武器的根据。事后发现，中央情报局早已向白宫报告说，这是条假消息。后来白宫解释说，当时中情局局长特尼特向赖斯的副手哈德利建议将国情咨文中这段话拿掉，哈德利却"忘记了"。结果，哈德利公开承担责任并且在7月份向总统递交了辞呈。

与哈德利共过事的人无论属于哪个党，对白宫的这种说法都嗤之以鼻。不少人对媒体说，他们没有见过比哈德利做事更加谨慎小心的人了。在这件事情上，他肯定是出来当替罪羊的。要知道在华盛顿这个地方，推诿责任者比比皆是，代人受过的却鲜有其人。因此出了这个"错误"之后，哈德利反而更受人们的尊敬。布什不但坚持要他留任，并且在第二届任期开始时让他接替了赖斯的位置。

虽然坐在了这么重要的一个位置上，哈德利甘当"助理"的做法并没有改变。在美国历史上，国家安全事务顾问往往会与国务卿发生严重冲突。这个1953年设立的职务往往由总统在外交事务上最为信任的人担任，办公的地点就在白宫里面，可以成天对总统吹耳旁风。国务卿在距离白宫 8 个街区的国务院中主持外交事务，那本身就是个庞大的机构。总统到底听谁的，经常会成为问题。亨利·基辛格就有本事将国务卿罗杰斯排除在多数重大决定之外，让后者经常气得七窍生烟，最后基辛格终于取而代之，自己当了国务卿。里根的国务卿舒尔茨恨透了国家安全事务顾问卡卢奇，坚决不肯出席任何由后者召集主持的会议。哈德利的前任赖斯和国务卿鲍威尔脾气也不相投。

哈德利却完全没有这样的问题。尽管赖斯已经去了国务院，哈德利还是每个星期六和她在白宫吃顿午饭，为赖斯出谋划策。他会用不动声色的方式将自己的看法和建议拿出来，用充足的理由和逻辑去发挥自己的影响。在白宫、国会、国务院、五角大楼各个与国际事务有关系的部门之间，哈德利已经成了能够与各方面打交道的最重要的协调人。他原来的上司赖斯形容说："斯蒂芬是大家都信任的人。如果需要解决什么问题，人们就会说：'为什么不给斯蒂芬打个电话呢？'" 2000 年，将哈德利介绍给总统候选人布什的正是赖斯。

布什总统显然也非常信任这位顾问。然而，哈德利不爱出头的天性，偶尔也会让一些自以为是的大人物忘记他的重要性。比如，驻伊拉克的最高行政长官布雷默在决定实行"非复兴党化"的时候，竟然忘记通知他。哈德利还是在有线电视新闻上看到这条消息的。

哈德利自诩是个执行者而非决策者。也许正是因为甘心充当执行者的角色而让他保持了名声。在伊拉克战争让美国外交政策的决策人在全世界丧失信誉的时候，在布什身边有一个明智而有效率的执行者的重要性怎么说也不过分。

其人其事

甘当执行者的角色并不意味着哈德利缺乏外交工作经验。事实上,他是布什政府里面外交经验最丰富的人之一。从福特和里根到布什父子,哈德利一直在共和党外交决策的核心圈子里面。

在福特和里根政府时期,哈德利是外交与国防部门的中级官员。在老布什政府时期,他曾经担任国防部专管国际政策的助理部长,其间他与部长切尼以及国家安全委员会苏联东欧事务负责人赖斯建立了良好的关系。哈德利的专长在应付北约以及欧洲事务上,参加过美苏之间战略武器限制谈判。

2007年2月就要满60岁的哈德利出生在中西部俄亥俄州的一个普通家庭,父亲是一位机电工程师,母亲是家庭妇女。他从小就是个书迷。读中学的时候,他迷上了描写华盛顿官场的小说 Advise and Consent(该书获得1960年普利策奖,拍成同名电影后中文片名为《华府千秋》),从此立志从事外交和政治。在中学期间,他就是学校的学生会长。在康奈尔大学读本科时,拉费波讲授的国际关系和世界发展课程给了他非常大的影响。同在课上的还有后来成为克林顿的国家安全事务顾问的塞缪尔·伯杰。拉费波教授自然有理由感到骄傲。

大学毕业后,哈德利进入了美国最著名的耶鲁法学院。他的同学和朋友中有一位来自芝加哥的女生希拉里·罗德姆。哈德利认为,这位女生是同学中最聪明的人。后来,希拉里·罗德姆成了希拉里·克林顿。虽然今日属于不同党派,但是哈德利仍然对这位学友评价颇高。

哈德利性情稳重平和,无论在公众还是私人场合脸上永远笑容可掬又总是带着几分腼腆。虽然是律师出身,他却不爱与人争辩。和别人谈话多数是听得多说得少,却从来不会给人以没有主见的感觉。别看他脾气温和，但与人往来却总带点儿距离感，增加了别人对他的尊重。大概由于这个原因，爱给周围人起外号的布什总统却也正正经经地管他叫"斯蒂芬"或者"哈德利"。他平日穿得非常保守，和他有条有理的工作作风完全一致。在公众面前，他永远是西装革履，领口上别着一枚美国国旗徽章。一次，有人指出他换了一副新眼镜，结果竟然让他尴尬得下不来台。

哈德利政治头脑非常清醒同时又高度忠诚。早在本次中期大选之前一年，他就预见到民主党将夺取国会。根据《华盛顿邮报》的著名记者伍德沃德说，哈德利对这一前景非常担忧。他对同事说，总统在往后几年里会很困难，所以他一定会留在白宫效力。这与官场通行的"树倒猢狲散"的态度截然相反，让他在同事中间赢得了普遍的尊重。

即使是在华盛顿这个匆忙而紧张的地方，哈德利也是一个有名的工作狂。布什总统早睡早起，他的顾问和助理们也必须清早就开始工作。哈德利每天清早六七点就来到白宫，一直工作到晚上11点才回家。

对于他的两个可爱的宝贝女儿来说，哈德利是绝好的父亲。据说，他在白宫里的时候，总统来电话也许会等一会儿，女儿来了电话却是不敢延误。

原本低调的哈德利后来开始频繁地在媒体上出现，向公众解释白宫的外交政策。这固然不是他最愿意做的事情，但在伊拉克局势一路走下坡，民主党又在中期选举里一举夺得参众两院的情况下，白宫需要有个像哈德利这样在两党中都有信誉的人出来说话。也正因为这一点，在布什任期的最后两年中，忠诚可靠、为人谨慎的哈德利在美国的外交政策中起到了更大的作用。

查理·威尔逊的传奇

2007年，好莱坞推出了一部大片《查理·威尔逊的战争》。扮演威尔逊的是声名显赫的汤姆·汉克斯，和他演对手戏的是星光烁烁的影后朱莉亚·罗伯茨。

首映式中有一位年过70的男子由医生陪同前来，因为他刚刚在10天前做过心脏移植手术。观众中有人指着这位高大、英俊、头发花白的人悄悄地说："他可比汉克斯漂亮！"

他就是电影中的原型、当过24年得克萨斯州众议员的查理·威尔逊。在美苏冷战中，威尔逊是个改变了历史的关键人物。

华盛顿和好莱坞流传着一句俏皮话：华盛顿是丑人的好莱坞，好莱坞是蠢人的华盛顿。言下之意，是两边的名流都在给公众表演，不过不是同一个舞台罢了。而威尔逊的故事，则几乎是华盛顿与好莱坞的完美结合。这位曾经在华盛顿官场上以酗酒吸毒和追逐美女著称的南方牛仔，通过与中央情报局合作完成了一件惊天动地的大事。他一手资助的穆扎希丁游击队将苏联军队赶出了阿富汗，从而在国际政治中发动了一系列的多米诺骨牌效应，将冷战与苏联帝国推向了终结。

查理·威尔逊的故事，是传奇中的传奇。

"好时光查理"

1933年，威尔逊出生在得克萨斯州东部一个小城镇的普通人家。这是个充满了好奇心的孩子，读书不甚努力，但是打架却不落人后。那时，谁也想不到这个爱惹祸的孩子将来还会在政治上有一番作为。

促使他进入政坛的，是一个悲惨的事件。威尔逊家养了一只黑狗，年龄比这个孩子还长一岁。因此，从小查理就和狗建立了非常深厚的感情。可是，一位名叫哈扎德的邻居却不喜欢狗。在查理13岁的那年，有一天狗误入了邻居的院子，哈扎德于是用肉裹上碎玻璃喂狗。当天，狗就痛苦地死在小主人的怀抱中。

悲痛欲绝的查理决定报复。查理发现，哈扎德是当地的市议员，并且在争取连任。于是，他便制订了一个与他的年龄不相称的报复计划。该市居民大约有三分之一是黑人，他们的投票率非常低。个中的重要原因之一，是投票站离他们的居住地太远，所以很多人懒得前往。到了投票这天，14岁的查理申请了一个临时驾驶许可，开着自己家里的卡车来到黑人的聚居区，一个个接送选民去投票。快到投票站的时候，查理对车里的人说：你们要知道，哈扎德谋杀了我的狗。

就这样，查理将96位黑人选民送到了投票站。选举结果揭晓，哈扎德以16票之差落选。这天晚上，查理敲开了哈扎德家的大门，告诉主人说：

"你的黑人选民将你给选下去了。记住：以后不要再谋杀人家的狗。"

出了这口恶气之后，查理决定在长大以后投身政治。

50年代，查理·威尔逊进入海军服役。他先在著名的海军学院学习，可是因为天性爱酗酒闹事，多次被学校记过。毕业的时候，他成了该学院历史上被记过第二多的学生。还在服役期间，他就开始竞选得克萨斯的地方议会。在1961年，他成为该州的议员。

威尔逊天生是个花花公子，视威士忌和女人如同性命，即使进入政坛也不改。幸好他长期是个光棍儿，所以种种作为既没有人限制，也不够形成丑闻。况且，他身上总有那么点直率、天真的孩子气，让许多选民看了喜欢，被人称作"好时光查理"。1972年，39岁的威尔逊竞选国会议员成功，从得克萨斯来到了首都华盛顿。

阿富汗的召唤

1980年的一天，"好时光查理"正在拉斯韦加斯最大的赌场——恺撒宫里的一个套房中和一群脱衣舞娘厮混，却忽然被背景上的电视新闻吸引住了。那是美国著名的记者丹·拉瑟从阿富汗发回的报道，他在采访阿富汗游击队的队员。电视上显示出，游击队使用的还是第一次世界大战期间生产的重机枪。有位显然是领袖的阿富汗人对拉瑟说：如果美国人给我们供应枪支，我们就一定能打赢。

威尔逊记住了这一幕。

1978年，阿富汗内部发生数次政变。1979年12月，苏联军队开进阿富汗去平定局势。当时苏联人只打算待上几个月，等事态安定之后便撤军回国。殊不知，阿富汗的抵抗力量非常顽强。游击队的武器尽管非常原始，但还是给苏联人造成了不小的损失。

这一切被美国中央情报局的人看在眼中。自从越南战争以来，他们一直在等待着这一天。如今，他们要让苏联人也吃吃越南式的苦头。中情局开始了一系列行动，暗地里向阿富汗反政府游击队运送武器弹药。不过，为了不引发两个超级大国之间的直接对抗，送去的武器都是通过国家市场买的"苏联造"，好让美国人的举动不落下痕迹。

就在这个时候，横插进来一个查理·威尔逊，改变了整个进程。

从恺撒宫赌场回来之后，威尔逊的脑子里就总是抹不去阿富汗游击队的影子。他从小就爱读战争故事，"二战"期间迷上了丘吉尔，希望有一天能当上战争英雄或者领袖。威尔逊刚刚进入了众议院拨款委员会中专管国防拨款的小组。他查了一下给阿富汗行动的拨款，发现是 500 万美元。于是，他立即让委员会的助理将拨款加倍，变成 1000 万美元。委员会中的其他成员竟然没有多加质问便通过了。威尔逊发现，他这个无足轻重的议员竟然轻而易举地起到如此大的作用。

就这样，"查理·威尔逊的战争"开始了。

"查理的天使"

威尔逊来到国会以后，在办公室里雇用的所有工作人员都是年轻漂亮的女性，国会里的人戏称她们为"查理的天使"。不过，他的真正天使，却是另外一位漂亮女人。

乔安娜·赫凌是得克萨斯州最富有的女继承人之一，也是她们当中最漂亮的一个。在美丽的外表下，这位南方女子却是个外交政策的鹰派，而且和巴基斯坦的总统、军事强人齐亚·哈克是好朋友。1981 年，乔安娜说服了哈克去帮助她拍摄一部关于阿富汗反政府游击队的纪录片。没有哈克的批准和帮忙，美国人无法进入相邻的阿富汗。

在这个时候，苏联人眼看有望平定阿富汗局势。在苏军残酷的打击下，抵抗力量损失了数千人，同时大批难民逃离到邻近的巴基斯坦。乔安娜派出的制片组，在难民营和阿富汗境内看到了一片悲惨的景象。缺吃少穿的难民们控诉说，苏联人杀害了大批平民。让美国人震惊的，是苏联人使用了玩具炸弹——向阿富汗居民投掷看上去像是玩具的炸弹，炸死炸伤了许多儿童。

乔安娜在家里开了一个晚会，将这部影片放给客人看。来客中就有众议员威尔逊。

这时的威尔逊正在为阿富汗的局势感到沮丧。他虽然将拨款加倍，却看不到有任何实际的效果。乔安娜劝说，他必须亲身到巴基斯坦的边境去看看，那里是阿富汗游击队的基地。威尔逊觉得那是个好主意，于是在1982年的秋天来到了巴基斯坦的白沙瓦，那里有300万阿富汗的难民。

穆扎希丁——伊斯兰圣战战士——的言谈举止非常对威尔逊的口味。那是一批不拘小节、说话直来直去、愿意为自己的宗教和信仰献身的粗犷的男人。威尔逊在他们身上，看到了得克萨斯牛仔的影子。在医院里，他见到大批受伤的妇女儿童，让这位热血的美国人义愤填膺。

威尔逊看到，苏联人对阿富汗游击队最致命的武器是武装直升机。穆扎希丁虽然勇敢，但是凭着手里的那几条枪，对付直升机简直像是儿戏。他拨出去的那1000万美元几乎就跟扔到了水里一样。

"如果让那些勇敢的人就这么死去，历史要诅咒我们。"威尔逊心想。他绝不会让这样的事情发生。

花花公子查理爱上了阿富汗，也爱上了乔安娜。在离开巴基斯坦之前，他挽起袖子给穆扎希丁献了血。

中央情报局的叛逆

美国负责支持穆扎希丁的机构是中央情报局，而威尔逊发现中情局却是他的最大障碍。

自从 40 年代末以来，美国对苏联实行的一直是遏制政策。两个超级大国之间虽然在世界上处处角力，却总是设法避免正面冲突。因此在阿富汗的问题上，中情局的态度也不过是要给苏联制造一点麻烦，完全不想扩大事端。当时的阿富汗问题专家们认为，苏联迟早能控制住那里的局势，美国的努力不过是在拖延这个过程。威尔逊 1982 年从巴基斯坦回来之后，不断地到中情局去打听阿富汗的事情，让他们着实头疼。这位议员尽管看上去愣头愣脑，不懂得外交事务，却是掌握着美国钱袋的拨款委员会的成员，中情局也有点得罪不起他。于是，他们将一个在单位里惹上司讨厌的人派去干这件倒霉的差事，专门和威尔逊打交道。

自从第二次世界大战期间中情局的前身战略服务处（OSS）成立以来，美国的情报机构一直被一批耶鲁等名校出身的人把持着。不时也会有些来自下层阶级的人，但是总体上来说他们在机构里不怎么吃得开。古斯特·阿夫亚克托就是这样的一个例子。

古斯特来自一个普通的希腊移民家庭，能够说流利的希腊语。在冷战期间，他被派驻希腊，参与过那里的一系列大事件。虽然工作很有成效，但古斯特却是个脾气暴躁的人，跟上司永远合不来，所以摊上了这件没有人愿意接的活儿。

威尔逊和阿夫亚克托一见如故。他们都认为，中情局的谨慎政策是阿富汗人战胜苏军的障碍。要克服这点，他们就不能完全照章办事。从此，这两个不爱守规矩的人一起开始了改变世界历史的进程。

秘密武器

1983年，阿富汗的反政府游击队仍然完全没有对付苏联直升机的武器。中情局仍然反对给他们供给任何美国制造的武器，而他们能够拿到手的苏式武器又都落后过时。

威尔逊在3月份飞到了埃及。这个曾经与苏联关系密切的国家的武器库里存放着大批苏联和东欧的产品。而查理也带去了自己的秘密武器——一个来自得克萨斯的肚皮舞舞女。

埃及国防部长穆罕默德·葛拉扎和威尔逊一样喜爱女色，因此当威尔逊带来一个他从未见识过的美国舞女的时候，他情不自禁地喜形于色。这位名叫卡罗的舞女，其实是威尔逊的一个情人。她曾经是得克萨斯一个地方议员的妻子。威尔逊遇见她的时候，卡罗因为爱跳舞而总是挨丈夫的打。威尔逊得知，义愤之下动员起他所有的政治关系，将这个丈夫给选了下去，卡罗也和他离了婚。这次，她知恩报德，到埃及来帮威尔逊的忙。

卡罗的几场舞蹈过后，埃及同意秘密地向阿富汗游击队提供武器。当然，钱是美国人出的。

从埃及出来，威尔逊又将卡罗带到了白沙瓦的边界地区。在那里可以听到阿富汗境内的枪声。威尔逊再次献了血。

回到华盛顿，威尔逊开始说服他在国会的同事，大幅度地增加对阿富汗的拨款。乔安娜频繁的晚会和社交活动，给威尔逊带来了各种有用的关系。最重要的是，她设法笼络住了负责对外事务的拨款委员会的主席、马里兰的众议员朗格。威尔逊、朗格、乔安娜三人还专门到巴基斯坦去了一趟，在那里会见了穆扎希丁游击战士。在朗格的支持下，威尔逊争取到了他所要的东西：国会连年上升的对阿富汗的拨款一下子又增加了10倍，最终超过了10亿美元。

也是在1983年，沙特阿拉伯宣布，将拨出与美国同等数额的款项去资助阿富汗游击队。这样一来，金钱的问题就完全解决了。

往下的问题，就是中情局如何去使用这笔钱了。

毒刺导弹

1984 年，古斯特·阿夫亚克托被任命为中情局阿富汗计划的负责人。他上任之后做的第一件事，就是去拜访威尔逊。他们私下决定，威尔逊尽管去给阿富汗计划弄钱，阿夫亚克托则去通过自己的关系，为游击队寻找新的武器来源，而且不一定要报告给中情局的上层。

阿夫亚克托领导的行动小组开始了秘密行动。他们的办公室设在中情局大楼一个很少有人经过的角落里，哪怕是内部也没有几个人知道他们掌握着中情局有史以来最大的财源之一。他们为穆扎希丁输送了一大批杀伤力大的先进武器，包括专门用来对付坦克的导弹和地雷以及最新的地图导航系统。他们还专门设立了一个办公室，收购在小规模战斗中能够使用的新式武器。

美国人有权持枪，而有一大批武器迷——特别是一批曾经在军队服役的人——就总是能够想出一些奇奇怪怪的新花招。威尔逊和中情局寻找新式游击战武器的消息很快从他们内部的消息网络中传开了，于是一批各色发明家就找上了门。

其中有个人发明了一挺能够发射 50 颗子弹的大口径枪，并将这个危险的武器放在他的卡车后面，开着车进了华盛顿市区。到了著名的水门旅馆附近，车后面的武器突然自动发射，打到了一个加油站，引起一场大火，幸好没有造成人员伤亡。这人一看势头不对，开着车就跑了，可是用阿富汗的文字所写的使用说明却被卷出了车外。很快，警察找到了这份说明，电视新闻当即报告，华盛顿遭到了恐怖袭击。后来政府有关部门给加油站做了赔偿，事件也就不了了之。

苏联的坦克虽然遭到了袭击，但直升机还是最大的威胁。埃及的国防部长葛拉扎对他说，埃及有一款能打直升机的导弹，他可以来观看试射。

威尔逊和阿夫亚克托一起来到开罗。试射场上，有不少埃及的高级军官等在那里，国防部长还专门从远处用飞机运来了一大盒肯德基炸鸡招待客人。殊不知，导弹刚刚飞出去，就又擦着人群的边儿飞回来在附近爆炸，将所有在场的人都吓了个魂飞魄散。威尔逊赶紧向葛拉扎告辞。

回到华盛顿之后，威尔逊意识到世界上只有一种武器能够满足穆扎希丁的需要：美国制造的名为"毒刺"的地对空导弹。这种导弹的重量只有 12 公斤，能够从 5 公里外打下飞机。可无论是美国国务院还是国防部都不愿意将这种武器交到阿富汗人手里，以免引发与苏联的直接战争。

到了 1985 年，阿富汗战争已经进行了 6 个年头。在苏联直升机的威胁下，穆扎希丁的进展非常困难。美国国会中也有人提出质疑：既然这场战争无法取胜，为什么美国的纳税人还要继续支持？

威尔逊使出了浑身解数，以说服国会和中情局的人向阿富汗提供"毒刺"导弹。许多人担心，这个致命的家伙有可能落到苏联人甚至恐怖分子手中，反过来成为对付美国人的武器。最后的裁决权，到了总统里根那里。

素来强硬的里根总统很快同意了这个要求。1986 年春天，中央情报局开始大量订购"毒刺"导弹。兴冲冲的威尔逊马上来到白沙瓦，向他的阿富汗朋友们报告这个好消息。他冒险和他们一起来到前沿阵地，骑了一通战马，打了几梭子机枪。

1986 年 9 月 26 日，"毒刺"导弹第一次在阿富汗发射，对象是贾拉拉巴德苏军的一个基地。第一枚导弹不幸是枚死弹，而且引来了苏军三架直升机。穆扎希丁的导弹发射小队怀着必死的心态，对着直升机发射出三枚"毒刺"。结果，三架武装直升机立时灰飞烟灭，从此开始了苏联军队在阿富汗的失败进程。

中情局阿富汗组的人将这三架直升机残骸的照片送到了局长凯西的桌上。凯西说："看上去这场战争在进入尾声。"

几个月后，到1986年底，有100多架苏军的直升机和轰炸机被"毒刺"导弹摧毁。苏军的飞机不得不增加飞行高度，对地面的穆扎希丁的威胁大大降低。

1989年2月，戈尔巴乔夫下令苏军撤出阿富汗，结束了长达10年的痛苦战争。中情局在阿富汗的负责人给华盛顿发回了一封长长的电报，上面是由字母X组成的两个大字："WE WON"（我们赢了）。

历史急转弯

90年代初，有记者采访巴基斯坦总统齐亚·哈克，请他分析为什么阿富汗游击队能够打败世界上最强大的苏军。哈克毫不犹豫地回答说：

"这是查理的功劳。"

中央情报局也承认，这的确是查理的功劳。1997年，当威尔逊从国会退休的时候，他可谓是踌躇满志。可是，2001年的"9·11"恐怖袭击，却给他的成就蒙上了一层重重的阴影。在苏联撤出阿富汗之后，美国和国际社会并没有去帮助阿富汗人建设一个现代的国家，而是任由那里的人民自生自灭，以至于让这个多灾多难的国家变成了伊斯兰极端主义者和恐怖分子的基地。

历史的急转，往往会大大出乎人们的意料之外。

2008年，笔者有机会见到了查理·威尔逊这位传奇人物。这是本地议员为他举行的一次聚会，来参加的人远远超出了主办者的意料。已经75岁的查理，依然高大英俊，也依旧充满童心。面对好奇的人，他很快就做了一个声明：

"我已经结婚了。"

威尔逊解答了许多人心中的疑问。他说，在他的推动下，国会对阿富汗战争的拨款从 500 万最终达到了 300 亿。在苏军撤出之后，苏联大使馆的一位高级官员将他私下请去，告诉他说，美国人的援助实在是给苏联人带来了太大的麻烦。

"我们能不能找出一个双方都让点儿步的妥协方案呢？"苏联人说。

在这次谈话之后，威尔逊受苏联的邀请到了莫斯科。可是没等到任何可行的方案出台，苏联就解体了。

威尔逊坦承，他与其他支持阿富汗游击队的美国人都没有预料到在苏军撤离之后，阿富汗的局势会发生如此突变，最终导致伊斯兰宗教极端主义的塔利班政权上台，并且成为基地恐怖组织的藏身之所。他说，直到 1992 年，他才听说有塔利班这么个组织。一直到塔利班取得政权之前，他也没有将这当回事儿。至于基地组织，他在 1982 年就知道了，可那时候基地组织是美国与苏联对抗中的盟友。

历史的急转弯太多，直肠直肚的查理经常跟不上。

"查理·威尔逊的战争"如今正在以一种他当年从来没有想到过的方式在继续进行。

"冷战英雄"的战争与和平

2008年9月24日晚，弗吉尼亚州的众议员、民主党的莫兰在选区里召开了一次谈话会，和一些选民谈各种政策问题。本来这样的会议去的人不会太多，可是这天却忽然来了好几百人。不大的会场挤得满满当当，而且有四部体积巨大的摄影机。看来，媒体也注意到了这个活动。在离总统大选还有几个星期的时间，地方上的议员难得吸引这么多的关注。

他们都是冲着莫兰的客人、曾经当过得克萨斯众议员的查理·威尔逊来的。

和这位身材高大、依然算得上英俊的男人一同出场的，是个身材窈窕、看上去只有三十出头、乌黑的头发用一个鲜红的大蝴蝶结在脑后扎起来的漂亮女子。看到他们，人群中一阵轰动，免不了有各种各样的窃窃私语。主人于是赶紧宣布，这位女士是某某人的妻子，丈夫就在场。该女士也赶紧回到了丈夫身边。脸上带着一副无辜的表情，威尔逊对人们说：

"我已经结婚了。"

在场的人们爆发出一阵哄笑：也许这位75岁的花花公子已经学会了守点儿规矩？

查理·威尔逊一辈子钟情于三件事：美酒、美女、阿富汗。如果没有他，苏联军队当初也许就能平定阿富汗的反抗力量，阿富汗也可能留在苏联的阵营之内，而苏联也没准还能控制一阵东欧的局势，柏林墙恐怕也不见得那么快会倒下。知道内幕的中央情报局在冷战过后给威尔逊颁奖，会场上挂的标语就是：

"这是查理的功劳。"（Charlie did it.）

虽然曾经不声不响地改变了世界，查理·威尔逊其实是个很简单的普通人。不过，他在关键的时刻碰巧处在关键的位置上，因此也碰巧成了结束半个世纪的美苏冷战的关键人物。

外交决策和拨款机制

了解美国外交政策决策过程的人，有时候会觉得美国政府简直是一个疯人院。

在世界上各个国家里，哪怕是在同样实行选举民主制度的欧洲，外交也是专家的事情。各国的外交界和决策圈子里充满了风度翩翩的贵族和知识渊博的学者，平头百姓在那里要想插足也难。

美国的国父们在制宪的时候偏偏不愿意走欧洲的路子。美国的政府被分作立法、行政、司法三个分支，相互独立又相互制衡。具体到国际政策和外交事务上，虽然总统属下有负责外事的国务院，但是其财政支持要由国会来批准。特别是涉及对外战争和国际条约时，只有通过国会投票批准，总统的决定才能生效。另外，国会不同的委员会还有权就各自职权范围之内的事务举行听证会，对行政部门的决定做出批评。经常是同一件事，外交委员会听过证，拨款委员会或者军事委员会还要再来一次。考虑到国会还有参众两个院，在决策过程中参加意见的人就更多。如果碰了巧，不知道哪个地方来的土包子侥幸赢得了当地的选举，哪怕对世界事务一问三不知，都有可能在外交事务中有发言权，甚至也能成为外交决策中的关键人物。这就是威尔逊故事的由来。

1980年，已经担任了8年议员的查理·威尔逊是众议院拨款委员会国防小组的成员。国会中有20多个委员会，各个委员会的权力是不一样的，有的权力很大，有的相对比较小。委员会的席位分配由两党按照议席的比例来决定，多数党的位置多一些，少数党的少一些。而在党内，议席则是由本党的国会领袖们来决定的。资格老、影响大的议员们就会得到比较好的席位；而资格浅、影响小的议员则要去忍受那些无足轻重的委员会的工作。拨款委员会是众议院里面权力最大的委员会之一，掌握着整个国家财政的批准权。该委员会的成员也就能跻身于华盛顿最有权势者的行列。委员会内部又分12个小组，每个小组中有十多个成员，分别为不同的部门拨款。所有这些小组，都会在某种程度上涉及到外交问题。比如说，农业组会涉及农产品出口和补贴，金融组要处理与国际金融市场有关事宜。而其中对国际事务影响最大的两个小组，就是国防以及外交和国外行动。五角大楼的大部分拨款属于前一个小组的范畴，国务院和中央情报局属于后一个。这两个小组的成员经常会相互交流，协调彼此的工作。

虽然整个政府的财政计划要由行政部门来制订，但是这些委员会中的议员们总会根据自己的想法来做一些修订。他们有可能减少某个部门的开支，不过更多的时候，议员个人会添加上自己想要推行的项目。对于行政部门来说，增加一点项目和经费通常是件受欢迎的事情，难得有人反对。而在美国以千亿为单位的财政预算中，加上几个亿并不会引起多少注意。有个伊利诺伊州的参议员德克森曾经形容国会拨款的过程："这里10个亿，那里10个亿，过了不久，就变成大钱了。"

来自得克萨斯州一个小市镇、对国际事务毫无经验的查理·威尔逊在1980年就处在这样一个非常重要的位置上。作为拨款委员会国防小组的成员，威尔逊能够影响到整个国际事务的财政预算。从1980年起，凭借着自己的权力，他逐步将美国对阿富汗反政府游击队的资金金额从500万增加到30亿美元，资助了一场声势浩大的对苏联军队的战争，让阿富汗成了苏联的越南。更重要的是，在冷战期间，这类秘密行动的拨款完全不用对外公开，所以威尔逊做的事情——包括他的种种违规——并没有引起公众的注意。

得克萨斯人

　　出现在莫兰的集会上的威尔逊身上尽管依旧带着当年"好时光查理"的影子，却是明显地有了老态。2007年7月刚刚做了心脏移植，他的体力和记忆力都已经在衰退，口齿也不那么清楚了。面对着期待听他故事的人们，威尔逊拿出了一份稿子，这有点令人失望。当初那个随时随地口若悬河地迷倒大批女人的查理到哪里去了？

　　刚刚翻了一页稿子，听众就发现威尔逊的话有点驴唇不对马嘴。他自己也发觉了，停顿了一下，才知道翻错了页。他无奈地看着人们，在这一刹那，查理脸上又出现了他当年那著名的大孩子般淘气的笑容。

　　美国是个年轻的国家，美国人身上也经常充满了单纯的孩子气，而这样的选民也经常会选出一些与他们类似的代表进入政坛。政治家通常的老谋深算的形象往往与他们搭不上界。他们在处理国际事务上，有时甚至会有情人一般的浪漫、信徒一般的执着、儿童一般的天真。就在他们手里，掌握着这个超级大国的超级资源。这种信念与单纯的结合，在国际政策上有时是美国的力量，有时也会成为美国的软肋。不明白这点，就不容易看懂美国人的外交。

　　就拿查理·威尔逊和阿富汗来说，这个得克萨斯人不遗余力地去支持阿富汗的反政府武装，仅仅是他认定了一个很简单的信念：苏联军队在阿富汗杀害了大量平民，他们必须被赶出去。而苏联的失败也就意味着美国在冷战中的胜利。他坚信，自己在支持的是一个正义的、人道的事业，至于这中间还有多少曲折之处，他并不在意。"我们是好人，他们是坏人；我们会胜利，他们要失败。"这是典型的得克萨斯人的思维方式。不拐弯，不细致，也不钻牛角尖。如今，人们在同样来自得克萨斯的布什总统身上也能看到这种痕迹。布什的许多言谈和作为，令欧洲人和受过良好教育的美国人感到可笑，却让得克萨斯人觉得亲切。

率直的得克萨斯人也经常会有点不守规矩。这个牛仔文化的大本营崇敬那些以劫富济贫为己任的草莽英雄。法国人和西班牙人都统治过这块地方，但是没有办法将文化移植到那里。墨西哥人要管治一下，得克萨斯人干脆在1845年闹了独立，后来又加入了美国。可是没几年之后，却又加入南部联盟和联邦政府闹起分裂来。这里的人们传统上都爱带枪，要打架就一定真格地动手。外人看见觉得不好惹，而相熟了之后却又觉得他们分外可靠。

查理·威尔逊将得克萨斯人的这种特性推到了极致。在个人生活上他不拘小节，在公众生活中他不按规章办事。在资助阿富汗游击队的过程中，威尔逊破坏了国会拨款委员会的几乎每一条规矩：他根本没有提出讨论议案，擅自吩咐做计划的助理将中情局阿富汗计划的拨款从500万增加到1000万；他无视国会议员不得私下与中情局工作人员联系的规定，和他的中情局朋友一起悄悄地运送了大量武器给游击队；他甚至不顾可能的政治后果，亲自到巴基斯坦和阿富汗交界的前沿阵地去打了一通枪；最重要的是，他完全没有看到他钟爱的穆扎希丁游击队的另外一面，更没看到这些朋友有可能成为美国未来的敌人。

过了28年，"9·11"恐怖袭击发生7年之后，威尔逊在莫兰的聚会上坦白地承认，他当初根本就没有想到过伊斯兰宗教极端主义在阿富汗兴起的严重性。只是到了1992年，他才听说过有塔利班。而拉登的基地组织，他在1982年就接触过，可是那时基地是美国的盟友。

"好时光查理"体现了美国的力量，也体现了美国的软肋。

不能倒转的历史

威尔逊在阿富汗的业绩，是冷战中最后一次的热战。当时谁也没有想到，美国在冷战中的这一成功，却暗含着日后对美国和整个西方世界的挑战。从冷战后期开始，伊斯兰宗教极端主义的影响日益增加，可是多数的美国人只是在"9·11"事件之后才听说了当年在阿富汗的那一场战争。而如果没有2007年由汤姆·汉克斯主演的《查理·威尔逊的战争》这部大片，更是没有几个人听说过还有这么个改变过历史的众议员。

阿富汗是美国的胜利，也是美国的失败。美国人应该从阿富汗的战争和后来局势的发展中吸取什么样的教训？查理在莫兰的聚会上透露说，在苏军撤出阿富汗之后，他曾经多次对拨款委员会提议，要向阿富汗的新政府提供经济援助，重建国家经济，修复道路、桥梁，改善教育和医疗。也许是因为人们觉得冷战已经结束，帮助这么个遥远的地方纯粹是浪费纳税人的金钱；也许是他们对后来上台的塔利班政权不感兴趣，总之，他的提议被否决了。如果威尔逊当年的建议被接受，阿富汗是不是能避过塔利班伊斯兰宗教极端主义这一劫？是不是不会成为恐怖分子的基地？历史不能倒转，所以对此谁也没有把握。

威尔逊坚持说，美国人当年犯的最大错误，就是没有继续帮助阿富汗。而他当初的提议不仅是改造阿富汗的最好办法，也是彻底摧毁恐怖主义的唯一途径，因为恐怖主义是不能仅仅依靠战争来征服的。威尔逊批评道，美国如今将 22% 的政府财政支出用在军事和武器上，在外交手段和国际发展方面的其他开支却只有 1%，这是个短视而不恰当的比例。

随着年龄的增加，查理身上那股牛仔锐气似乎在减少。他关注的中心，从新式武器转变到了贫穷和发展中国家的经济发展和社会稳定。他呼吁美国必须增加在这些方面的投资。查理说，这个新的篇章应该叫作"查理·威尔逊的和平"。

他的脸上，又浮现出了那种孩子般的微笑。

独行侠麦凯恩

2006年，布什总统在白宫记者团的晚宴上开玩笑说：

"我相信美国人会团结在一起，无论他们是共和党人、民主党人，还是约翰·麦凯恩。"

下面的听众一起放声大笑——这是华盛顿人人都知道的故事：麦凯恩在国会里与民主党合作的次数大概和他与共和党合作的次数差不多。民主党反通信垄断的法案里面有他签署，民主党提议的反烟草法案中有他背书，民主党改革竞选捐款的提案不但有他支持，而且还是由他出面联署。可是说他的立场接近中间派甚至民主党却又不一定准确。就拿打伊拉克这件事来说，从一开始他就批评布什政府出兵数目不够。美国前两年在战场上狼狈不堪、人心普遍思撤的时候，他却偏偏说这兵不能撤只能增。就为说了这么几句，他的竞选运动在一年前就差点儿断了粮。那些日子里，人们都认定主张往伊拉克增兵的人在大选中根本没戏，所以给他捐款等于打了水漂。钱的来源断了，他只好将手下大部分人打发走，自己带着几个不拿工资的助理去竞选，连飞机也只能坐普通舱。麦凯恩坚持这个立场固然有他与军方关系密切的一面，但是他近年来也没少给五角大楼找麻烦。国防部和波音公司签的那个供应空中加油机的协定，就被麦凯恩调查了个底朝天，揭发出数以亿计的浪费和违规，很是有一批军需供应商对他又怕又恨。对于麦凯恩来说，党派之争远远比不上他坚持的原则更加重要。

麦凯恩的立场，用左、中、右都套不上去，人们只好管他叫"独行侠"。

说是独行侠，麦凯恩在国会两党的同事里面亲密朋友可不少。两党的人不同意他观点的挺多，但是却无一例外地尊重他的为人。而他自己最看重的挚友是康涅狄格州的犹太人利伯曼，也就是民主党副总统戈尔在2000年的竞选伙伴。麦凯恩的另外一位好友却是希拉里·克林顿。他们的友谊是2004年开始的。

这年夏天，麦凯恩、希拉里以及几位参议员一起到爱沙尼亚去访问。在首都塔林的大街上走了一圈之后，希拉里忽然提出，既然他们到了波罗的海国家，是不是就按照当地的习惯，来一场喝伏特加酒的竞赛？

军人出身的麦凯恩痛痛快快地答应了。于是这帮参议员们就敞开怀喝了起来。这场竞赛大概让他们醉得不轻，因为麦凯恩过后想不起多少细节，只是对人说，希拉里好样的，算得上是"哥儿们中间的一个"。

喝过了这一场,分属对立政党的两名参议员从此就开始了他们密切的伙伴关系。他们在国防、军事、环境、经济等各个领域的合作,冲突的时候少,立场接近或者相同的时候更多。由于都在参议院武装力量委员会服务,他们一起访问过伊拉克,尽管两人在增兵和撤军的观点上不一致。连希拉里的丈夫比尔·克林顿也公开对媒体说,麦凯恩是他太太最好的朋友。

就连总统竞选似乎也没能让两人的友谊褪色。全国广播公司的蒂姆·拉瑟特采访他们,问各自是否认为对方有可能成为很好的总统。

"我毫不怀疑克林顿参议员会成为一位好总统。"麦凯恩回答说。

对于同一个问题,希拉里的回答更简单直率:"绝对。"

麦凯恩是个浪漫主义者。据说他最爱看的是那些关于悲剧英雄的书和电影,英雄人物总是为了一个高尚的——有时候也是不可能达到的——目标而献出生命。华盛顿的游说团体私下都知道,去和麦凯恩说话,纯粹用政党和私人利益是打不动他的,最关键的是要跟他谈对错,谈原则,谈国家。

这点我恰好还亲眼见证过。

那是1990年5月,美国国会正在讨论是否延长对华贸易最惠国待遇。在美中贸易委员会的安排下,我和几位支持最惠国待遇的朋友一起去拜访一批有影响的国会议员,请他们在对华贸易的问题上慎重考虑,对两国贸易关系从长计议。亚利桑那州的麦凯恩就是我们拜访的议员之一。

去拜会他之前,我们已经见过不少国会议员。通常,议员们进来和客人握手之后,便会坐到自己的书桌后面。即便是坐在沙发上,也总是要和别人有个距离。多数的议员是说得多,听得少,而且看来也都已经拿定了主意。我们的游说,不过是给一些支持这个法案的议员增加一点理由而已。

麦凯恩却和别人不一样。他当时的态度是倾向于取消对华最惠国待遇，和大多数共和党议员的看法并不一致。那天到他的办公室去，我们刚坐下，这位当时已经是头发雪白的参议员急匆匆地从外面走了进来。在和我们逐个握手之后，他坐到一张靠近我们的小凳子上，和我们面对面，却是矮了小小的一截。一句官腔也没有打，他开口便说：对中国的情况我了解不多，今天是来听你们说的。

麦凯恩很仔细地听了大约 45 分钟，其间提出了一些非常实际的问题，包括中国城乡差别的情况，中美贸易对这一差别的影响等等。当时我觉得有点意外，因为见过的议员里面认真听别人说话的还真不多。

71 岁的麦凯恩脾气爽直看来有家传。他那个已经去世的海军上将的父亲固然不俗，可是他那个看上去身体健康、精神矍铄的 96 岁的母亲也不是个爱躲闪的人。2000 年麦凯恩参选的时候，这位 88 岁的老人还在满世界漫游，回到美国也闲不下来，总是开着自己那部红色的宝马往外跑。《时代》杂志的记者去采访她，老太太便说："我很担心呢。恐怕我一开口，就会将真话告诉你们。"2007 年麦凯恩宣布参选，有人说他老，他就开玩笑说："你们把这话对我那 95 岁的母亲说去。"果然，有记者就去问她怎么看待保守派的共和党人不喜欢麦凯恩这件事。老太太一脸不屑地说："他们也只好捏着鼻子将票投给他就是了。"要知道，当时麦凯恩可还是处在胜负未卜的状态。

美国大选的故事会

从外面看,美国的选举简直就是一场候选人的故事会比赛。无论他们的生平有多么乏味,公关专家都能为候选人包装出一些漂亮的人生传奇。像民主党的副总统候选人拜登,大学毕业没几年,从27岁就开始竞选,29岁被选入参议院去代表美国最小的州之一,这一辈子大半的时间都在参议院沉闷的立法议程与听证会中度过,除了耍嘴皮子的事情之外生活乏善可陈。可是到了将他推出来竞选的时候,他的下层阶级出身背景、妻子与女儿车祸死亡的悲剧、每日乘火车来往于华盛顿与特拉华之间,都成为被津津乐道的个人化的事迹,让人听起来他就像是一位经历了生离死别之后大彻大悟的蓝领阶级的英雄。

这些故事也会随着选举进程的发展而变化。在初选的时候,奥巴马的故事贯穿着一条神秘的主线:他有一位来自遥远的肯尼亚的父亲和一位对美国以外的世界充满着好奇心的人类学家的母亲。幼年期间,他生活在绝大多数美国人完全不了解的神奇的印度尼西亚,后来又到了热带风光旖旎的夏威夷生活。他的身上充满着种种的异国情调，吸引了无数憧憬外部世界的年轻人和梦想人类大同的知识分子。到了大选期间，奥巴马的故事变了。肯尼亚的父亲几乎不再提起，他现在是来自中西部堪萨斯州的曾经靠领国家救济来抚养他的母亲、从底层一步步升至银行副总裁的外祖母、曾经在第二次世界大战中在美国军队里打过仗的外祖父培养的产物。他那位受过普林斯顿和哈佛教育的妻子，在初选的时候以咄咄逼人的职业女性姿态出现，到了大选也不知怎的就成了以相夫教子为己任的中产阶级家庭妇女。

在 2008 年的几个候选人中，倒是麦凯恩的故事从来都比较一致，也没有什么夸张。这位越战英雄的事迹，早已经成为美国人的传奇，用不着怎么包装就能让人感动。最大的问题，便是他这番经历在大多数的美国人听来早已是明日黄花。越战老兵一代的故事正在从人们的日常生活中消失，渐渐地融入了历史的记忆。选民固然会为他的故事感动，却也不能将自己每日的柴米油盐、住房教育的需要与这联系起来。人们会问：我们相信他对国家忠诚，可是他有能力管理这个复杂的超级大国吗？他会不会老得连世界的变化也搞不清？

的确，美国的选民实在有点不好伺候。他们一方面要求国家的领袖能够体会平常人的生活，看上去像个普通人，能够和普通人打成一片，另一方面又期待他们是不平常的人物，有各种传奇的出身和故事；他们希望领袖和他们一起聊家常、喝啤酒、打保龄球，同时又希望领袖能够在世界舞台上叱咤风云、万国仰慕；他们的领袖应该受过良好的教育、在个人事业上功成名就，但是也最好能够在人生中被风吹浪打、备尝艰辛；他们要领袖有贵族气却不能有权贵欲；他们敬佩那些政治手腕高明却又保持君子风度的人，憎恨撒谎和扭曲事实的政客；他们希望领袖年轻而有活力，却又要求他们有丰富的从政经验；他们爱听候选人批评政府，可是又要求他们必须热爱国家。总之，他们要一个了解与体恤穷人的富人，一个用局外人的眼光来批评政治的局内人，一个充满了英雄主义却又不鲁莽行事的人，一个大概只有好莱坞才能创造出来的完美的美国总统。

在这个电视和互联网主导了公众舆论的时代，如何在很短的竞选时间内给选民讲好自己的故事，是一个候选人获得支持的关键。政治经历再丰富，管理经验再多，如果没有一个好的故事，是很难吸引到选民的。选民通过这些故事来判断哪个候选人更了解他们的疾苦，更能代表他们的需要。种种竞选中的童话般的故事最终的重要性就在这里。

另一方面，竞选也因此而成了一场将自己的故事讲好，同时又将对方的故事抹黑或者拆穿的比赛。但是，这场比赛的规则，又决定了自己的故事不能离事实太远，给对方抹黑不能做得太过分，否则在选民中就失去了信誉。毕竟，没有了信誉的故事不管怎样动听，在这个国度也无法成为政治权力的基础。

"美国妈妈"萨拉·佩林

2008年，民主党总统候选人奥巴马正式接受党内提名，从而创下了大党出现黑人总统候选人的纪录。在这一历史事件发生后12小时，共和党就创下了另外一项纪录：麦凯恩提名阿拉斯加州长萨拉·佩林做竞选搭档，这是共和党历史上第一个在总统大选伙伴中出现的女性。媒体的评论员们都说，麦凯恩果然不愧"独行侠"的称号，选中的是一匹真正的黑马。

其实，佩林的名字早就出现在麦凯恩的副总统候选人名单中。2月"超级星期二"过后，麦凯恩稳获提名，就曾经有传说佩林是他的首选。不过到了3月，佩林却做出了一个让整个阿拉斯加都大大吃惊的宣布：她已经怀孕7个月，要在5月份生产。这是她的第五个孩子。当时阿拉斯加的地方媒体纷纷评论说，这下子州长就不会去做麦凯恩的竞选搭档了。想不到，这位女州长在生产之后三天就回到办公室去上班，几个月之后又以令人羡慕的美好身段出现在共和党的最高舞台上。

佩林是个什么样的人？她有什么样的政

治主张？她在竞选中预期会有什么样的表现？整个美国都在密切地注视着。

阿拉斯加小姐

今年44岁的萨拉·佩林出生在偏僻的爱达荷州的一个普通家庭。父亲是小学教师，母亲是学校里的秘书。在佩林还不到一岁的时候，他们家搬到了冰天雪地、远离美国本土的阿拉斯加州的瓦西拉市。

她的父亲在学校里教自然科学，还兼做田径教练。萨拉喜欢清早起床跟着父亲到野外去打驯鹿，养成了终生的持枪爱好。而她在学校里喜欢打篮球，在球队里以快捷、凶猛著称，是中学篮球队的队长。同时，受到她虔诚的基督徒母亲的影响，她在同学中建立了一个基督徒的组织。这对于她日后的政治倾向有着非常重要的影响。

1984年，这位出身贫寒、身材修长、面目姣好的女子赢得了"瓦西拉小姐"的称号，并且参加了阿拉斯加小姐的竞选，获得了第二名。选美比赛训练了萨拉自如地面对公众的能力，同时也为她赢得了一笔上大学的奖学金。莎拉选择进入爱达荷大学，主攻新闻学和政治学。她那时的理想是去当一名电视上的体育解说员。

1988年，莎拉从大学毕业之后，准备与中学时的男友托德·佩林结婚。托德的祖母是阿拉斯加的因纽特人，所以他有四分之一的土著血统。按照美国的习俗，婚礼是由女方家长出钱举办的，这笔花费不小。为了给父母省钱，这对年轻人偷偷地跑到婚姻登记处去自行登记，结果到了那里发现没有证婚人，临时到附近的养老院去找了两个老人来证婚。

结婚后，佩林夫妇从事捕鱼业。托德没有上过大学，长期从事蓝领工作，也是工会的会员。除了捕三文鱼之外，托德还在英国石油公司所属的油田里当工人，后来逐步被提升为工头。他太太当了州长之后开始与英国石油公司谈判当地的天然气管道问题，当丈夫的只好辞去管理职位，回到普通岗位上，以避腐败之嫌。

佩林夫妇生下了五个孩子，三女两男。大儿子2007年满18岁之后在"9·11"那天加入了军队。最小的儿子是2008年4月份生的。

大胆革新的州长

佩林的政治生涯，是从参加家长会开始的。

没有在美国生活过、参加过地方社会生活的人，很难理解家长会（或者更准确地译为家长—教师协会，PTA）在地方政治中的重要性。美国的中小学公立学校教育是由县市一级的地方税收来支付的，学校的管理、课程的设置等等，都由地方上民选的教育委员会来决定，而家长会则是最重要的民间监督机构。家长会里面的中坚分子，对地方政治会有相当大的影响。全美国存在着大约23000多个家长会。

佩林参加家长会的时候，基本上是家里的全职母亲。她在那里显示出了自己的号召力和管理才能，由此参加了市议会的竞选。在1992年，她当选了市议会的议员。做了两个任期之后，她又参选市长。在竞选中，她猛烈批评她的对手、现任市长浪费纳税人的钱，并以减税为号召赢得了1996年的选举。

瓦西拉虽然是个只有七八千人的小市镇，但是麻雀虽小，五脏俱全。市政府、警察局、消防队、图书馆、税务处、建筑工程等等，都需要照管到。佩林上台之后，大刀阔斧地改革了政府，削减财政支出，最后给居民的减税达到60%至75%，这让她成为州内最受好评的市长。

2002年，佩林参选阿拉斯加州的副州长。虽然没有赢得最后胜利，却让她在本州的共和党内出了名，被认为是党内一颗闪亮的新星。殊不知，她在2003年却与共和党高层闹翻了。佩林公开揭发那些老牌政客们缺乏道德，在石油天然气项目中牟取私利。最后，由于佩林的指控，本州的共和党主席与司法部长被迫辞职，主席鲁德里奇还交了12000美元罚款。

当时许多人以为，得罪了高层，佩林的政治生涯就此作罢。可是在2006年，这位泼辣的女子却参加了州长竞选，以增进教育、改善交通、增加公共安全为号召，高票打败了前州长，以42岁的年龄成为阿拉斯加历史上最年轻的州长，也是赢得这个职位的第一个妇女。

佩林在州长的任上虽然不长，但是却以大胆的改革赢得了选民的热爱。她不怕得罪共和党内的高层，严厉批评该州在国会参众两院议员的腐败和浪费行为，甚至与在阿拉斯加势力庞大的石油公司对抗。比如，该州的议会里面有许多与石油公司关系密切的议员，长期以来只给石油公司征收非常低的税率。佩林上台后，利用她的影响，使得州议会提高了该项税收。同时，她在一年之内否决了300多项政府开支，削减了大量政府浪费。上任一年后，佩林成为美国最受欢迎的州长，在选民中的支持率超过80%，有时候还会超过90%。相形之下，布什总统的支持率在30%左右，而国会的支持率只有不到20%。

作为州长，佩林的工资是12.5万美元。虽然不算少，但是要养5个孩子并不富余，所以她丈夫在打两份工：既当渔民，同时又在石油公司兼职当工人。2007年，佩林先生的收入是9.3万美元。他们在美国属于中上收入的家庭，但他们还没有付清买房子的债务。

麦凯恩历史性的选择

佩林被选作麦凯恩的搭档，让整个美国都大大地吃了一惊。可是在最初的震惊过后，越来越多的人看到，她的确是麦凯恩的最佳选择。她的提名，正是所谓"意料之外，情理之中"。

麦凯恩在选择副手的时候，需要吸引几类完全不同的选民。

第一是共和党内最保守的福音派基督徒，对于他们来说，最重要的议题是堕胎。佩林不仅本人坚决反对堕胎，而且不久前生下的这个孩子，在出生前医生就告诉她说，孩子患了唐氏综合征。但是佩林没有选择流产，而是将孩子生了下来。也就是说，她以身体力行来反对堕胎。

第二是经济的保守派。他们坚决要求限制政府开支、反对政府干预经济。他们认为政府越小越好。这些人曾经是里根总统的铁杆。佩林在阿拉斯加的执政，完全符合这批人的要求。

第三是持枪派。基于宪法第二条修正案，他们反对限制枪支持有权。佩林本人爱好打猎，从很早起就是强大的枪支协会的会员。她的办公室里最引人注目的装饰品，是一只她父亲打死的大棕熊。

最后但恐怕最重要的是，佩林对民主党内比较保守的选民，也就是希拉里的支持者有非常强的吸引力。这些人包括年龄偏大的妇女、蓝领工人、小城镇居民。佩林是他们中的一员。在麦凯恩的决定公布之后，一个由支持希拉里的民主党人成立的组织"克林顿民主党人"给支持者们发出的一封信上这样写道："佩林在政策上的看法与我们中的许多人非常不一样，但是她是个妇女和母亲，她经历过我们每天面对的许多挑战。她必须对付那些打击希拉里的性别歧视与仇视妇女的态度。我们现在看到，民主党的当权者对待莎拉的态度和他们对待希拉里的是一模一样的。"佩林嫁给了一位采油工，而且两人婚姻幸福。对于普通蓝领工人来说，这是他们的童话故事。一名与佩林先生同一个工会的工人兴奋地在互联网上贴出了标语："我们的下一位副总统：那是莎拉！"虽然这些原本是民主党基本群众的选民会不会像在1980年和1984年那样大批转向共和党还是个未知数，但日前佩林的提名在他们中间引起的兴奋已经足够让民主党高层出一身冷汗。

选择莎拉·佩林是麦凯恩一个极为大胆的决定。这位在华盛顿籍籍无名的女州长给整场总统大选带来了清新的气息。有了这样一位搭档，麦凯恩就能够以改革华盛顿政治为号召，与以"变革"为口号的奥巴马抗衡，去争取大批已经受够了布什政府一项接一项的失败政策的选民。

佩林的出现，标志着2008年的选举进入了白热化。

熟面孔拜登

2008年8月23日星期六，美国东部时间清晨3点，全美各地千千万万奥巴马支持者的手机屏幕上闪现出了一条短信：奥巴马参议员已经决定选择特拉华州的拜登参议员作为竞选伙伴。

随着两党全国代表大会日期的临近，双方的候选人挑选副总统搭档也就越来越迫在眉睫。整整两个星期，副总统候选人是媒体关注的中心。为了争取到更多人的瞩目和参与，奥巴马的团队想出了一个绝招：让有兴趣的人到奥巴马的网页去登记个人信息及手机号码，决定做出后第一时间用短信的方式将消息发出去。这样一来，悬念就越来越大，人们的兴趣越来越高，奥巴马的竞选也用这种方式搜集到了千千万万的个人信息，这对未来的募捐与竞选有着极其重要的用处。

也正因为这样，奥巴马阵营将人选的信息高度保密。连续几天，大批记者聚集在几个可能的候选人的房子前面，捕捉着一切蛛丝马迹。结果记者们果然棋高一着，在星期五晚上已经发现负责保卫副总统候选人的国家保安到了特拉华州参议员的住处。半夜12点前，好几家媒体的记者都从不同的地方得到了确切的消息，马上公布出来。于是，为了防止支持者在清晨醒来之后先看到新闻而失望，奥巴马的办公室发送出这个半夜3点的短信。

看到消息，期待惊喜的人们心中不禁泛起了一点失望的感觉：拜登，不是公众最熟悉的华盛顿的老面孔之一吗？也有提心吊胆的支持者松了口气：拜登是个熟面孔，不是个未知数。

来自蓝领阶级

拜登1942年出生在宾夕法尼亚州的斯克兰顿市。从19世纪中叶到"二战"结束，这里是发展迅速的东部工业区，有大量居民是煤矿、钢铁等行业中的工人。斯克兰顿市在人们心目中，是美国工矿业的蓝领阶级生活的地方。拜登的父母都属于蓝领阶级。他是家庭中上大学的第一代。在1968年，拜登拿到了法律学位，后来成为特拉华州的律师。

还在法学院上学的时候，拜登就结了婚，并且接连有了三个孩子。他们夫妇买了一只小狗，给小狗起了个奇怪的名字：参议员。也许就在那个时候，拜登的前途已经在冥冥之中被确定了。这位出身低微的年轻人决定要靠他一张能说会道的嘴来为自己打出一片天地。

拜登的口才名声在外，但是很少人知道他小时候竟然有口吃的毛病，总是遭到同学的嘲笑。为了改正，他日复一日地对着镜子说话，也在脸上练就了一副迷人的表情。他发现在说话之前用微笑来放松脸上的肌肉很有效果，于是就逐渐养成了在开口之前先露出一脸灿烂笑容的习惯。这大大地有利于他日后的仕途。

特拉华是美国最小的州之一，在面积上仅大于罗德岛，人口只有80多万，所以在众议院中只有一个议席。倒是参议员的数目无论州的大小都是两个。所以，在特拉华竞选参议员比竞选众议员容易。雄心勃勃的拜登对于当律师并没有多少兴趣，而是一拿到执照就参选当地的议会。在地方议会待了两年，赶上特拉华的参议员退休，拜登便投身到选举中去。这时候他只有29岁，还差几个月才满宪法规定的30岁的参议员年龄。

竞选刚刚获得胜利，拜登还没有宣誓上任，家里却出现了惨剧。他结婚六年的妻子带着三个孩子出门遭遇车祸，妻子和襁褓中的女儿当场丧生，两个儿子也伤势严重。悲痛欲绝的拜登在儿子的病床前宣誓就职，博得了选民的广泛同情。这时他刚刚满30岁，是美国历史上最年轻的参议员之一。

参议院的明星

拜登在参议院中很快以勤勉、善于言辞、有说服力著称。1974年，在《时代》杂志列出的未来对美国最有影响的200人中，他也跻身其列。在36年中，拜登连选连任，没有人能对他的地位提出真正的挑战。随着参议院服务年头的增加，他的影响也越来越大，成为华盛顿政坛上最为人们熟悉的面孔之一。

拜登主要在两个委员会中服务：司法委员会与外交委员会。从1987年以来，在民主党是多数党的那些年里面，他是这两个委员会的主席。拜登对于政府事务，尤其是与这两个委员会的有关的各种立法和政策，熟悉的程度往往让人吃惊。他能够完全不需要参考资料，随口就说出大量的数据和法律条文，引用大量的历史事实。为此，拜登很得参议院中两党同事的尊敬。而无论是在多数党还是少数党的位置上，他从来都能够和别人商量共事，在观点上不是那种受意识形态支配的极端的人。

不过，拜登结下的人缘，有时候会因为他说话不谨慎而丢掉。他说话似乎永远没够，只要开了头就不知道如何收尾。在参议院的听证会上，只要拜登出席，那么在座的人就免不了要听他提出一堆长长的问题。这些问题有时候答案明明很简单，甚至只是一个是和否，拜登也要花够他的 20 分钟提问时间，不过是为了表达他自己的意见。因此，听证会在他那里经常给人留下一种走过场的感觉。

虽然在华盛顿工作了几十年，拜登却似乎还有点"劳动人民本色"。他不像其他议员一样在选区和华盛顿各有房产，而是坚持每天通勤，晚上下班后坐火车回到大约 200 公里之外的特拉华州。他和这段火车上的司机及乘务人员建立了很好的关系，每年圣诞节的时候都会给他们办一次晚会。他和各大工会的关系也很好，动不动就会到工会的总部去走走。在劳联—产联（劳工联合会—产业工会联合会的简称）这类机构中总是能看到他的身影。

也许是在参议院中待够了，拜登很早就有竞选总统的欲望。1987 年，45 岁的拜登宣布竞争民主党内总统提名，他的对手是马萨诸塞州州长杜卡基斯和众议院议长格普哈特。拜登的名声比前两人要低，但是作为竞选人却显然比他们更有公众魅力。可是，急于求成的拜登却犯下了一个大错，直到今天还在受其影响。他在一次讲话中，将英国工党领袖的一段话拿来当作了自己的话，结果被揭露出来。不仅如此，人们又发现他当初在法学院读书的时候也抄袭过他人的文章。拜登的人品受到了质疑。在这个事件的打击下，他的竞选运动一蹶不振，很快便无疾而终。

20 年之后，拜登在 2007 年再次宣布参加总统竞选。这次，他一不小心又犯下了一个大错。2008 年 1 月 31 日，在一个公众场合中拜登这样评价他的竞争对手奥巴马："这次出现了第一个主流政治中的非洲裔候选人，善言辞、聪明、干净、长得好，这可是小说里的故事。"此言一出，舆论大哗。尤其是"干净"这个字，更是有侮辱黑人的嫌疑。从那以后，拜登在党内的支持率就没能超过 1%。

奥巴马的切尼？

从性格上来看，拜登并不是一个好的副手。这个一辈子在竞选政治里面打拼的人从来没有屈居人下的习惯。在他退出本次选举之前，曾经有记者问他是否愿意接受副总统的提名，他说："我不是来竞选副总统的，提名我也不会接受。"不过就民主党内目前的政治格局来看，拜登在日后也没有多少指望。接受奥巴马的提名恐怕是他靠近总统宝座的唯一机会。

许多分析家认为，奥巴马选择拜登作为搭档，是为了弥补自己从政经验的不足，有点类似于副总统切尼与总统布什之间的关系。拜登的经验，尤其是对国际事务的了解是很难有人可以比拟的。尤其是在格鲁吉亚和俄罗斯冲突的事件发生之后，奥巴马犹豫不决的反应让他丢了不少分。奥巴马自己也透露，大约就是在此期间，他决定选择拜登。

然而从选举政治的角度看，这一决定也凸显了候选人的弱点。也就是说，奥巴马让华盛顿的老面孔拜登站在身边，越发显得他自己在政坛上的稚嫩。况且，以变化的新政治为宗旨的奥巴马运动找了一位旧政治的代表来坐第二把交椅，难免会降低其号召力。另外，拜登也不见得能够如人们预期的那样在蓝领阶级中具有号召力。他虽然出身于蓝领阶级，但是却从来没有在他们中间工作，在政坛上也没有以为中下层人民争取利益而著称。

对于奥巴马来说，在这个选择中最明显、最现实的一个好处，便是拜登的那张嘴。奥巴马长于讲演，却不善辩论。拜登却是个职业辩论家。在台下的拜登总是笑嘻嘻的，对无论是认识还是不认识的人都非常友善，到了台上就马上换了一个人。他攻击政敌的时候毫不留情，但由于对历史、事实、数据的熟悉，他的话听起来总是有根有据。民主党内能够在外交政策辩论上与麦凯恩一较高下的恐怕非拜登莫属。

缺乏眼光的外交家

通常，当一个著名的公众人物去世的时候，即便此人在世时多么不受欢迎，媒体也总还是要说上一通好话。克林顿政府的国务卿沃伦·克里斯托弗2011年3月18日去世，美国的媒体却只是轻描淡写地说了几句，似乎找不到太多的赞美之词。他曾经在加利福尼亚读书和生活，那里的地方报纸说："虽然他在世界舞台上有许多重要的成就，但是克里斯托弗在洛杉矶本地的影响恐怕更加深远。"他的家乡北达科他州的参议员没话找话，回忆他在国务院的时候经常与该州的议员们共进午餐："他对自己的北达科他出身感到非常骄傲。"一位与他在卡特政府中共事但不愿意透露姓名的官员对笔者这样评价说："他可算是美国历史上最缺乏眼光的国务卿之一。"

沃伦·克里斯托弗1925年出生在偏远的北达科他州农村小镇的一个银行职员家庭。这个北欧移民后代的家庭有5个孩子，在他们还年幼的时候便赶上了20年代末的经济危机与30年代的大萧条。他的父亲辛苦支撑，还是免不了债台高筑的困境。正在上中小学的孩子们也要靠打工来补贴家用。中学生沃伦每天要用几个小时的时间去送报纸，引来不少同学的嘲笑。

在53岁的老克里斯托弗去世后，他们阖家移居加利福尼亚，刚上大学不久的沃伦也转学来到了南加州大学。他之所以能够进入这所比较有名的学校，还是因为赶上了第二次世界大战，他报名进入了海军的一个培训计划，并且在1943年去太平洋战场服役。战后，克里斯托弗从南加州大学毕业，进入斯坦福大学法学院。这里毕业生最高的梦想，就是为联邦最高法院的大法官工作。克里斯托弗毕业后如愿以偿，成了大法官威廉·奥威尔·道格拉斯的助理。几年之后，他又进入了洛杉矶地区最大的律师事务所。在1958年33岁时便升到了合伙人的高位。他代表过的客户包括一些美国最著名的大公司，比如IBM、洛克希德－马丁等等。

克里斯托弗进入政界，是从加州的地方政治开始的。在他成为合伙人这年，加州选出了新州长帕特·布朗，也就是现任加州州长杰里·布朗的父亲。作为加州最大的律师事务所的合伙人，克里斯托弗为新州长撰写讲稿，赢得了州长的信任与重用。

1965年8月，洛杉矶发生了有史以来最大的种族骚乱，起因是警察在路上逮捕了一个酒醉开车的黑人。骚乱导致了34人死亡，超过1000人受伤，3000多人被捕。最后，州政府只好出动国民警卫队去平息。事后，州长将克里斯托弗委派去负责调查整个事件。

他对调查的认真负责引起了当时的总统林登·约翰逊的注意。1967年，约翰逊总统任命克里斯托弗为司法部副部长，专门去调查重大的种族冲突事件。而在华盛顿官场的生涯，让他与当时的国防部副部长万斯交上了朋友。万斯后来成为卡特总统的国务卿，将克里斯托弗起用为副国务卿，这样也就将他带入了外交界。

熟悉克里斯托弗的人都知道，他是一个谈判的专家。大律师出身的他，永远是西装笔挺，彬彬有礼，注意到各种各样的细节。他自己曾经这样描绘国际谈判："多数时候谈判都不怎么精彩，而且往往琐碎不堪，令人既头痛又疲倦。不过谈判可以淡化冲突，改善人类状况，推进和平的理想。"

卡特政府派克里斯托弗去主持了一些重要的国际谈判，而他在外交生涯上的突破，就是1979年与伊朗谈判释放人质。当时，伊朗的激进伊斯兰宗教极端主义分子冲入德黑兰的美国大使馆，扣押了52名人质。在一年多时间里，负责谈判的克里斯托弗穿梭于华盛顿与作为美伊两国中间人的阿尔及利亚之间，交涉人质的释放问题。在经过了整整444天之后，全部的美国人质才获得自由。

克里斯托弗做事的方式不急不躁、有条有理、考虑周全，这使他在华盛顿浮躁的政治圈里独树一帜，颇得民主党内各方面大佬的信任。1992年，当阿肯色州长克林顿竞选总统的时候，克里斯托弗被委以选择副总统的重任。他挑中了来自田纳西的参议员戈尔。后来在2000年戈尔竞选总统的时候，克里斯托弗再次被委以同样重任，他又挑中了来自康涅狄格州的参议员利伯曼。而在克林顿当选之后，克里斯托弗就被派去帮助当选总统从阿肯色那个乡下地方带来的班子，指导他们如何在华盛顿这个政治迷魂阵中运作。因此，他被任命为国务卿没有出乎任何人的意料。

90年代是当代世界历史的一个重要转折点。苏联帝国刚刚垮台不久，西欧加速一体化，经济全球化在拓展，伊斯兰世界宗教极端主义兴起，整个世界的力量格局在发生根本性的改变。作为唯一的超级大国，美国的外交政策本来也需要进行全面的调整。在这个时期主持美国的外交事务，不仅需要知识和技巧，更需要对国际社会的未来有长远的眼光。

如果不是赶上这个年代，克里斯托弗可能会以他的谈判技巧和管理才能作为一个不错的国务卿载入史册。然而在这样一个时代中，他担任国务卿四年里的外交政策却显得是头痛医头、脚痛医脚，全然缺乏历史性与全面性的眼光，政绩着实乏善可陈。比如波黑战争，美国在很长一段时间里眼看着种族屠杀在发生，却拿不出调解或者是干预的方案。还有像卢旺达种族大屠杀，美国在早期采取了袖手旁观的态度，以致惨剧愈演愈烈。

克里斯托弗在1997年1月离任之后，又回到了他原来的律师所。戈尔竞选的时候再次请他出山。有趣的是，佛罗里达点票出现争执之后，克里斯托弗代表戈尔去组织这场有关竞选的诉讼。而布什方面主持诉讼的，则是另外一位律师出身的前国务卿詹姆斯·贝克。最后，布什的班子在最高法院赢得了那场著名的官司。

在克里斯托弗逝世之后，英国的《每日电讯报》说出了一段美国报纸不好意思说的话："作为1993年至1997年的国务卿，克里斯托弗明显的长处——控制损失以及外交手腕——变成了短处。他是个忠诚与勤恳的人，不过他似乎觉得自己更多的是克林顿的律师，从那里接过指令之后对人民进行解释，而不是独立的政策制定者。因此，他从来没有拿出自己的一套，而那时克林顿根本就不清楚自己要什么。结果是，他没能够说清楚美国的角色，离开岗位的时候在美国外交政策上没有留下重要的印记。"

专与中央政府打官司的律师

在2010年的一次家庭晚会上，我碰到肯·库奇内里，于是便问他：

"你和联邦政府的官司打到哪一步了？"

肯挤了挤眼，说："你指的是哪一个官司？"

周围的人都会心地大笑起来。这是2010年7月，离库奇内里在1月下旬宣誓就任州总检察长只有半年多一点。就在这几个月时间里，本州这位42岁的第一律师已经创下了代表州控告联邦政府的纪录：控告国会通过的医保法案违宪，理由是宪法没有赋予联邦政府强迫人民购买商品或者服务的权力；在联邦政府控告亚利桑那州的移民法越权之际，库奇内里发表了他的司法意见，提出地方的警察有权在调查犯罪案件的过程中检查嫌疑人的移民身份；他给州内各公立大学发出备忘录，指出同性恋者不应该获得特殊保护；他挑战联邦环保署的决定，认为二氧化碳对人类健康并不造成损害。这一个接一个的案子，让他手下有200多个律师的办公室忙得不亦乐乎，也让年轻的库奇内里成了美国保守派中一颗迅速升起的耀眼新星。

意大利后裔库奇内里在弗吉尼亚的政治中有着非常保守的名声。比如他坚决反对堕胎，主张取消对持枪的限制。与他有过几次表面的接触之后，我对他的印象并不佳，觉得这是个在公众场合不苟言笑、刻板木讷、缺乏幽默感的人。记得最清楚的就是在一次小型的募捐晚会上，他到场之后整整两个小时站在同一处地方，而不是像其他有经验的政治人物一样在人群中穿梭打招呼。在2009年5月共和党内初选的时候，我将票投给了他比较温和的对手。

在后来的竞选过程中，我逐渐看到了库奇内里另外的一面。虽说是个天主教徒，他却有着新教徒那种吃苦耐劳的敬业精神。在整整半年时间里，他基本上都是清早6点开始出动去竞选，一直到半夜甚至更晚才回家。无论谁请他，哪怕只是一个十来个人的聚会，他都会前往拉票。不过，他的妻子却很少跟随他出席活动，因为家里有6个未成年的孩子。其实，他是个很不爱张扬的人，也没有多少兴趣和能力投入社交活动，甚至连随便寒暄都不在行。

一次在公众集会中，库奇内里悄悄地对刚刚讲完话的我招手。我这时候已经由于竞选的关系和他很熟了，以为他有什么话要私下提醒我。结果他只是说了句："我觉得你是今年最好的候选人之一。"

与其他从政者比较，库奇内里的确非常古板而不善于变通。他的为人行事与他的政治社会信念非常一致，再加上他的工作狂，这令很多人佩服，也令不认同他的人害怕。在2009年，他以58%的高票当选。上台伊始，他果然就按照自己在竞选中做出的允诺，全面地展开了针对联邦政府那些在他看来是侵犯了宪法或者州权的决定。

在医改方案通过以后，已经宣布要告联邦政府的有21个州，还有一些州正在考虑参与诉讼。不过，弗吉尼亚州走在了其他地区的前面，因为州议会今年早些时候赶在联邦法律通过之前，先以高票通过了一个州法，规定政府不得强迫本州人民购买医疗保险。经上任不久的共和党州长签署，该法案成为法律。是以，联邦的医改法案到了弗吉尼亚就违反了州的法律。而库奇内里以他的执着和努力，用最快的速度将案件送入联邦法院。联邦政府的律师辩护说，医改属于税收，州法不得大于联邦税法。（在国会辩论医改法案的时候，奥巴马总统和佩洛西议长一再强调那并不是给人民加税。）库奇内里则指出，医改涉及的是规范商业行为，特别是要对不作为（不肯买医保）的人罚款，联邦政府没有这个权力。8月下旬，联邦法官已经批准立案。开了这个头，会有不少州跟上，医改的诉讼看来仍然前路漫漫。

美国的家族政治

2011年1月，美国刚刚上任的第112届新国会是1947年以来没有"肯尼迪"这个名字的国会。随着2009年马萨诸塞州特德·肯尼迪参议员的病逝以及2010年43岁的来自罗得岛的众议员帕特里克·肯尼迪退出政坛，曾经权倾一时的肯尼迪家族在美国政治中的影响似乎已经走到了尾声。

在平民政治的美国，肯尼迪家族被人称作美国的王族。不过，当英国真正的王族听到这种说法的时候，却很不以为然。在19世纪50年代，爱尔兰发生了严重的土豆黑死病，造成大规模的饥荒，以致三分之一的人口逃到美国。帕特里克·约瑟夫·肯尼迪就是在1858年来到波士顿地区的爱尔兰移民中一个。初来乍到之时，笃信天主教的爱尔兰人对美国政治毫无所知，受到了早来的新教徒的格外排斥。在很长时间里，爱尔兰人只能做一些粗重的、低收入的活计，受到高等教育的机会也非常有限。在美国最早的人口统计中，爱尔兰人甚至还曾经被在"白人"之外单列出来。（后来有人就此写过一本有名的著作，题目就是"爱尔兰人如何成为白人"。）

不过，当数百万爱尔兰人聚集到纽约、波士顿这些东部的大城市之后，他们的政治力量也就随着人口和选票的增长而上升。20世纪上半叶，爱尔兰人的势力基本上控制了纽约与波士顿这两个大城市的政府。这就是肯尼迪家族兴起的背景。依靠爱尔兰移民的选票，帕特里克·肯尼迪在1884年被选入马萨诸塞州的众议院，后来又进入了参议院。他也开办了一家专门进口威士忌酒的公司，生意相当兴隆。有了这样的经济和政治力量，帕特里克就将他的儿子约瑟夫·肯尼迪送入了哈佛大学读书。约瑟夫娶了当时波士顿市长的女儿露丝·菲茨杰拉德为妻，两人养育了9个儿女，就此奠定了肯尼迪家族的基础。

值得一提的是，波士顿是美国古老家族势力最强盛的城市。那里有几十个大家族，历史可以一直上溯到五月花号登陆的时期，信仰新教，其成员大都有哈佛教育的背景，人称"波士顿婆罗门"。比如，出过父子两位总统的亚当斯家族、捐赠了多个博物馆的皮博迪家族、有美国历史上著名的政治家与外交家的洛奇家族、赫尔姆斯大法官的家族、福布斯家族、艾默生家族等等。在罗斯福新政之前，这些家族与共和党渊源深厚，在很大程度上垄断了马萨诸塞州的经济与政治。受到这些家族的压制，新兴的爱尔兰人的势力便投向民主党，成为最坚定的民主党票仓。

1918年，美国通过了宪法第十八修正案，禁止在国内出售、制造、运输酒精类饮料，也就是所谓禁酒法。这条法律从1919年实施到1933年废除，十多年间在美国出现了源源不断的贩运与制造私酒的行为以及随之而来的大量有组织犯罪活动。人们一直传说，约瑟夫·肯尼迪就是靠贩运、销售私酒而发了大财。无论如何，他的确在此期间成为当地最富有的商人之一。

在1932年罗斯福的总统竞选中，约瑟夫·肯尼迪是最大的金主之一，为罗斯福的当选立下了汗马功劳。因此，总统在1938年将他任命为驻英国大使。然而，这位大使在纳粹德国横行欧洲之际却公开私下地表示对纳粹的同情甚至赞许。结果在1940年英国对德战争开始之后，肯尼迪不得不辞去大使的职务。

也许正是因为希望洗去父亲政治上这个污点，约瑟夫·肯尼迪的长子乔、次子杰克、三子鲍比在"二战"期间都加入了美国军队。乔作为飞行员报名去参加极其危险的轰炸行动，结果葬身大海。参加了同一次行动却幸免于难的有埃利奥特·罗斯福上校，是时任总统罗斯福的儿子。在海军巡逻艇上服役的次子杰克也差点儿送了命。在舰艇被敌人打沉之后，杰克带领剩下的人员漂流到荒岛上，最后获救。杰克也因此获得了海军的英雄勋章。

后来的故事就广为人知了。杰克从战场上归来，先是成功地竞选进入联邦众议院，后来又进入参议院，最后在1960年竞选总统成功，成为美国历史上第一位也是目前唯一的一位天主教总统。总统任命他的弟弟鲍比为司法部长。1963年，肯尼迪总统在访问得克萨斯州的达拉斯市时被暗杀。1968年，鲍比·肯尼迪在竞选民主党总统候选人提名时在加州洛杉矶市被暗杀。他们的幼弟特德·肯尼迪也曾经试图竞选总统但没有成功，不过却是美国历史上最有影响的参议员之一。

不过，肯尼迪家的雄风到了再下一代人那里似乎便传不下去了。虽然人口众多，可是年青一代的肯尼迪有的玩物丧志，有的胸无大志，有的志大才疏，失去了当年爱尔兰移民的那种执着精神。在肯尼迪总统的儿子小约翰·肯尼迪1999年驾驶飞机失事丧生之后，肯尼迪家族就再也没有出现一个令民众拥戴的政治接班人。

家族政治在任何社会中都很难避免，包括美国这样的民主社会。毕竟，先辈的努力给后代留下精神、物质、社会财富，这可以说是不公平的。然而，肯尼迪家族中风头最盛的一代人，尽管从父辈那里继承了财富与名望，却仍然为国家做出了非常大的牺牲。如果仅仅是依靠家族势力予取予求，那么无论家族有多大势力，最终还是会被选民赶下台去的。

影视明星的成功从政路

2007年上半年,电影明星弗雷德·汤普森成了共和党中人气上升最快的总统候选人。尽管他还没有正式宣布参选,已经有四分之一的共和党选民表示要投他一票。不久前,多数美国人只是从电视连续剧《法律与秩序》中知道有汤普森这个演员,现在人们却已经开始考虑他作为下届总统的可能性。如果他能竞选成功,那就是继里根之后美国的第二位电影明星总统。

演员从政,看起来奇怪,其实却很自然。有道是天地大戏场,戏场小天地。演员到政治舞台上去表现一番,恐怕比一般人要来得更加从容自如。从某个角度说,演员从政,不过是公众人物换了个身份罢了。

汤普森:从检察官到演员

著名的最高法院大法官霍尔姆斯曾经对西奥多·罗斯福总统做过一个有名的论断:二流的头脑,一流的性格。拿这句话来描述演员出身的里根总统和汤普森大概都很确切。他们都不是对历史和现实有精辟、独到、深入见解——如威尔逊总统——的学者，或者是脑筋极其聪明灵活——如克林顿——的那类人物，但是却非常善于把握群众的心理，能与选民做出心心相印的交流。正因为如此，里根被美国人冠以"伟大的交流者"的称号。汤普森如果上台，是不是能有里根这点本事，人们现在还无从知晓。

里根以英俊小生的身份进入演艺界，演员当得不怎么样，演员工会主席倒是当得非常出色，可见天生是块从政的料。汤普森进入演艺圈，却是通过了先当律师和检察官——那是另外一个表演场合。

2007年65岁的汤普森来自南部的田纳西州。他1967年开始当律师，两年后就进了政府里面去当联邦助理检察官。检察官这个位置虽然工资不高，却是法律界人士从政的好跳板。在田纳西那样乡村和家族势力强大的地方从政，总是需要一张"线路图"：不搞清楚当地的政党与家族关系并攀上个靠山，想要进入政坛不太容易。

汤普森很懂得这点。1972年，他离开检察官的位置去当田纳西州联邦参议员霍华德·贝克的竞选经理。贝克是共和党中赫赫有名的人物，父亲是来自田纳西州的众议员，自己当过许多届共和党参议院领袖，还曾经被尼克松总统考虑提名进入最高法院。他的第一任妻子就是参议院共和党领袖德克森的女儿。妻子死后，他在1996年与来自堪萨斯州的女参议员南西·卡瑟鲍姆结婚，当年曾经是轰动一时的花边新闻。

在贝克的一手提拔下，31岁的汤普森被国会挑中，担任了参议院水门事件调查委员会的两位首席法律顾问之一，从此在全美打出了名声。

不过，真正给汤普森铺下通向演艺界道路的，却是一个偶然的机会。1977年，已经回到田纳西当律师的汤普森接下了一个案子。官司的女主人公名叫玛丽·拉格安提，原本是州里负责批准犯人假释的官员。当时的民主党州长布兰顿手下的助理收取了一些犯人的贿赂，下令释放这些人，却被拉格安提拒绝了。结果，州长解雇了这位不听话的下属。拉格安提找到汤普森去代表她上法庭控告州长。经过一番颇为戏剧性的审理之后，陪审团判决州长滥用权力，无理解雇下属，拉格安提赢回了她的工作，也赢得了38 000美元的赔偿金。

这个案件得到了媒体的广泛报道，有人将案件写成了一本题为《玛丽》的书。好莱坞1985年将书改编成了同名电影。导演罗杰·唐纳森亲自来到田纳西，逐个与案件的有关人员谈话。长相不算英俊的汤普森给导演留下了深刻的印象。

"他赋予了影片中的角色一种特别的力量。"唐纳森后来回忆说。

导演当场拍板，邀请汤普森演他自己。这一意外的客串，开始了汤普森的影视生涯。

看着这位业余演员将政治人物扮得有模有样，片场中的演员和工作人员开玩笑说，他有一天能去竞选总统。也许，从那个时候开始汤普森就立下了这个愿望。

选择共和党

汤普森一共在24部电影和10部电视剧中扮演过角色，其中包括中国观众熟悉的《欲望都市》。声音低沉而有力、头顶半秃、动作不紧不慢的他长得像政坛老手，演的也多数是政治明星。然而，汤普森的爱好显然更多在华盛顿而不在好莱坞。1993年，他在电影《绛帐海棠香》（Born Yesterday）中扮演了一位参议员，似乎是他参政的预告。第二年，田纳西州参议员戈尔当了副总统，留下了参议院的空缺，汤普森立即以共和党人的身份参选。他的民主党对手是一位老资格的众议员。

在政治场面上的人都懂得，外表与实质内容比较，如果不是更重要的话，起码也是同样重要。当演员的人进入政坛，对这点可以说是无师自通。为了打造形象，汤普森开着一辆红色的小型运货卡车在州内开来开去。原来，该类型的小卡车在乡村地区非常实用，开这样的车已经成了南方乡村地区的居民以及蓝领阶层的象征。开着卡车、身着牛仔裤和长筒靴、头戴牛仔帽的汤普森到处去对选民说，他的对手"从来没有见过卡车里面是什么样子"，言下之意，便是只有他才代表了田纳西选民的利益。这一招果然灵验。汤普森以60%压倒多数票当选，在参议员的席位上坐了9年。后来媒体发现，那辆卡车其实是汤普森租来的。

汤普森在政治与社会观念上与共和党人的偶像里根总统非常相似。不巧的是，共和党人看重家庭价值，里根却是美国历史上唯一离过婚的总统。汤普森偏偏也离过婚，这只能说是巧合了。

有趣的是，好莱坞的演艺圈里，民主党人恐怕占了百分之七八十，那里成了民主党的大本营。好莱坞的募捐晚宴，是民主党最主要的财政来源之一；每次选举，都有好莱坞明星利用自己的号召力为民主党助选。可是，民主党的明星们涉入政治似乎都有那么点三心二意，不像共和党的几位明星那么一心一意。说到底，在好莱坞随大溜当民主党容易，要当共和党则总需要有点坚定信念，总要相信自己投入政治中能够推动一些重要的改变。没有这点信念，何苦要像施瓦辛格那样，放着2000万美元一部的片酬不要，去干那个只有20万美元的州长？

共和党总统里根就很典型。里根曾经是民主党人，罗斯福总统新政的积极支持者。里根当演员工会主席的时候，正好是"二战"结束、冷战开始。娱乐界里面有数百人被美国政府列入了有"红色"嫌疑的黑名单，包括著名的电影演员卓别林。里根有着工会主席的身份，许多被牵连的演员找他去主持公道，其中就有一位名叫南茜·戴维斯的女星，这位女星因为与另外一个黑名单上的人同名同姓而遭受到无妄之灾。后来，南茜·戴维斯成了南茜·里根。他们夫妇关系之亲密为人称道，这也算南茜因祸得福。

里根从艾森豪威尔政府的时代就开始倾向共和党，主要的理由就是厌倦了政府大笔花纳税人的钱而不心疼。他相信，政府规模应该越小越好，税收得越少越好。在加利福尼亚州长的8年任上，里根进一步坚定了他的政治目标。他在竞选总统时发誓说，上台后第一重大政策就是减税。这点他果然做到了。不仅大幅度减税，而且同时大幅度增加军备开支。"饿死那只怪兽"——这是当时里根代表的共和党保守派的口号。

演员里根在电影中总是有着很强的幽默感，总统里根将这种幽默感带到了白宫。有时候找不到合适的话，他就借用电影中的台词。刚刚上台不到70天，里根就被刺客打了一枪。行刺的是个精神不正常的人，目的不过是为了引起他所崇拜的女演员朱迪·福斯特的注意。子弹穿过里根的肺部，离心脏只有一英寸。受伤的里根镇静地步行进医院，还不忘和妻子开句玩笑："亲爱的，我忘了躲了。"这是从一个著名拳击手那里借来的台词。在手术台上，他对动手术的医生们说："我希望你们都是共和党人。"那些医生碰巧都是民主党，只好巧妙地回答总统说："总统先生，我们今天都是共和党人。"在那样的危机中，总统的乐观情绪感染了整个国家。

当今加利福尼亚的州长、饰演"终结者"的明星施瓦辛格选择共和党的理由和里根差不多。生长在奥地利的施瓦辛格对欧洲开始流行的社会民主主义没什么好感，到美国的自由主义经济中寻求发展。他在1968年来到美国，正好赶上总统大选。当时施瓦辛格身无分文，只懂一点简单的英文，却对美国政治产生了兴趣。他请一位朋友将电视上的竞选讲话翻译成德文。听完民主党候选人汉弗莱的讲话，他的反应是："他所要的不就是我刚刚离开的制度吗？"听到共和党候选人尼克松谈自由企业、谈减税，施瓦辛格立即决定做一名共和党人。

施瓦辛格从健美冠军到好莱坞大牌明星,演艺道路上一帆风顺,可是却从来没有忘记他从政的最终目标。从 80 年代中期开始,他就利用自己明星的身份为共和党募捐助选,并且积极参加共和党的各种活动。然而,他却选择与美国最著名的民主党家族联姻。1986 年,他娶了肯尼迪总统的外甥女玛丽亚·施赖弗为妻。施赖弗本人是个著名的电视记者,也是个公开的民主党人。评论家们将他称作"唯一能进出肯尼迪家卧室的共和党"。这段婚姻对他日后的仕途和政治立场都有重要的影响。

2003 年 10 月,当施瓦辛格当选加州州长时,许多人觉得这位明星不过是个没有头脑的衣服架子,要等着看他的笑话。结果,三年多下来,这位共和党人倒是将这个民主党的大州管得颇有起色。在减税、促进自由企业方面,他采取的是传统的共和党政策;而在环境保护和社会福利上,他又更多地偏向于民主党的方针,让施瓦辛格这个外国人成了共和党里面温和派或者开明派的代表人物。

另类从政明星

不过,影视明星从政,选择共和党也不见得就一定是条通向成功之路,候选人本人的素质还是最重要的。与施瓦辛格同时竞选的,就有一位演三级片出身的色情女星玛丽·凯莉。她自称是共和党人,参选的时候提出了一系列与色情业有关的立法建议,包括"用色情材料换取枪支""脱衣舞可以免税"等等,也引起了一些新闻轰动效应。不过仅此而已。凯莉最后回去拍电影,绝招还是脱。

值得一提的倒是电视摔角明星出身的电影演员、当过明尼苏达州长的杰西·文图拉。摔角是一种表演比赛,参加的人看上去统统是一些没有头脑的粗人。文图拉当年的外号是"大块头杰西"(Jesse the Body),剃个光头,长着一副恶相,打击对手凶狠迅猛。文图拉宣布以改革党人的身份参选，允诺选民将得到大笔的退税。支持他的选民在汽车上贴的标语是："我们的州长能够打倒你们的州长！"文图拉往外撒传单，将自己的外号改成了"有头脑的杰西"（Jesse the Mind）。当时全国的人都将这当作笑柄，殊不知却被他赢了。

文图拉在任四年，将明尼苏达州管得井井有条。人不可貌相，这从另外一方面得到了证实。

影视明星从政，轰动效应大，吸引的注意多。但是他们真正要成功，关键的因素和其他人也差不多：有政治信念、有吸引选民的政治纲领、有主要政党的支持。没有这些，明星再大，政治影响也有限。

表演与政治

2007年，名演员汤普森有计划出来竞选总统，在共和党选民中引起了龙卷风般的兴奋。汤普森是否会成为第二个里根？他会不会有里根那种激励选民的吸引力？下届总统选举揭幕以来由于找不出自己代言人而无精打采的保守的共和党选民，开始通过为汤普森呐喊表现出了近来少有的活跃。

知识界许多人对选民崇拜里根或者汤普森不以为然，觉得演员都是一些脑袋空空如也的样子货，如何能够管理国家大事。殊不知，在美国这样的社会里，演员其实具备了公众政治人物的最基本素质：他们知道怎样和选民交流，怎样让选民激动，用什么样的方式将自己的政见和纲领传达给选民，最后如何将他们吸引到投票站去。

选举政治之下，候选人与公众的交流可以说是头等大事，能够竞选成功的人都需要有这点本事。这个交流是全方位的，包括了语言，也包括了风格和形象。

首先是语言。选举出身的政治人物在语言能力上大都有一套，或是口若悬河，能言善辩；或是言简意赅，一语中的。无论如何，他们在公众场合中说的话，大众不仅要能听懂，而且要爱听。他们必须幽默却又不能显得油嘴滑舌，应对敏捷却又不能显得独断专行，亲和民众却又不失权威尊严，要把握住这中间的分寸很不容易，有时往往一两句对话就能决定成败。当初里根与卡特辩论，卡特指责里根计划削减老人医疗补助，里根轻松地回答了一句："你又来了。"就这一下，卡特大败亏输——因为里根敏捷的回答反映了选民厌烦大规模政府福利开支的态度。演员出身的里根，长篇大论不一定说得好，却记住了大量精彩的、普通人熟知的电影台词。候选人如果只会一连几个小时在台上做些不知所云的报告，第一轮就要被筛下来。

如果说演员出身的候选人在语言的内容上并不一定占优势，他们却比其他人更懂得如何用风格和形象来吸引大众。通过风格与形象进行的交流恐怕要比语言更加微妙，更不容易把握。穿什么样的衣服、戴什么样的帽子、剪什么样的发型、用什么牌子的手表和领带、说话用什么口音和措辞，无一不透露着候选人的阶级身份、生长环境、教育背景、政治主张、行事风格。心理学家的调查表明，选民往往只需要对候选人看上几秒钟，就会决定自己是否喜欢这个人。所以，选票往往就是在候选人的举手投足刹那间被决定的。1960年总统大选，肯尼迪与尼克松在傍晚举行了历史上第一次电视辩论，双方对电视形象的重要性都准备不足。刚刚休假回来的肯尼迪红光满面，尼克松却忘记刮掉新长出来的胡茬儿，在屏幕上显得疲惫而苍老。就这个被称作"五点钟阴影"的胡茬儿让尼克松失去了微弱的多数。布什总统尽管出身于东北部的家庭，受的是耶鲁的教育，却在非正式场合总是要穿牛仔裤、戴牛仔帽、操得克萨斯口音、开小卡车，吸引了南方农村地区的保守派的选民。

不过，模仿某种风格的事情不是人人都可以做到的，做不好反而弄巧成拙，贻笑大方。2004年大选时，历来以知识分子形象示人的民主党候选人克里为了争取保守地区的选民，拿着猎枪穿件迷彩服去打猎，反倒让人看着不伦不类。如果是演员出身，这样的事情做起来就会驾轻就熟，因为那本来就是他们的职业。看到里根骑在马上那副潇洒的姿态，谁不会觉得他就是美国西部牛仔英雄的化身呢？

归根结底，候选人的语言和风格形象在政坛上之所以重要，关键在于政治领袖产生的制度。民主制度无疑给予表演性的政治以很大的空间，尤其是在通信和媒体如此发达的今天更是如此。政治人物的纲领和思想再出色，如果缺乏将其转变为选民可以理解、接受的语言，那就会胎死腹中。而政治领袖无论多么精明强干，如果不能得到选民的认同，也不容易通过选举来达到权力的顶峰。

这样的制度经常被批评为在选举政治领袖时重形象而不重内容，重形式而轻实质，从而选出一些仅仅是表面光鲜的人来管理国家。然而，形象也是一种内容，形式也是一种实质。选民愿意在自己选出的政治领导人和民意代表中看到自己的影子，愿意信任自己能够了解的人，这本来就是人之常情。当政治领袖的人，如果连话都不能对人民说清楚，又怎么去领导国家？

美国几乎无论做哪一行都需要文凭：当律师、医生要执照，当电工、水暖工、幼儿园教师也要有专门的证书。唯独从政不用。从政需要的是思想、经验、知识、处理人际关系的能力。更重要的是，想当政治领袖必须首先学会与选民沟通。管理国家的具体事务，自有专业人员来承担。

建国 200 多年，美国的国家管理已经高度职业化，民选的领袖根本用不着操那份具体的心。维持政府日常运作的，是一批经过考核任命、具有专业知识、不受政府更替影响的公务员，这就保证了政府工作的延续性；协助民选领袖制定政策的，是专门挑选出来的各方面专家和精英，他们随着政党的上下而上下，这又让每届政府的政策都带上了各自的特色。无论公务人员还是专家，这些人都是有文凭、有经验的。

在职业化的国家管理机构与普通老百姓之间的，就是选举产生的各级政府领袖和民意代表，他们负责代表选民的意愿制定政策与法律。只要他们知道如何与选民沟通，他们自己出身于什么样的行业并不重要。即便他们对某些政府事务毫无经验与知识，只要他们能够任贤用能，也并不影响他们去治理国家。

如果从这个角度看，演员从政恐怕还应该是件受欢迎的事情：起码他们能够将本来枯燥无味的政治和法律弄得有声有色。

名人演讲和演讲的名人

2007年5月，53岁的托尼·布莱尔当了10年英国首相之后终于宣布要退休了。正当盛年，退休之后他能做什么呢？即使不用担心维持生计，也需要考虑如何打发日子。也许，布莱尔会踏着克林顿总统的足迹，成为当今世界名人讲坛上的又一颗灿烂明星。

克林顿是个身无分文的穷小子出身，在进入白宫前虽然当了一段州长，但在阿肯色那个穷地方收入却相对微薄，家里主要靠当律师的夫人挣钱。到了白宫后，希拉里全职当第一夫人，没有了收入，总统的20万美元年薪根本赶不上原来夫妇的共同工资。女儿上斯坦福，开支更大。最糟糕的是克林顿缺乏自律，让一个接一个的性丑闻缠上，最后弄到因为莱温斯基案遭受弹劾。这前前后后的律师费大都要自己掏腰包。8年总统当下来，债台高筑，欠下了1200万美元的法律和其他各种费用。

克林顿每年有17万多美元的退休金，但太太去当参议员，收入依旧有限。于是，这位仗着能说会道进入白宫的前总统就专门当起了收入不菲的演讲人。

前总统的演讲收入

2001 年，当克林顿刚刚离开白宫的时候，就传出了他要六位数演讲费的消息。当时，一位安排名人讲演的专业人士查杰特听说这个费用之后评论道，如果克林顿每个星期讲一次，一年 50 个星期，那收入就好得很了。

几年下来，克林顿的讲演频率令最见多识广、见怪不怪的人也大跌眼镜：2006 年，他在全世界一共做了 352 次讲演，几乎每天一次，连周末都要算上。克林顿夫妇一个满地球飞去挣钱，另外一个雄心勃勃地在争取以总统的身份重回白宫。留意的人们算过，这对夫妇难得有在一起的时间，也极少一同在公共场合露面。难怪，关于克林顿有新外遇的传言又成了华盛顿政经新闻界晚间聚会中人们津津乐道的话题。

不久前，希拉里按照参议院的规定，公布了夫妇两人的收入。记录揭示，自克林顿卸任到 2006 年底，他个人从演讲中得到的收入大约是 4000 万美元。

这 4000 万美元，其实只是他的总演讲收入的大概五分之一。大头的钱都捐赠到了非营利的基金会和慈善组织。克林顿自己成立了个基金会，钱主要用于在世界各地防治艾滋病、救济饥民、挽救环境等事业上。不过，这份慈善工作要是不做，花钱请他讲话的人大概也就没有那么多。如果事情重要，克林顿也有不收钱的时候。比如帮着民主党人去竞选，到选民那里去讲话总不能让民主党总部付钱。

克林顿是卸任的总统和政客中最会靠动嘴皮子赚钱的，不过其他人挣得也并不少，仍然在世的老布什和卡特，演讲费大概只有克林顿的一半至三分之二左右。另外，年龄也不允许他们像克林顿一样飞去飞来。在世的前政客中另外一位与克林顿价格比肩的，是当过参议员的美国宇航英雄约翰·格伦，他的演讲费也要10万美元以上。这些政客从演讲中得到的总收入有多少外人很难知道，因为他们已经不在其位，用不着再公布家庭收入。克林顿的收入被公之于众，却是"沾"了夫人当参议员的"光"。

公众演讲让克林顿这对政治夫妇名利权"三"收。高盛、花旗这些总部位于纽约市的财大气粗的公司请克林顿总统去讲话，不仅付出大笔演讲费，同时还给希拉里捐款和募捐。高盛请克林顿去了四次，给了当丈夫的65万美元，另外捐给了本州的参议员希拉里27万美元。花旗用25万美元请克林顿讲了一次话之后，给希拉里捐了30多万美元，又给他的基金会开了张550万美元的支票。希拉里之所以能够在筹款上压倒民主共和两党所有的竞争者，丈夫的确是立了头功。

会讲也会演

演讲或者讲演，是讲，也是演。演的技巧和讲的内容同样重要，甚至更加重要。而名人之所以值钱，除了名人效应之外，也在于名人的知识、经历、讲话技巧。在20世纪的美国总统中，最善于讲话、最有煽动性和感染力的有三位：富兰克林·罗斯福、里根、克林顿。他们的共同点在于懂得如何与听众交流。他们虽然对着成千上万的听众讲话，可是台下每个人都感到说话的对象是自己，甚至感到与台上的人息息相通。

　　罗斯福和里根的演讲都只是在荧幕上见过,克林顿的演讲我却亲自听到过不少次。听他讲话,明知其中许多不过是政客的花言巧语,但依然觉得是一种享受。克林顿通常手上是没有讲稿的,即便有他也不会照着念,而是眼睛看着听众,用略带沙哑、满是鼻音和拖腔的美国南方口音娓娓道来。他的手势不多,却总是恰到好处,充满感情却又恰如其分,无论说的是多么严肃的题目,也不会令人感到生硬。而他那带着孩子气的幽默感更加为人称道。最著名的一次,是他和俄罗斯总统叶利钦1995年在一起开记者会,叶利钦一句笑话让克林顿当着世界的面笑得流出了眼泪弯下了腰。

　　在一次晚宴上,我亲自领略了克林顿说笑话的本领。当时在场的戈尔副总统在讲话中抱怨,说飞机上的食物有多么难吃,乘客应该就此抗议,以维护消费者权利。轮到克林顿上台,他当即指着戈尔说:副总统先生,我并不觉得空军二号上的食品那么差呀!一句话令满座粲然,连平日间拘谨的戈尔也顿时开怀大笑。

　　一次在非政府组织的大会上,我正好坐得离讲台比较近。身穿黑色套头衫的克林顿讲了25分钟的话,号召拯救世界贫穷同时降低恐怖主义的威胁。在说到贫穷的时候,他的眼睛时而下垂但很快又满怀情感地盯着台下的听众,厚厚的下嘴唇不时往薄薄的上唇一抿,给人一种负疚而真诚的感觉。克林顿的记忆力极好,基本上不用看讲稿就能举出一系列的数字和事实。据说他当总统的时候,每年都能把上万字的国情咨文背下来。

　　与说话经常语无伦次的布什比较,许多美国人非常怀念克林顿。每次有他出场的群众大会上,听众里总有人会高叫"再当四年"(Four more years)。相形之下,希拉里虽然聪明不亚于丈夫,可是缺了这点与群众交流的本事。否则,下次总统大概就十拿九稳了。戈尔副总统本来因为有点木头木脑,身价抬不起来。自从他关于全球变暖的纪录片走红以来，立即身价百倍。

自从里根总统得了老年痴呆症之后，共和党就失去了他们最大的演讲明星。演员出身的里根被誉为"伟大的交流者"，虽然经常说错话，但是听众依旧对他如醉如痴。如今共和党前政客中靠演讲赚钱最多的人之一，大概要数大学教授出身的历史学家、前众议院议长金里奇。

另外，前纽约市长朱利安尼自从"9·11"之后就成了演讲行业的新宠，其身价已经与克林顿比肩。而且据说他对各种条件相当挑剔。2006年到俄克拉何马大学讲话，收了10万美元演讲费不算，还指定要一架高级专机，一趟旅行花去了该校4.7万美元，学校整一年的演讲费用花了个精光。他讲话不算生动，却总是单刀直入，让听众感受到恐怖袭击危急关头亲自上阵挂帅指挥的"美国市长"的形象。不过，不知道什么原因，他似乎不愿意与听众合影，并且专门在不少演讲合同中写上不合影这条。

朱利安尼2008年要竞选总统，只好公布了他2007年的收入：演讲费一共挣了1140万美元,难怪他在共和党候选人中财大气粗呢。

名人演讲生意经

名人演讲最近20年来成了一桩亿万美元的大生意。这生意可以说是无本万利，需要的只是人脉关系。许多从政府出来的人加入了各种演讲公司，其中的龙头老大就是著名的华盛顿演讲局（Washington Speakers Bureau）。这个公司提供的演讲人名单中，有贝克、奥尔布赖特、鲍威尔三位前国务卿，有哥伦比亚广播公司新闻节目的女主持人库瑞克和全国广播公司驻华盛顿的首席记者拉瑟特，有前美联储主席格林斯潘，有昔日惠普公司的首席执行官菲奥莉娜，有布什总统的弟弟杰布，还有前议长金里奇。该演讲公司的主要对手之一权威演讲局（Leading Authorities Speaker Bureau）还曾经使坏，抢先注册了前者的互联网域名。结果两家公司对簿公堂，却是华盛顿演讲局输了官司，因为法庭认为"华盛顿演讲"这个名字没法被人专有。

这些公司负责安排演讲，收取的费用可不低，通常是20%到30%之间。如果是炙手可热的名人，费用也可能降低到10%。这些公司除了认识名人之外，也知道谁是买方。除了演讲费之外，旅行的费用也不低。不少名人像朱利安尼一样要求有专机接送，家人和助理陪同，还有高级旅馆套间之类的开销。

之所以有人愿意花那么多钱请名人出面，不过是因为钱能生钱。说到底，这是市场经济。靠募捐来维持的各种慈善或者社会公益团体总是需要不断举行各种活动，以吸引公众打开钱包。名人出面肯定有效应。这些有名人出席的募捐会经常是好几百美元一张门票。许多人虽然不富裕，但是却买门票来送人当生日或者圣诞礼物。一场演讲下来，主办方花上20万美元，却能换回上百万的门票收入或者捐款。

有些这类活动，就是专门给那些钱多得用不完的人举办的。不久前，克林顿打高尔夫球的伙伴给他在英国和爱尔兰举办了一系列演讲会，1000美元的门票只能和到场的芸芸众生一起喝香槟、吃午饭，要想和克林顿照张相、得到一本他签名的自传，就得另外多付4000美元。付了15万美元的，就能在午餐上与前总统坐一个饭桌。

商界最愿意请像美联储前主席格林斯潘这样的人。尽管格老今天已经不能像过去那样对股票市场一言九鼎，但他的露面震动某个行业还是绰绰有余。格林斯潘极其不善言辞，甚至口齿都不太清楚。不过华尔街的行家总是能够从他喃喃的话语中挖掘出非常有用的信息。他通常不在大型群众场合露面，而是出现在大公司高层的餐桌上。比如2006年2月，顶尖投资商雷曼兄弟公司付了25万美元，请格林斯潘和公司最重要的15位客户吃了顿晚饭，其间讨论了利率、投资、房地产降温等关键问题。对于这类公司来说，25万美元不过是区区小数，而格林斯潘当年作为美联储主席的工资却只有18万。

如今，每个行业组织会展的时候，都少不了安排一些名人到台上亮相。甚至外国政府也通过请名人演讲来筹款。以色列财政部2005年曾经请到克林顿为午餐会讲话，结果一下子就筹措到了超过一亿美元的投资。当时到会的，就有一批专门为克林顿前来的纽约房地产大亨。

国外听众

随着全球化和大众传播媒介的发展，国外的听众对于美国的讲演人越来越重要。还记得1989年，里根总统下台后不久到日本去做巡回讲演，收取了总共200万美元的费用，让美国的媒体很是愤怒了一阵。后来，他又在欧洲发了不少演讲财。从那以后，美国的前总统或者其他各种公共政治名人到国外去做收费讲演就越来越频繁，收费已经变成了正常运作的一部分。

克林顿的讲演收入中三分之二来自国外。最大方的是日本水户市的一家咨询机构，一次讲话就付了40万美元；沙特阿拉伯的一个投资公司也不落后，60万美元买去了前总统的两次演讲。

中国近年来也加入了邀请人的行列。老布什总统应美国在华商人的邀请到中国，收了15万美元的演讲费。克林顿应京基房地产公司的邀请到深圳讲话，连问带答不超过一小时，收取了25万美元，着实让中国那些为每日生计挣扎的人大吃一惊。至于公司这笔钱是否花得合算，那就不得而知了。

虽然名人轰动效应从来就有，收费演讲即使在美国也还是一个比较新的行业，只有30多年的历史。加入收费演讲人行列的名人来自各行各业，但是前政治人物的价格似乎比其他人更高。美国的法律对在政府中任职的人有诸多立法限制，目的在于防止腐败滋生。

因此，现任政府官员出席活动不得收费，甚至连接受吃饭的邀请也要小心。其他行业的人——包括新闻记者在内——却不受约束。高官从政府退下变成平民，从报纸头版直接走上演讲前台，从法律上讲就算不得腐败。然而，这些前高官对国计民生的大事却依然保持着重大影响，有的人也在打算重新回到政坛。诱人的高额演讲费用是否会左右他们的政治主张，是一件令人担心的事情。

反恐战争与帝国的傲慢

在21世纪初的几年中,有谁必定称得上是改变了世界历史的人物?答案是:恐怖主义分子本·拉登。在西方人里谁最了解拉登?答案是:迈克尔·朔伊尔。

朔伊尔,美国中央情报局资深分析员,1996~1999年担任中情局拉登专案组组长,被公认为美国最了解拉登的人。他在2002年与2004年两年里,连续以"无名氏"的名义出版了两本有关反恐战争的书:《通过敌人的眼睛来观察:拉登、激进伊斯兰以及美国的未来》《帝国的傲慢:西方为何正在输掉反恐战争》。这两本书在美国受到广泛关注,后一本还登上了《纽约时报》的畅销书榜。

2004年底,朔伊尔离开工作22年的中央情报局并公布了自己的身份。随后,他在世界许多大媒体露面,猛烈地批评美国政府反恐战争的理念以及策略。

2005年,我有机会见到朔伊尔。他很高兴地对我说,《帝国的傲慢》一书已经被译成了中文,很快就要出版。4月27日,我请他到我的办公室做一次正式的访谈。

美国政府没有对人民说明真相

我首先问朔伊尔，是什么促使他去写上述两本书。

"因为我们的领导人，无论是民主党还是共和党，都没有对人民说清楚真相，或者是他们自己就不清楚真相到底是什么。克里先生也罢，布什先生也罢，对人民说恐怖分子之所以憎恨我们，是因为他们憎恨我们的自由、我们的生活方式、我们对待妇女的态度。事实上，恐怖分子真正攻击的是我们的外交政策。如果美国人不能面对这一现实，就没有办法打败恐怖主义。"

他说，在过去这几年里，美国各大民意调查机构在伊斯兰国家做的调查统统反映了这样两个相反的倾向。一方面，这些国家的人民百分之八九十都痛恨美国的外交政策；同样在这些国家里，绝大部分的人民却表示欣赏美国人、美国的生活方式和社会制度。特别是在沙特阿拉伯和约旦，90%的人都认为，世界在拉登掌握下要比在布什手中更加安全。数以十亿来计算的仇恨美国外交政策的穆斯林中间，只要有很少一部分拿起武器，美国的麻烦可就大了。

阿拉伯世界的专制政府是真正的祸根

为什么美国的外交政策那么让伊斯兰世界痛恨呢？对伊斯兰世界的历史深有研究的朔伊尔提出了自己的解释。他说，目前美国存在一种普遍的误解，就是认为阿拉伯专制国家继承的是伊斯兰世界的政治传统。如果真是如此，拉登的基地组织或者阿富汗的塔利班又有什么理由以维护伊斯兰传统的名义来推动自己的政治运动呢？

朔伊尔指出，阿拉伯世界的专制政权，包括伊拉克的萨达姆、埃及的纳塞尔、沙特阿拉伯的王族等等，实际上采用的基本上是欧洲传来的专制制度。希特勒的法西斯主义对这些国家的影响很大。这些专制政权深为本国人民所痛恨。可是，美国为了自己的国家利益和世界政治中的平衡，却经常支持这些政权，因此也遭到那里的人民的仇视。"美国人以为伊斯兰世界误解了我们的好意，其实他们比我们自己更清楚：我们侵入他们的土地，亵渎他们的圣地，拿走他们的石油。他们最恨的，就是我们支持那些所谓的盟国，也就是那些暴君和警察国家。"

我向朔伊尔提出了一个长久困扰着我的问题。"9·11"事件中劫机的19名恐怖分子中有15个沙特人。如果换了别的国家，美国政府和美国人民必定会不依不饶地对这个国家进行指控。但是，舆论也好，政府也好，似乎偏偏将沙特阿拉伯给忘记了。为什么呢？

"华盛顿有两个最强大的外国游说集团，一个是以色列，另外一个就是沙特阿拉伯。沙特恐怕比以色列下的功夫更多。他们雇用了不少曾经当过政治家、大使、高级官员的美国人来为他们游说。"朔伊尔回答道。

拉登是个什么样的人

朔伊尔从1986年至1992年曾经以中央情报局官员的身份负责与阿富汗的"穆扎希丁"（"圣战"战士）打过不少交道，其中许多内幕他至今不能向外透露。于是，我请他大致谈谈对穆扎希丁特别是拉登的总体印象。

"当美国人今天谈到伊斯兰极端分子的时候，总是将他们说成是犯罪团伙、杀人犯、精神病人等等。很少有人去涉及宗教动因，因为我们害怕担上冒犯伊斯兰的罪名。其实，不久前西方人还认为为上帝而死是件光荣的事。"他说，穆扎希丁的领导人是一些很值得重视甚至尊敬的人，他们为了自己的宗教信仰而战。同时，他们却也非常蛮横、残酷。总的来说，他们是些出色的战士。

伊斯兰教及其漫长的历史给这些穆斯林战士带来的，是惊人的耐心和对历史的长久期待。80年代末，朔伊尔在巴基斯坦白沙瓦参加完一次阿富汗穆扎希丁的会议之后，看到他们挂出的一幅阿富汗地图。在阿富汗周围属于苏联的地区上面标明的是"暂时被占领的伊斯兰地区"。他问一位穆扎希丁领导人这是否在开玩笑。对方严肃地回答说：我们虽然到不了那里，我们的孙子、重孙一定会打到莫斯科。这种源于宗教的信念给他留下了极其深刻的印象。

朔伊尔接着指出，拉登本人就是在一个宗教气氛极其浓厚的家庭里长大的。他在大学里学的是建筑工程，因此身上兼具宗教人物的信念和现代工程师的效率。基地组织的绝大部分成员都来自于伊斯兰世界的中上层家庭，受过非常好的教育。他们不是贫穷和愚昧的产物。他们知道自己要做什么。这样的人才有使命感。

朔伊尔批评说，美国的领导人不理解也不想理解伊斯兰极端分子。将这些人简单地说成是杀人犯不仅容易，而且更适合他们的政治目的，要动员美国人将自己的青年送上战场也更容易。否则，有哪个美国家庭会愿意让自己的孩子去为维护沙特阿拉伯政府或者为石油去打仗呢？

中央情报局的地位

朔伊尔担任的职务，属于中央情报局身份公开的分析人员。"9·11"事件之后，中央情报局的情报失误，遭到了来自各个方面的指责。我问他，这其中的原因到底是什么。他说，在冷战期间，中情局的分析人员以及收集的情报对于政府决策有很大作用。但是，冷战之后，中情局地位一落千丈。无论是克林顿还是布什的白宫，对情报都不甚重视。在美国成为世界唯一超级大国的情况下，他们觉得自己想做什么都行。中情局的情报往往成了他们为自己既定政策辩解的借口，而不是制定政策的参考和依据。他之所以写书，很重要的因素也是想要对政府决策有点影响。可惜，尽管他的书引起了社会的广泛注意，但是政府的决策官员对他的批评却无动于衷。

朔伊尔说，他写的两本书都没有采用任何中央情报局的内部资料。在出版之前，中情局的审查部门逐字逐句地大海捞针，也找不到一点必须删除的地方。不过，第一本书写成的时候是在"9·11"事件之前，因为书里面引用了亨廷顿"文明的冲突"一说，中情局的审查机构不想让书出版，据说是害怕触犯伊斯兰世界。"9·11"事件过后，出现了大量关于伊斯兰文化的书籍，中情局也就放了这本书一马，但是不许作者用自己的名字和中情局的头衔。直到朔伊尔在2004年11月离开中情局之后，他的身份才得以公开曝光。

不投降的博尔顿

虽说美国政坛从来风云莫测，可是新保守派的起落速度也还是非同寻常。2001年，拉姆斯菲尔德、沃尔福威茨、博尔顿等新老保守派大权在握，开始在国际上以强硬手段推动民主自由价值观；到了2001年，新保守主义者们在冷战结束后制定的未来世界蓝图不仅没有被美国和世界接受，甚至连布什政府也将其搁置一边。过去几年中，新保守派的大将们陆续离开了政府，有的干脆从华盛顿的公众场合消失了，但还是有一些人誓不认输，硬要逞能。

2007年11月13日晚间，一年没露头的博尔顿在新保守主义的大本营企业研究所召开了他的新书发布会。这本题为《投降不是选择：在联合国与国外保卫美国》的书是博尔顿对他在国务院与联合国工作经历的回忆录。在发布会上，博尔顿以他一贯的不加修饰的率直风格，阐述了他对布什政府上台以来美国外交事务的种种看法，其中不乏对白宫的尖锐批评。

博尔顿其人

已卸任联合国大使的约翰·博尔顿是鹰派中颇具特色的一个人物。同是耶鲁出身的他，不像大学教授沃尔福威茨那般谦恭有礼、温文尔雅。博尔顿在同事中有为人粗暴、独断专行的名声。他显然是一个在同事中没什么朋友的人。他在处理外交事务时也同样横刀立马，无所顾忌。

博尔顿出身于马里兰州巴尔的摩市的一个消防员家庭。他1974年从耶鲁法学院毕业，成为一名职业律师。在大学里，他是极少数支持越南战争的学生之一。不过，他没有报名上战场，却是和布什总统一样，到国民警卫队去服役。他后来解释说，当时他认为"战争反正已经输了"。

在里根和老布什总统期间，博尔顿加入了国务院，开始了他的外交生涯，担任过助理国务卿。2000年大选，民主党要求在佛罗里达州重新点票，但共和党告上最高法院，要求停止点票。当最高法院有利于共和党的判决下来之后，博尔顿作为代表布什的律师到那里宣布停止点票工作。在布什上台之后，博尔顿再次进入国务院，负责武器控制和国际安全事务。

国务院历来是民主党人和鸽派占主流地位的单位，与国防部正好形成鲜明对照。当时的国务卿鲍威尔虽然是共和党人，但对外政策的态度并不强硬。因此，博尔顿成了国务院中独树一帜的极端鹰派。他在任上一手主持拆除了冷战时代建立的防大规模杀伤性武器扩散体系，包括退出1972年和苏联签订的反弹道导弹条约，并且提出了新的《防扩散安全倡议》，建议国与国之间结成伙伴关系来对付"有武器扩散嫌疑"的国家。

博尔顿对联合国的抨击最为著名。他批评联合国是个生锈的超级官僚机构，甚至说如果纽约联合国总部38层的大楼少了10层，对世界也根本不会有影响。他认为既然美国缴纳了 20% 的联合国会费，就应该对联合国事务有最多的发言权。

因此，2005 年 3 月，布什总统任命博尔顿出任联合国大使便引发了极大的争议。这个任命需要国会通过。虽然当时国会仍然在共和党手中，但是民主党和部分共和党议员都对博尔顿是否胜任提出了疑问。结果是，布什总统在 2005 年 11 月，利用国会休会的间隙，不经国会讨论便让博尔顿去联合国上任。到 2006 年底，博尔顿的任期届满时，国会的多数已经被民主党掌握。于是，博尔顿离开政府，到企业研究所去写书。

"投降不是选择"这个书名显然有着不止一重的含义。通过这本书，博尔顿不仅重新阐述了新保守主义在国际关系上的立场，也表明了他坚持自己的意识形态的决心。

美国国务院

在博尔顿看来，维护美国利益最大的阻力是美国的外交部门，特别是国务院。他认为，国务院是由一批职业官僚组成的地方，这些官僚对自己专门处理的国家和地区情有独钟，因此往往会倾向于去维护那些国家而不是美国的国家利益。他提到了国务院中的一件著名逸事：里根政府的国务卿舒尔茨将一些即将上任的大使叫到自己的办公室，那里放着一台地球仪，舒尔茨请大使们指出自己的国家在哪里，每位大使便在地球仪上，找出了自己即将赴任的国家。舒尔茨微笑着将地球仪转到美国的一面，指着那里说："不，先生，这才是你的国家。"

博尔顿对布什总统前后任命的两位国务卿——鲍威尔和赖斯——都没有多少好话。他说，国务卿应该为总统服务，推行总统的外交政策。可是这两位国务卿都让国务院的官僚机构牵着走，没能贯彻白宫的旨意。（的确，鲍威尔与白宫之间的冲突众所周知。

而按照华盛顿圈内人的说法，赖斯无论在智力、能力、知识、经验上都是轻量级人物。布什之所以起用她，是因为在当年竞选时，赖斯是布什班子里唯一有耐心坐下来对总统候选人解释世界政治ABC的人。布什不仅从心里感激她，也信任她。但是在国务卿的任上，左右派都认为她不胜任。）

对于他前后服务过的6位国务卿，博尔顿评价最高的是亚历山大·黑格；而在两位布什总统内阁中他最推崇贝克。博尔顿指出，虽然他不同意贝克在伊拉克问题上的观点，但是贝克最大的长处是知道谁是自己的老板，不会受官僚机构蒙蔽而与白宫相左。贝克经常提醒手下的人要为那个"选民选举出来的人服务"。

联合国

博尔顿的另外一个攻击目标是联合国。担任了一年多的驻联合国代表似乎使他更加坚信，联合国是个完全没有效率，甚至对世界前途起负面作用的机构。他说，联合国的人似乎相信秘书长是个世俗的教皇。在他眼中，前任秘书长安南既无能又不称职。他透露说，美国对现任秘书长潘基文上台起了很大作用——潘基文支持韩国派军队去伊拉克。

在担任驻联合国代表期间，博尔顿从来都没有停止过批评这个机构。他觉得，联合国不过是给了一些无足轻重的小国一个讲台，让那些国家有机会来攻击美国。比如萨尔瓦多，一方面寻求美国的军事保护和经济援助，另一方面又在联合国大力批评美国。他主张，以后联合国的经费来源要改为各国自报，出钱越多的国家就越有发言权，否则对美国不公平。

当被问到在驻联合国大使任上做出了什么贡献时，博尔顿如实地说，在任的时间太短，无法推动真正的改革。但是他也认为自己对联合国的批评让对联合国仍然怀有梦想的美国人看到这个神话的破灭。

对于联合国的一些国际机构，比如人权委员会和国际原子能机构，博尔顿没有半点好话。他似乎特别反感国际原子能机构的总干事巴拉迪，认为巴拉迪颠倒了自己和国际原子能机构的关系，将个人凌驾于国际原子能机构和国际社会之上。当然，巴拉迪是对美国政策提出了最多批评的人之一。

伊朗以及核扩散

博尔顿对巴拉迪特别的敌意是有原因的。针对美国指责伊朗寻求核武器技术的说法，巴拉迪不久前公开对媒体说，国际原子能机构没有看到任何关于伊朗制造核武的证据。这让美国一批主张对伊朗发动军事打击的人——包括博尔顿在内——非常恼火。

在博尔顿看来，美国解决伊朗问题只有两个途径：一是改变伊朗现政权，二是对伊朗进行直接军事打击。而布什政府内部现在正在辩论是与伊朗谈判还是对其进行打击，完全没有意识到和伊朗谈判根本没有用。过去的谈判从来都没有效果，而通过联合国进行制裁也不管用，只能使用强硬手段。他特别提到了叙利亚的例子：2007年9月，以色列对叙利亚的核设施进行空袭。这一核设施是在朝鲜的帮助下建立的。结果，以色列摧毁了这个设施之后，中东国家装聋作哑，基本没有反应，因为他们也不希望在自己的地区出现一个核国家。博尔顿认为，布什政府没有公开支持以色列的袭击是个错误。

不过，博尔顿在核扩散和民主化问题上似乎有双重标准。巴基斯坦是个拥有核武器的国家，军人出身的总统穆沙拉夫正在全国实行紧急状态。布什政府已经对这种情况表示关注，并且敦促穆沙拉夫尽快恢复公民权利。可是博尔顿却认为布什的这种做法很天真，而且有可能在帮助推翻美国的盟友穆沙拉夫。他说，反对派领袖贝·布托并非真正的民主派。因此，为了国家利益，美国应该在巴基斯坦支持那些有能力统治国家的人。

  本世纪初，新保守主义者们主导了美国的外交政策，可是如今他们风光不再。其中许多人——比如以《历史的终结》一书闻名的福山——已经公开修正了当初的主要观点。博尔顿似乎是他们中最后一个不变地坚持己见的人。从这个意义上说，《投降不是选择》也是他对自己的同道们的呼吁。

⑤ 揭密者
无处不在的媒体

西摩·赫什：追踪黑暗的人

2004年5月，美国军队在伊拉克虐待战俘的照片连日来占据了世界各大媒体的头版头条，让本来就缺乏国际支持的伊拉克战争更加不得人心。美国国会大怒之下，匆忙举行听证会。面对国会与公众舆论，平日专横跋扈的国防部长拉姆斯菲尔德头一次看上去有几分狼狈，连连解释说国防部正在紧锣密鼓地调查事件。军方也马上宣布要在伊拉克对参与虐俘的士兵进行公开的军事法庭审判。但是，在美国公众有大约一半人反对伊拉克战争的情况下，在野的民主党仍不依不饶，发誓要将对军方和情报部门的调查进行到底。尽管布什总统一再给拉姆斯菲尔德打保票，一些民主党籍议员已经要求国防部长引咎辞职。

最先爆出虐俘新闻的是美国三大广播公司之一的哥伦比亚广播公司的新闻节目。但独家详细报道了虐俘的细节并且将大量照片曝光的却是《纽约客》杂志，写文章的记者是美国新闻界大名鼎鼎的西摩·赫什。

美国对阿富汗塔利班政权的战争开始之

后不久，我到儿童保卫基金的创始人玛丽安·爱德曼家做客。希拉里·克林顿在从耶鲁毕业之后，曾经为玛丽安工作了一段时间。她的丈夫曾经是罗伯特·肯尼迪的助手，因此他们家的聚会上经常有不少民主党的要人。那天我刚刚坐下一会儿，门外风风火火地闯进来一位看上去50多岁的男子，进来之后也不管周围有什么人就冲着主人说："我已经找到关于穆萨维的新证据了！"

穆萨维，就是被美国情报部门称作"第二十名劫机犯"的摩洛哥人。根据这位来客的说法，穆萨维根本不可能与"9·11"事件的劫机分子属于同一伙人，不仅因为他根本不会说阿拉伯语，而且其他证据也显示这个法国籍的摩洛哥人并没有参与策划恐怖行动。

等来客的话告一段落，玛丽安笑着对我介绍说："这是我的邻居塞，他和你一样爱捣乱。"

这是我第一次见到西摩·赫什，朋友们都管他叫小名"塞"(Sy)。

如果说美国新闻界有什么人最让布什政府讨厌，那恐怕非赫什莫属。布什总统亲口对媒体表示，赫什的报道"谎话连篇"。白宫对伊斯兰世界政策的主要策划人之一理查德·珀尔之前被赫什爆出利用影响国家政策的机会为个人谋私的黑幕。珀尔气得在电视上咬牙跺脚地骂道："美国新闻界里要是有谁称得上是恐怖分子的话，那就是西摩·赫什。"珀尔宣布，如果有哪个律师愿意为他上法庭打官司，他就上法庭去控告赫什诽谤。美国想出名想赚钱的律师何止百万，但是却没有一个人敢出头去打这场注定要输的官司。宪法第一修正案对言论自由保护得可是严实。

"9·11"事件以来，赫什在《纽约客》上发表了一系列调查报告，专门揭发白宫和五角大楼在反恐战争中违反人权和国际准则、利用反恐来扩大共和党在国内政治势力的勾当。特别是伊拉克战争以来，赫什在调查报告中披露了布什政府如何在有关伊拉克武器的情报上大耍花招，欺骗美国国内与世界舆论，以发动对伊拉克战争的内幕。

（见"*The Stovepipe*"，《纽约客》2003 年 10 月 27 日号。）赫什还猛烈批评布什政府将主要军事和情报力量投到对付伊拉克上，从而忽略了仍然在阿富汗进行的真正的反恐战争，招致塔利班势力在阿富汗卷土重来。（见"*The Other War: Why Bush's Afghanistan Problem Won't Go Away*"，《纽约客》2004 年 4 月 12 日号。）在揭发出阿布格莱布监狱虐待伊拉克囚犯的丑闻之后，赫什乘胜穷追猛打，在 5 月 24 日的《纽约客》上再次发表题为"灰色地带：五角大楼的秘密计划如何来到阿布格莱布"的深入报道，揭露虐待囚犯的计划是由国防部长拉姆斯菲尔德亲自批准的。五角大楼赶紧发表声明，指责赫什"胡说八道"。不过，经过了这番虐俘丑闻，天知道还有多少人会相信国防部的话。

赫什与五角大楼为敌的历史已经有将近 40 年。他的新闻生涯开始于 60 年代初在芝加哥地区从事本地的犯罪与法庭报道，从中积累了如何通过建立私人关系来追踪消息的经验。60 年代中期，赫什转到华盛顿在美联社当记者，盯上了国防部的秘密生化武器计划。但是，美联社的编辑对赫什的报道不感兴趣，大笔一挥将他的长篇文章砍掉了 80%。赫什一怒之下离开了美联社，写了一本长达 354 页的书，题为"生化战争：美国的秘密武器库"。其中一章专门揭露美国军队如何在越南战场上使用生化武器。赫什就此开始了对越南战争的调查。

1969 年，赫什通过五角大楼的关系探听到消息，说有个名叫威廉·卡利的美军中尉将会因为在越南屠杀平民而受到军事法庭的审判。新闻记者的直觉告诉他，这里面隐藏着重大的事件。赫什一路追踪来到佐治亚州的军事监狱，找到了即将受军事法庭审判的卡利中尉。几番询问之下，卡利中尉便竹筒倒豆子，将事件经过做了一番交代。

卡利中尉在步兵中担任连长。他所属的步兵第十一师在 1967

年12月被派到越南。1968年3月,该部队受到越共的伏击,死了一些人。正在这时,卡利连队被派到广义省的美莱地区对付越共游击队。他们知道,游击队得到当地村民的保护与支持。在摸不到游击队踪影的情况下,美国士兵便拿当地人民出气。卡利中尉一声令下,士兵们对村民展开了大屠杀。老人、妇女、小孩,甚至母亲怀抱中的婴儿都难以幸免。在屠杀过程中,士兵们还犯下了折磨抓来的人和强奸妇女等罪行。报告的村民死亡人数最少的也有347人,最多为504人。屠杀现场惨不忍睹,连在场的南越军官也看不下去了。

如果不是在屠杀进行的时候正好有架美军直升机经过,屠杀的规模还不知道会扩大到什么程度。这架武装直升机上的指挥官汤普森看到地面上的屠杀现场,立即降落,命令卡利中尉停止杀人。直升机上的两名重机枪手即时将枪口对准了卡利的部队。汤普森下令美国军队撤出该村,大屠杀才算告一段落。多年后,汤普森与两名重机枪手因为这次拯救村民的行动被美国国会授予战功勋章。

1969年11月12日,赫什这篇美莱大屠杀的报道被全世界36家报纸杂志登载了出来。一个星期之后,克利夫兰的一家报纸独家刊登了美莱大屠杀的照片。

如果说,在越南战争中有什么事件产生了类似于"精神原子弹"的威力,美莱大屠杀的揭露就是一次。消息传出,世界各地的人民举行了大规模的抗议示威,美国国内舆论也开始从倾向于相信越南是一场维护自由的正义战争转变为谴责军人在越南的暴行。赫什的新闻报道也就这样成了越南战争的重大转折点。许多人甚至认为,越战的结束正是从美莱事件的报道开始的。

美莱的报道面世之后,赫什自然是一举成名天下知。他乘胜追击,找到了每个事件的证人继续调查,又揭发出军方掩盖事实真相的大量黑幕。原来,在大屠杀发生之后,第十一师有名士兵给军队高层写信,揭发美国军人对越南平民的暴行。当时派去调查事件的是一位名叫鲍威尔的黑人少校。他在调查报告中写道:"事实上,美国军人与越南人民的关系非常友好。"但是,美莱大屠杀的人证物证均在,要抵赖也不容易。最后,在 1969 年 9 月,军事法庭逮捕了卡利中尉,指控他犯了谋杀罪,这才引出了赫什的调查与报道。卡利中尉 1971 年被军事法庭判处终身监禁,但是判刑过后两天,尼克松总统就将他特赦了出来。

30 多年后,当年的鲍威尔少校已经成了布什政府的国务卿,跟着布什不明不白地卷入了一场他不同意的战争,并且再次面临着赫什的报道所引起的政治危机。谁说历史不会重演呢?

赫什因为美莱事件的调查报道获得了 1970 年的普利策新闻奖,从此奠定了他在美国新闻界中的地位。自此之后,赫什算是跟美国那些专门爱从事见不得人的幕后交易的政客以及情报部门摽上了,三天两头就会爆出一点令政府尴尬的消息。在新闻界中,赫什称得上神通广大,关系众多。他在中央情报局的一位朋友回忆说,赫什一旦开始追踪某条线索,不但他自己没日没夜地工作,他的关系线人也不得安宁。他自己就多次星期天大清早被赫什从床上揪起来盘问不休。这位情报人员养了只专门爱翻垃圾堆的狗,于是恰如其分地给这只狗起了个名字:"赫什"。

美莱报道之后,赫什盯上了最爱搞秘密交易的国务卿基辛格。1983 年,赫什出版了《权力的代价:尼克松白宫中的基辛格》一书。根据书里面的说法,基辛格通过秘密外交以及各种阴谋手段,在世界各地犯下了一系列战争与颠覆罪行。其中包括秘密轰炸柬埔寨、支持希腊军政府侵犯人权的行为、在非洲推动军事政变等等。而最严重的指控,则是基辛格直接插手智利的内政,通过中央情报局支持智利的右翼军官,推翻了民选的左派阿连德政府,并且在阿连德本人被谋杀的事件中起了幕后关键作用。时至今日,基辛格对赫什依旧耿耿于怀。后来,基辛格在哥伦比亚大学的演讲中还抱怨说,赫什的报道损害了美国的利益，因为他暴露了美国的国家机密。

熟悉他的人都很清楚，赫什脾气暴躁，性格相当偏执。在满怀正义冲动与记者使命感的同时，也非常主观武断。一旦他认准了某人某事，就会不顾一切地穷追猛打。由于赫什追踪的绝大部分是与情报部门有关的秘密事件，所以他的新闻来源多数不具名。这固然让赫什爆出了不少惊天动地的新闻，但也令他在报道和预测事件时不断出现从新闻职业角度看来致命的错误。

其中，赫什在调查肯尼迪总统与性感明星玛丽莲·梦露的关系时大大地吃了一次亏。美国历史上最年轻的总统之一、1963年被暗杀的肯尼迪，是越战一代人心目中的英雄。许多反越战的人士一口咬定，如果不是肯尼迪被刺，美国绝对不会如此深地卷入越南这个泥潭。最极端的人，比如执导《肯尼迪》一片的好莱坞著名导演奥利弗·斯通甚至暗示，是约翰逊、联邦调查局、中央情报局等共同策划了这次改变历史进程的暗杀。

但是，赫什却认为，在"二战"之后的所有总统里面，肯尼迪最腐败淫乱。在他1997年出版的《肯尼迪家族的黑暗面》（The Dark Side of Camelot）一书中，赫什声称根据他的调查，肯尼迪时代的白宫简直就是藏春窟。不但肯尼迪的情人们终日上门拜访，在那里定期进出的甚至还有一批应召女郎。除此之外，赫什还拿出他搜集的证据，历数肯尼迪政府与肯尼迪家族的不是：肯尼迪在猪湾事件期间曾经命令去暗杀古巴领导人卡斯特罗；肯尼迪的父亲老约瑟夫利用非法手段为儿子赢得选举；肯尼迪还曾经命令暗杀南越的总统吴庭艳，因为后者正在与北越政府接触，试图达成和解，违反了肯尼迪为了选举的政治需要而延续战争的意图，等等等等。

赫什的书里本来还有更加爆炸性的一章，里面首次提供了肯尼迪和好莱坞明星梦露以及一些黑手党头目的关系的证据。但是，赫什在临出版之前把这部分给抽了出来。这里面有着复杂的原委。

原来，在赫什写书期间，有位名叫劳伦斯·库萨克，别名"列克斯"的人给他透露消息，说自己的父亲曾经为肯尼迪的父亲老约瑟夫工作，死后遗留下一批有价值的文件。这中间有700份材料可以证明肯尼迪与梦露及黑手党的关系。库萨克提供的证据显示，梦露不但是肯尼迪的情人，而且在差不多两年时间里一直对总统进行敲诈，迫使肯尼迪家族向她支付了100多万美元，包括由肯尼迪与梦露两人签字同意的给梦露母亲的60万美元。交换条件是梦露永不透露她与肯尼迪的关系。文件甚至显示梦露参与了肯尼迪与黑手党头目之间的联络工作。

尽管肯尼迪与梦露都已经过世30多年，但是这样的消息在社会上仍然有原子弹爆炸般的效应。赫什听到后喜出望外，立即找人来核对肯尼迪与梦露的笔迹。专家看过文件之后得出了肯定的结论。于是，赫什立即开始了行动。

由于对肯尼迪有了先入为主的"有罪推定"，赫什没有再对库萨克本人做更多的调查就接受了文件的真实性。他计划将库萨克文件的内容作为书中的主要章节，同时在书出版之前首先在媒体上大造声势。

消息一传出，美国各大广播电视网络连忙行动。首先是全国广播公司出价250万美元请赫什参与制作电视纪录片，其他公司也相继行动，争取在这个爆炸性事件中分得一份好处。

但是，在制作过程中，全国广播公司的制片人开始怀疑文件的真实性。一年后，该公司取消了制片计划，向赫什支付了100万美元的赔款。赫什转向了全国广播公司的对手美国广播公司。这回美国广播公司可要谨慎多了。财力雄厚的公司请来了最好的专家对文件进行全面鉴定，结果发现文件用的打字机竟然是肯尼迪死后多年才出的新产品。文件内容也有诸多与历史不符合之处，比如在美国的邮政编码出现之前，文件中就提到了邮编号等等。

真相最后终于大白。原来，库萨克不但伪造了这些文件，也伪造了自己的历史。在赫什将文件曝光之后，库萨克和他的同伙将其中不少文件卖给了一些收藏家，获利六七百万美元。纽约的法院对库萨克发出了逮捕令。1999年4月，陪审团宣判库萨克犯下了13项欺诈罪。法官判处他10年徒刑，没收赃款700万美元。

尽管捅了这么大的娄子，赫什那本《肯尼迪家族的黑暗面》一上市，就成了当年美国非小说类的最畅销书。千千万万的美国人对肯尼迪家族的放纵甚至犯罪仍然深信不疑。同时，赫什也受到了大批崇拜肯尼迪的人的猛烈攻击，甚至有专门研究肯尼迪的教授以《赫什，你真不要脸》为题在报纸上写文章。某著名杂志上的书评说："这本大揭疮疤的传记看来决心要打破肯尼迪的魅力神话。它实在应该以'再次谋杀肯尼迪'作为副标题。"赫什本来就让美国的右翼人士讨厌。自从出版了这本书以后，左派也对他丧失了好感。

揭发阿布格莱布监狱虐待囚犯的事件，再次将赫什与他的新闻报道推到了美国政治舞台的中心。赫什对美莱大屠杀的报道为他赢得了"越战终结者"的名声。

布什政府最讨厌的人

布什政府最讨厌的美国人，不是上次总统大选的民主党对手参议员约翰·克里，也不是下届可能的对手希拉里·克林顿，甚至不是花费数千万美元去资助民主党的金融大亨索罗斯，而是单枪匹马的《纽约客》的记者西摩·赫什。

讨厌也罢，憎恨也罢，布什政府却不能对赫什置之不理，因为他每发表一篇调查报告，就有可能引起一场政治地震。所以，华盛顿政界中无论是共和党还是民主党，都在紧密注视赫什的动向。

这也是为什么2005年3月14日晚间，我在一次座谈会之前见到与我曾经有数面之交的赫什后，立即就向他提出了这个问题：赫什最近在干什么。

"我最近一直在思考，"赫什挤了挤眼，笑着回答，"我想思考清楚布什总统到底是什么样的人。"

"可是全世界的人都在思考这个问题呀。"我说。他答应，在座谈会上一定会详细解释他的想法——他是这天座谈会的主讲。

我又请赫什在讲话中再详细介绍一下他调查阿布格莱布虐囚事件的经过，以及在这一过程中的感受。

从美莱到阿布格莱布

虽然阿布格莱布丑闻在一年多以前已经被揭露出来，但是赫什说起来依旧激动不已。他说，五角大楼和白宫在 2002 年 11 月就已经接到关于虐囚事件的汇报，但是他们却什么也没有做，直到一位母亲采取了行动。"母亲，阿布格莱布能够为外界所知，是母亲们反对战争的结果。"赫什动情地说。

他披露，最早给他提供消息的，是一位从伊拉克战场回来的女兵的母亲。这位母亲看到女儿从战场回来后性格好似变了一个人，本来非常保守的姑娘这时却整天迷恋于在身上刺青，直到浑身盖满了花纹。母亲非常担心，不断问女儿在伊拉克出了什么事，但女儿一点也不肯回答。这个女儿后来找工作离开了家，却给母亲留下了自己的电脑。这位母亲在电脑上不经意地看到一个标明"伊拉克"的文档，打开之后却发现了一大批虐俘的照片。愤怒的母亲将照片交给了媒体，这才揭开了调查的序幕。

"我们目前看到的，还不是事件的全部。"赫什说，在消息曝光之后，许多军人私下里对他说，实际情况比披露出来的还要严重许多。

"出了这种事情不能怪罪士兵，"赫什指出，"一帮十几二十岁的孩子，你把武器交给他们，把一批'敌人'交给他们管，告诉他们可以为所欲为，最后还能有什么结果？"多数的士兵出身于下层的穷人家庭，其中黑人和拉丁族裔的比例很高，教育程度普遍偏低，被训练得只会按照上级命令行事。赫什举例说，有位海军特种部队的士兵给自己的父亲传过去一批虐俘的照片，并对父亲说，士兵们都得到来自上级的暗示，就是对俘房无论做什么都可以，只要不弄死他们就行。

赫什认为，伊拉克虐俘事件与越南战争期间的美莱大屠杀事件基本的原因是相似的，就是美国政府对当地的人民发动了战争。他说，在调查美莱事件期间，他曾经到中西部一个偏僻的养鸡场去采访一位士兵的母亲。这位贫穷的妇女年龄只有 50 岁，但看上去却像是 70 岁，被生活折磨得不成样子。当时她用颤抖的声音对赫什控诉说："我交给他们一个好孩子，他们却还给我一个杀人犯。"

赫什觉得，如今的美国人和越南战争期间相比，对参战的士兵有了更多的同情和理解。当初越战士兵回国的时候会被大批示威者包围，会被扔臭鸡蛋，会被骂作杀人犯。但是今天的反战人士已经不会这样对待士兵了。当今反战运动的目标集中对准的是政府，这是美国最近几十年的重大变化。

布什总统的战争

赫什认为，发动伊拉克战争的布什总统及其政府并不是像许多人分析的那样，目的是为了中东的石油。布什的确是真心实意地希望在中东推动民主化。问题在于，布什完全没有看到他的民主化理念和发动战争之间的矛盾。民主化不是能够用战争来推动的。

那么，伊拉克大选的成功是否证明了民主化有可能通过布什的道路来实现呢？赫什批评这样看的人是目光短浅。他说，在伊拉克大选之后，民主党内部一片惊慌。许多人觉得，布什在伊拉克打赌已经打赢了。但是，军队里了解内情的人却一点也不乐观，因为伊拉克的烂摊子根本没法收拾。如今伊拉克的抵抗武装此起彼伏，都是原来复兴党的成员在参与组织。伊拉克政府内部充满了不喜欢美国的人，总理阿拉维只能完全依赖美国。而美国人却又得不到关于抵抗组织的准确情报。他推测，2005 年夏天伊拉克的情况会进一步恶化。不过，到时布什政府一定会对美国人民保证，只需要再过一段时间，情况一定会好转。

而伊拉克只不过是整个中东和伊斯兰世界问题的一部分。在赫什看来，战争胜利根本无法改变那些社会的基本状况。比如阿富汗，到现在又变成了世界的主要鸦片产地。

赫什指出，基地组织的重要性被布什政府严重夸大了。其实，基地在伊斯兰世界里本来是个不怎么重要的角色，只是碰巧取得了"9·11"恐怖袭击的成功。但是冷战之后的美国需要敌人，需要一个希特勒，而拉登则是个方便的目标。基地根本没有办法和黎巴嫩的真主党那样大规模、有群众基础的恐怖组织相比。一旦真主党之类的组织大规模介入与美国对抗，中东的情况就更危险，世界也就更不安全。

那么，布什在中东到底要干什么呢？赫什说到这点，就开始有了哲学家的味道。他相信，布什是个有信念、有理想的人，坏就坏在这一点上。布什根本不会在乎伊拉克战争中有多少人要付出生命的代价。无论死多少人，布什都要改变世界，这就是他的使命感。他自己真相信，他身边的人也相信，而且最后说服了多数美国人去相信。全过程有点像邪教似的发展。

正因为如此坚信自己的使命，布什才一概不听来自情报部门的人的劝阻，在战争问题上一意孤行。赫什在中央情报局的关系告诉他，中情局的人在过去几年中有非常不愉快的经验。凡是不符合布什政治需要的报告，统统被总统搁置一边。白宫不断督促中情局给出"适当"的情报，弄得中情局的工作人员很是被动。在布什看来，外界传出任何不利于伊拉克的消息都是因为美国的公关没有做到家，而不是决策上有什么问题。

有人问，美国历史上是否有哪个总统能够和布什比较，赫什觉得找不到。他认为，即使是观念上非常保守的里根，在国际事务上也是非常实际的。像布什这种完全无视现实的总统还真是史无前例。

伊朗：下一个目标？

2005 年 1 月，赫什在《纽约客》上发表报道，指出布什政府已经制订好了袭击伊朗的计划，最早甚至有可能在 2005 年开战。白宫和五角大楼都做出了强烈反应，坚决否认有这么回事。这里面的实情究竟如何？在座不少人都提出了这个问题。

"发表这类预测性的调查报道是最吃力不讨好的事，"赫什笑着回答，"如果你的工作真做到家了，那么你的报道恐怕就错了。"也就是说，如果报道一件事情将要发生，哪怕这件事情已经在计划之中，很可能因为报道出来就搁浅了。

但是赫什强调说，他有确切的消息来源，证明美国攻击伊朗的计划已经非常成熟，绝对不仅仅停留在设想的阶段。他透露，根据来自情报机关的人员的消息，美国已经发现了伊朗境内 400 个轰炸目标，其中有几十个已经锁定，包括雷达站、飞机场，特别是核设施。该计划目前正处在紧锣密鼓的阶段，有点像 2002 年伊拉克战争前夕的状况。不过，如果 2005 年夏天在伊拉克的战事不顺利，对伊朗的计划就会推迟。赫什说，整个打击伊朗的计划是国防部的情报部门制订的，很少通过中央情报局，目的是为了逃避国会的追查。而五角大楼中关键的决策人物自然是部长拉姆斯菲尔德和副部长沃尔福威茨这两位著名的鹰派。

说到拉姆斯菲尔德，赫什难免流露出一点不大恭敬的意思。他说，国防部里的关系对他诉苦说，拉氏是个非常专断的人，要求下属对他毕恭毕敬，只能以"是，先生"来回答，而不准提出任何反对意见。一旦说了点儿意见不同的话，就会被扣上"不与他人合作"的帽子而得不到升迁甚至丢掉工作。

赫什相信，美国如果攻击伊朗，中东、西亚地区的局势会进一步恶化，伊斯兰世界和美国的关系也会继续滑坡。关键的问题不在于美国试图在中东推进民主制度，而在于美国的战争和非人道行为会引起伊斯兰世界的敌意。比如根据他的调查，关押在关塔那摩海军基地的囚犯大约有一半根本就是无辜卷入的平民。他发现，在阿富汗战争期间，根本不懂得当地文化和语言的美国军队依靠当地军阀来辨别谁是塔利班或者基地的成员，这些军阀是拿了美国人的钱的。有些军阀为了应付差事，就抓平民充数。甚至有军阀还趁机勒索老百姓。而白宫却一直坚持说，那里面的囚犯绝大多数都参与了恐怖组织。

对于在野的民主党，赫什和许多美国反战人士一样已经完全失去了信心。他觉得，民主党已经在政治上自我放弃，反战运动必须推选出自己独立的候选人，参加各个级别的竞选来改造美国政治。

把总统拉下马的人

1972年6月17日，美国总统大选正在进入高潮。这天，首都华盛顿水门旅馆的保安人员弗兰克·威尔斯在地下室和停车场之间的门上发现了一小条胶布，堵着让门没法关上。威尔斯以为那不过是清洁工为了方便干的，他把胶布取下来就算了了件事，毕竟，他一个星期才拿80美元工资，多一事不如少一事。结果第二天他发现胶布又被黏了回去。这下他觉得不对头了，于是在凌晨时分向华盛顿警察局报了案。

警察很快就到了，而且当场抓到了五个贼。他们作案的地点是设在这里的民主党总部。他们来偷窃的不是财物，而是情报——三个星期之前，他们在这里安装了电话窃听器，结果出了点毛病。他们是前来维修的。

当时谁也不可能想到，26个月之后，白宫主人尼克松竟会因为这个小小的"水门事件"而成为历史上第一位被迫辞职的总统。

揭发出美国总统参与主使水门事件并在事发后非法掩盖犯罪行为的，是《华盛顿邮报》两个30岁上下的低级别记者伍德沃德和伯恩斯坦。给他们提供了许多关键线索的，是一个被他们称作"深喉"的神秘的政府高级官员。

谁是"深喉"？ 30多年来，美国官方和民间许多人都在寻找、猜测，但是伍德沃德和伯恩斯坦遵守当初的承诺，始终缄口不言。2005年5月31日，91岁的前联邦调查局副局长马克·菲尔特公开出面承认，他就是当年的"深喉"。伍德沃德和伯恩斯坦也随之证实了菲尔特的身份。这段困惑了人们30年的公案才算有了结果。

联邦调查局和总统的权力之争

谁是马克·菲尔特？以他联邦调查局副局长的地位，为什么要去为两个籍籍无名的记者充当线人？他到底是出于什么原因会如此同尼克松过不去？菲尔特曝光之后，许多人纷纷猜测他当初的动机。

菲尔特出生于1913年，在1942年加入联邦调查局。当时正值第二次世界大战，菲尔特被指派去从事反间谍工作。在此期间，他学会了一系列从事间谍活动的本领，包括跟踪、反跟踪、秘密传送情报等等。没想到，这些本领后来在他和伍德沃德联络的过程中统统派上了用场。

联邦调查局正式成立于1935年，是国家层次上的警察机构，在编制上属于美国司法部管辖。第一任联邦调查局局长埃德加·胡佛在美国历史上是个极其重要的人物。他自1924年开始就担任联邦调查局的前身调查局的局长。在他1972年去世之前，联邦调查局根本就没有让任何其他人领导过。胡佛在有生之年牢牢控制着联邦调查局，利用这个机构打击所有他不喜欢的人。甚至历任总统遇事都要让他三分。

菲尔特在60年代越来越得到胡佛的重用。1971年，胡佛将他提拔为联邦调查局的助理副局长，也就是第三号人物。第二号人物托尔森当时身患重病，所以他成了年迈的胡佛实际上的副手，主管着联邦调查局的日常事务。

在胡佛的领导下，联邦调查局是个独立王国。其主要官员都是调查局内部提升上来的，外人很难插足。素来以不信任他人著称的尼克松上台之后，一直在找机会改变这种局面。1972 年 5 月，77 岁的胡佛去世，尼克松的机会来了。

副局长菲尔特这时满心盼望自己能够承继胡佛的职位。但出乎他的意料，尼克松决心要给联邦调查局"掺沙子"，提名自己的亲信帕特里克·格雷担任局长职务。联邦调查局的人大为不满，菲尔特更是万分失望。

菲尔特的失望并不单纯出于个人原因。还在胡佛去世之前，尼克松和他的班子就一直想要插手联邦调查局、中央情报局以及军事情报机构，试图利用这些机构来对付所谓"国内的安全威胁"，大量增加对被怀疑对象的监视。他们计划，行政部门可以不通过法庭，就对公民实行拆信、电话监听等手段。这样的做法明显违反了美国法律，也遭到联邦调查局专业工作人员的抵制。

作为联邦调查局的第二把手，菲尔特对尼克松班子的类似企图极其蔑视，甚至称他们"纳粹式地使用情报机构"，违背了联邦调查局的职业传统和道德。当时的菲尔特是个民主党人，这更增加了他对保守的共和党尼克松政府的憎恨。

秘密交情

菲尔特和伍德沃德偶然的相识，改写了 20 世纪下半叶的美国历史。

鲍勃·伍德沃德比菲尔特小整整 30 岁。他 1965 年毕业于耶鲁大学，毕业后到海军服役 5 年，退役的时候是少尉。他的工作包括为他的上司到白宫去传递文件。1970 年的一天，他送一包文件到白宫，在前厅等待的时候碰上了菲尔特。两人拉起闲话，说得投机，竟成了朋友。年龄的差距使菲尔特扮演了一种类似导师的角色。

退役后，伍德沃德进入新闻界，1971年来到《华盛顿邮报》。他仍然和菲尔特保持着良好的关系。菲尔特最早向伍德沃德透露的消息，是副总统阿格纽接受了2 500美元的贿赂。（阿格纽在1973年10月因为受贿丑闻而辞职，尼克松任命众议员福特为副总统。在尼克松下台后，福特继任，成为美国历史上第一个没有经过全国选举的总统。）《华盛顿邮报》的资深记者并没有将这个年轻人的消息放在眼里。后来，在另外一些报道中伍德沃德也得到过菲尔特的帮助。

水门窃贼案发，冥冥之中命运又马上将菲尔特和伍德沃德联系在一起。五名窃贼凌晨两点半被抓，早上8点半菲尔特就在办公室里听取了详细汇报。同时，《华盛顿邮报》的都市版编辑也叫醒了伍德沃德，让他去报道这条并不起眼的地方新闻。第二天，《华盛顿邮报》上就登出了伍德沃德写的一则有关的地方消息。

按照美国的法律程序，那五名窃贼在华盛顿的法庭遭到起诉，伍德沃德作为报道记者前往旁听。

在法庭上，法官问被告：

"姓名和职业？"

被告一：

"博纳德·巴克，反共分子。"

法官：

"反共分子？先生，那不是个正常的职业。"

被告二：

"詹姆斯·迈克考德，安全顾问。"

法官：

"替谁做顾问？"

被告二：

"替政府。不过，我最近已经退休了。"

法官：

"政府什么部门？"

被告二：

"中央情报局。"

这马上引起了伍德沃德的注意。他直觉地感到这绝对不可能仅仅是一个小案件，背后必定有更深的奥妙。于是，他说服了报社的编辑，开始和他的同事卡尔·伯恩斯坦一起着手进行深入调查。

在法庭搜集的证据中有迈克考德等人的电话联络簿。其中两个人的电话本上有霍华德·亨特的电话，旁边注明了"白宫"。亨特正是负责组织"管子工"窃听工程的前中央情报局雇员。

伍德沃德马上就想起给菲尔特打电话。菲尔特显得很紧张，匆匆忙忙说了几句就挂断了。不过，他还是对伍德沃德证实，亨特原来是中央情报局的人，并且与水门事件有密切的关系。后来，伍德沃德和伯恩斯坦通过仔细调查，发现新近存入博纳德·巴克账户上的 25000 美元竟然来自尼克松的竞选捐款。8 月 1 日，他们发表了这条消息，第一次将白宫和水门案件联系了起来。

调查既然有了进展，伍德沃德就更需要菲尔特的帮助了。但是到了这个节骨眼儿上，菲尔特却不肯接电话。伍德沃德无论是打到他的办公室还是家里，他都不肯接听。于是，他在一个傍晚径直来到了菲尔特的家中。

地下联络

菲尔特并没有责怪伍德沃德的贸然造访。联邦调查局这位反间谍老手对那位少不更事的记者说，今后他们之间的交流都必须面对面进行，而且绝对不能让人看见。他们必须约定见面的暗号。

伍德沃德有点摸不着头脑，但是也只好答应。

菲尔特问伍德沃德家里的窗户上是否有窗帘。如果有的话,只要打开,就表示他希望碰面。伍德沃德说,他平时也会打开窗帘让阳光进来。这个办法行不通。

伍德沃德想起家里阳台上有个空花盆,他的女朋友在上面插了面街上捡来的小红旗。他们约定,只要伍德沃德将这个花盆放到阳台上,就表示他希望和菲尔特尽快会面。菲尔特将在第二天凌晨两点在郊外的一个地下停车场和他会面。

接着,菲尔特给了伍德沃德一系列指示:

去赴会的时候不要使用楼里的电梯,要从楼梯下到楼后面的通道上。

从通道出来,不要开自己的车。走上几个街区,之后叫出租车。让这辆出租开到一个大旅馆。旅馆通常有昼夜不停的出租车服务。

叫上一辆新的出租,在离会面地点还有一段距离的地方下车,再走过去。小心有人跟踪。

本来,从伍德沃德居住的杜邦中心到会面的罗斯林区开车顶多15分钟,这么一折腾,就需要一到两个小时。

如果菲尔特需要和伍德沃德见面又怎么办呢?菲尔特在问过伍德沃德订什么样的报纸之后说,他将会在当天伍德沃德的《纽约时报》第20页做出记号,并且规定到同一个停车场见面的时间。

伍德沃德当时并不清楚菲尔特受过反间谍训练。这套复杂的联络措施让他感觉到,水门案件的背景可能远比想象的复杂。

"深喉"

1972年10月8日,水门事件已经过去了将近4个月,各家媒体的调查都没有多少结果,纷纷鸣金收兵。连想要大做文章的民主党竞选总部也挖不出个名堂来。这天的凌晨一时半,伍德沃德约了菲尔特来到指定的地下停车场。在媒体对水门事件的调查松弛下来之际,他需要菲尔特的指点。

在伍德沃德到达时，抽着香烟激动不安的菲尔特已经等待了一些时候。

伍德沃德和菲尔特的关系只有他的搭档伯恩斯坦和他的上司、《华盛顿邮报》的主编本杰明·布拉德利才知道。其中，布拉德利当时只知道他是联邦调查局的高级官员，事情过后才知道他的名字。为了方便，他们借用一部电影的名字，管这位终日抽烟、声音沙哑的线人叫"深喉"。

伍德沃德后来在他和伯恩斯坦合著的《总统班底》（All the President's Men）一书中描绘了他们的会面："在类似这样的夜晚，'深喉'会谈到党派政治如何侵蚀到了政府的每一个角落，尼克松的白宫又如何大肆接管了政府各个部门。"他对尼克松的人马为了政治利益而不择手段、目无法纪的行为方式深感担忧。

在这次见面中，菲尔特敦促《华盛顿邮报》不要放弃对水门事件的调查，要一直追查到最顶层。"只有总统和司法部长米切尔才知道所有秘密。"他对伍德沃德透露说。

虽然"深喉"不是《华盛顿邮报》一系列水门事件报道的唯一消息来源，但是菲尔特给予伍德沃德的帮助至为关键。每当调查的关头，菲尔特总是能够帮助伍德沃德澄清事实，替他解开许多令人摸不着头脑的线索。没有菲尔特的帮助，《华盛顿邮报》对水门事件的调查很可能会和其他媒体一样不了了之。

怀疑，但是没有证据

水门事件的风波还在高潮之中，伍德沃德和伯恩斯坦就获得了1974年的普利策新闻奖。他们合著的《总统班底》刚刚上市，就成了美国的头号畅销书。在书中，他们透露了"深喉"这位关键人物。他们写道，这位神秘人物是"行政部门中一位能够知道有关总统连选连任的举动以及白宫内部情况的人。我们只能在非常重要的情况下才去和他联系。"他是一位"接近水门调查材料的人"。

《总统班底》在1976年被拍成电影，由好莱坞小生罗伯特·雷德福饰演伍德沃德，达斯汀·霍夫曼饰演伯恩斯坦。其中，哈尔·胡尔伯克饰演的"深喉"出现虽然只有十来分钟，可是这位不断抽烟、压着嗓子说话的人物却令观众印象深刻。

谁是"深喉"？人人都对谜底感到好奇。可是，伍德沃德和伯恩斯坦却下定了决心只字不向外透露。他们与菲尔特之间有约定：只有在他去世的情况下才能透露他的身份。

当然，最想知道"深喉"真实身份的是尼克松和他身边的人。从一开始，他们就在追查是谁向《华盛顿邮报》透露了那么多消息。菲尔特也在被怀疑之列。白宫的录音资料显示，1972年10月19日，尼克松和白宫办公厅主任哈德曼谈到了对菲尔特的怀疑。但是，哈德曼向总统进言道："如果我们将他撤职，他就会把所有事情一股脑儿地向外透露出去，因为他知道联邦调查局的所有事情。"1973年2月28日，尼克松的助理迪恩又对总统说，"唯一能够知道这么多细节的"只有菲尔特一个人。尼克松表示，他不愿意将菲尔特留在政府里面。可是，白宫没有掌握任何证据，也最终没有敢去触动菲尔特。

别的人也怀疑过菲尔特，包括不少联邦调查局的雇员。有不少调查人员发现，他们就水门事件给菲尔特的报告中的细节会很快出现在《华盛顿邮报》的报道中。同样，他们也没有证据。

人们以为，"深喉"会将这个秘密带进棺材。

撒谎记者受罚，案件并未结束

美国历史上最有影响的公司之一，是1899年成立的联合果品公司（the United Fruit Company）。这个公司专营在拉丁美洲与南美洲热带地区生产的水果蔬菜，在美国与欧洲的市场上占据了几近垄断的地位。在加勒比海、哥伦比亚、巴西等热带国家里，该公司对当地的政治有着关键性的影响力。在20世纪七八十年代，公司经历了一系列的重组。1984年，在原公司的基础上成立了金吉达品牌国际有限公司（Chiquita Brands International），属于世界500强。公司的总部设在美国俄亥俄州的辛辛那提市。

1998年5月3日，《辛辛那提问询报》上登载了一篇长达18页的系列调查报告，题目是"金吉达揭密"（Chiquita Secrets Revealed）。作者是有一定名气的调查记者迈克尔·盖列格。在该报告中，盖列格指出，金吉达在拉丁美洲使用大量在美国禁用的农药，破坏生态；大片圈占土地，赶走当地村民；欺诈工人并压制工人组织合法工会。同时，公司还大量给美国政客捐款，以影响外贸政策。盖列格还说，公司从事了一系列非法活动，包括贿赂外国政客、默许毒品走私等等。金吉达公司立即回应，否认所有指控。

很快，金吉达公司发现，盖列格在调查的过程中设法偷听了公司内部的电话留言。如果属实，记者就违犯了法律。金吉达报案，要求司法机构予以调查。同时公司在民事法庭起诉《辛辛那提问询报》。

在经过充分的取证之后，警方认定盖列格的确通过非法手段窃取了公司的电话录音。然而，就在进入大陪审团审议的期间，辛辛那提所在的汉密尔顿县的检察官约瑟夫·狄忒斯承认自己在竞选的时候曾经收受过金吉达公司主要股份持有者的捐款。虽然政治捐款是合法的，而且没有任何迹象表明狄忒斯在调查中偏袒金吉达，这位检察官还是宣布回避，让政府指派了一名权力很大的特别检察官佩里·安寇那来全面负责。

6月26日，也就是文章登出大约8个星期之后，《辛辛那提问询报》开除了盖列格。两天后报纸在头版上登出了通栏标题，对金吉达公司表示道歉，并表示收回整个系列报道。报纸宣布说，已经证实盖列格就如何取得金吉达公司高管电话录音的事情撒了谎。盖列格的编辑被降级，理由是没能够遵照规定去复核新闻报道。

金吉达公司与报社达成了庭外和解协议，由报纸赔偿一大笔钱。钱数据传在1400万至5000万美元之间。

而盖列格在被开除之后，仍然受到刑事追究。报纸道歉三个月之后，盖列格出现在法庭上。他对法官表示承认两项控罪，包括非法窃听与非法进入电脑系统。两罪并罚，法官可以判处他两年半监禁、罚款7500美元。

在法庭上，法官问盖列格：

"你相信对这两项指控认罪最为符合你的利益吗？"

"是的，先生。"盖列格在回答的时候面无表情。

法官指出，由于盖列格没有前科，按照法律可以被判处缓刑。特别检察官表示，盖列格已经与检方全面合作，对缓刑没有异议，盖列格也因此逃过了牢狱之灾。

庭审结束之后，金吉达的总裁斯蒂夫·华绍立即声明说："今天盖列格的认罪，显然证实了那些报道都是虚假的、误导的、无信用的。"

然而，后来有不少媒体去追踪调查，却发现《辛辛那提问询报》的报道并非捕风捉影。参与调查的两位记者在几个月内到多个国家和地区实地考查，采访了大量当事人，并且还得到了金吉达公司内部一些中高层管理人员的协助，包括帮助盖列格入侵公司的电话录音系统，录下了大约2000个电话录音。盖列格对他的编辑撒了谎，说这些录音是公司内部的人提供的，而编辑按照保护新闻来源的惯例也没有去深究。

事实上，自从联合果品公司的时代开始，这个水果业巨头就在拉丁美洲的热带水果生产地区的政治、经济、社会发展中扮演了关键的角色。加勒比海国家的道路、公共设施等等，有大量是该公司出钱修筑的。这些国家的政府及其官员也从公司中得到了大量的好处。同时，这些国家的农民的土地大量被剥夺，比较小的国家陷入单一经济，特别是生产香蕉。"香蕉共和国"在英语中甚至成为腐败的代名词。

虽然《辛辛那提问询报》跌了一大跤，美国的媒体并没有就此远离金吉达。几年之后，媒体揭示的一次事件充分揭示了金吉达公司在拉丁美洲的影响力与操作方式。

自2004年开始，《华尔街日报》等媒体有报道指称，金吉达公司在哥伦比亚香蕉种植园地区向左翼和右翼的武装组织提供经费。这些组织在当地杀人放火，无恶不作，其中有三个被美国国务院列入恐怖组织的名单。金吉达提供的经费起码有几百万美元，公司辩解说那是不得不交的保护费。这件事情引起了美国政府的关注。经过数年的调查之后,司法部拿出充分证据,向公司追究责任。最终,金吉达不得不付给美国政府 2500 万美元的罚款。哥伦比亚政府也对公司的高管发出传票,要追究他们的刑事责任。另外,有 137 位在上述武装组织的恐怖活动中丧生者的家属联合起来,将金吉达告上美国法庭,要求民事索赔。

盖列格如今已经在美国媒体中销声匿迹。2007 年,当金吉达公司赔款时,美国公共电视台到处找他却无法找到。这个当初获得过新闻奖的调查记者的新闻生命就这样终结了。

白宫里的假记者

美国总统布什在2003年的国情咨文中，指责伊拉克有意从非洲国家尼日尔购买核原料，并以此作为伊拉克试图拥有大规模杀伤性武器的证据。但是不久后，2002年被布什政府派往尼日尔调查这一事件的前驻加蓬大使约瑟夫·威尔逊就在《纽约时报》上发表了一篇题为"我在非洲没有发现的东西"的文章。他在文中公开表示，尼日尔的铀矿在国际社会以及国际能源机构的监督之下，所谓伊拉克购买铀完全是无中生有。在威尔逊发表过批评言论后，很快就有人泄漏消息给新闻界，说威尔逊的夫人瓦勒丽·普雷姆是中央情报局的工作人员。威尔逊当即大怒，指责白宫要为这一不顾工作人员生命安全的泄密行为负责，并要求国会展开调查。殊不知这一调查，却牵扯出了另外一件与白宫有关的荒唐事。

在追查真相的过程中，调查人员发现，涉嫌披露普雷姆身份的人中有一位自称"杰夫·甘农"（Jeff Gannon），他是一家名叫"塔伦新闻"（Talon News）的网站驻华盛顿的记者站站长。在对威尔逊进行的一次采访中，甘农问道："美国情报机构人事部门的一份内部备忘录记录了2002年初的一次会议。你的夫人作为伊拉克武器问题上的秘密情报人员建议将你派去调查伊拉克购买核原料一事，对不对？"

杰夫·甘农是通过什么途径得到这份备忘录的？是哪个情报部门的哪个工作人员做出如此重大的泄密行为？谁是杰夫·甘农？这个没有几个人听说过的塔伦新闻又是个什么样的机构？不仅调查人员要追究，新闻媒体也觉出其中可能有更多的奥妙，记者们于是开始刨根问底。

长年驻白宫的记者很容易便认出了这个杰夫·甘农。在过去将近两年中，他是白宫记者团的一分子，在白宫记者会上经常被点名，甚至布什总统也亲自点名让他来提问。对于记者来说，这可是不容易得到的殊荣。白宫记者能够出入总统办公地点——白宫西翼，在总统出访时可以跟着上空军一号。不过，许多常驻白宫的记者等了很久也等不到总统亲自点名提问。白宫历来对驻扎在那里的记者审查得极其严格，不仅本人要经过联邦调查局的多道安全审核，而且所属新闻媒体也必须是能够证明没有美国的党派背景的机构。白宫对是否批准记者进入有最后的决定权。如果得罪了白宫，哪怕是著名记者也有可能吃闭门羹。《纽约时报》的著名记者与专栏作家茂林·多德（Maureen Dowd）曾经写过一本题为"布什的世界"的畅销书，批评布什政府的内外政策。她自从1986年以来就不断报道、采访历届总统与第一夫人，本来不应该有安全问题，却被白宫吊销了采访证。白宫新闻部门告诉她，国务院有关部门还需要再花几个月时间来对她进行背景调查。

在追查之下，媒体很快发现，塔伦新闻网的所有权属于一个名为"共和党美国"的网页（GOPUSA.COM），而背后出钱的人则是得克萨斯州共和党的活跃分子波比·伊伯勒（Bobby Eberle）。

威尔逊的文章在2003年7月6日发表，第二天白宫就不得不承认了所谓伊拉克购买尼日尔铀矿是条错误情报。7月24日，从来没有在新闻媒体工作过的甘农突然成了记者，不但立时出入白宫西翼，而且与白宫新闻部门的人员显得颇为熟稔。白宫发言人在记者会上经常点他"杰夫"的小名让他提问。他的新闻生涯中的成果之一，就是在对威尔逊的采访中做出了上述提问。后来，他在2004年所写的一篇文章中又自鸣得意地说，内部有人将有关威尔逊夫人的备忘录透露给了他。于是，政府的调查人员才将他加入了被调查者的名单。

甘农的所有文章和报道以及他在记者会上提出的问题完全不像是职业新闻记者所为，而像是共和党的政治宣传。比如，他在一篇报道中批评民主党总统候选人克里的同性恋者平权政策，该报道的标题是"克里有可能成为美国第一位同性恋总统"。在白宫的记者会上，他总是提出一些附和共和党政府的问题。2003年1月26日，布什总统就社会保险改革问题在白宫举行记者会。在会上，布什亲自点名让甘农提问。甘农提出了这样一个问题："参议院民主党领袖们将美国经济描述得一片惨淡。哈里·里德（内华达州参议员，参院少数党领袖）甚至提到了排队领救济食物。希拉里·克林顿说经济到了崩溃的边缘。但是同时他们又说社会保险基金根本不存在危机。你说到你要与人民对话，那么你又怎么能够和这些脱离了现实的人一道工作呢？"（记者们后来发现，里德从来没有说过类似的话。）

布什的亲自点名以及甘农这番显然不会出自真正新闻记者之口的话通过电视向全美进行了实况转播，引起了越来越多人的注意。由于不久前连续发生布什政府付钱给媒体从业者来进行隐性宣传的事件，对甘农身份感兴趣的人也因此增多。不过，如果不是因为互联网，甘农的真正身份也不会暴露得那么快。媒体中的好事者在调查甘农的个人背景时，无论如何也弄不清"杰夫·甘农"的来历——既找不到他上过大学的记录，也找不到他当过记者的痕迹。一些网虫们倒也有办法。有位网虫从网页登记上去寻找，看谁是甘农的个人网页（www.JeffGannon.com）的主人。这一找，就发现了一个叫詹姆斯·古克特的人，原来那才是"杰夫·甘农"的真名。这个古克特受过的新闻训练，就是曾经交过50美元参加了一个共和党媒体专家举办的两天的训练班。

从这里开始，人们顺藤摸瓜，发现的结果让所有人都大吃一惊。他们发现，现年47岁的詹姆斯·古克特除了注册甘农的个人网页之外，还注册了好几个色情网页。不是一般的色情网页，而是同性恋色情网页。古克特将自己的裸体照片登载在这些网页上，明目张胆地在招徕顾客。他的服务收费从每小时200美元至每个周末1200美元不等。网上还登载着对他的服务表示满意的顾客来信。

这个发现让共和党阵营大为丢脸。共和党人从来以正人君子自居，强调传统的"基督教家庭价值"，对"非基督教"的生活方式，包括同性恋、色情业等等大加挞伐。"杰夫·甘农"就是这样向读者介绍自己的："我代表了左派鄙视的一切。我是男性白人，政治上保守，拥有枪支，开大型越野吉普车，投共和党的票。"甘农一直在文章和网页上反对同性恋者以及支持同性恋者拥有平等权利的民主党人，如今人们发现他自己竟然在经营同性恋色情业，岂不是十足的伪君子？

事情一暴露，古克特立即从塔伦新闻网站辞职。他在自己的个人网页上登载了短短一段冠冕堂皇的话之后赶紧拔腿溜之大吉。这段话说："由于目前发生的一切，我已经不再能够有效地作为塔伦新闻的记者。考虑到我个人和家庭的利益，我决定退回私人生活领域。"一天之后，他的个人网页就撤销了，而塔伦新闻和共和党美国的网页上也不见了他的名字和文章。《华盛顿邮报》的记者千方百计找到了他，古克特对发生的一切做了如是解释："因为我是基督徒，过去又有些有问题的经历，才遭到人们的批评。我相信上帝是宽容的。"看来，平日对人极不宽容的宗教右翼人士到这时候也"急来抱佛脚"，呼吁起宽容来了。

然而，古克特的性取向和色情生意虽然耸人听闻，却还不是媒体注意的主要目标。人们要问的是，像古克特这样一个没有新闻从业训练、塔伦新闻网页这样一个默默无闻的机构是怎么打通白宫的？为什么从布什总统到白宫新闻发言人都能够叫出他的小名？在"9·11"事件之后严格的审查制度之下，古克特为什么能够用假名进入白宫，而其他机构的记者都必须亮出真名？

经常给古克特机会提问的白宫发言人斯科特·麦克莱伦有自己的解释。他说，古克特并没有白宫记者的证件，每次出席白宫记者会时都经过一次性批准。他在申请批准时使用了真实姓名。而白宫根本不知道古克特与色情网站的关系。不过，好几个常驻白宫的记者说，他们看到古克特佩戴着白宫的长期记者证，上面有他的照片，写的却是假名。至于其他白宫记者，即使他们在工作中用其他名字，记者证上也必须写真名实姓。

正在白宫试图辩解的时候，网虫们又有了新发现。通过网上搜索，他们发现古克特在塔伦新闻成立之前，就已经在2003年2月现身白宫的记者招待会。这就更让人觉得不对头。在正常情况下，一个不属于任何新闻机构的"记者"是根本无法进入白宫记者团的。事实上，古克特曾经以塔伦新闻驻华盛顿记者的名义申请美国国会的记者证，却被负责审查媒体资格的委员会以塔伦新闻不属于职业新闻机构为理由而拒绝。要知道，拿到国会记者证比白宫记者证要容易得多。通常，驻华盛顿的各新闻媒体中大部分记者都会有国会记者证，但是却只有少数几位记者能够得到白宫记者证。

媒体和自由派人士普遍怀疑，古克特不过是布什政府试图操纵媒体的大计划的一部分。纽约州民主党众议员路易斯·斯劳特为此给布什总统去信说："看来甘农先生在白宫记者团的作用不过是为你的政府做宣传。"她要求布什解释为什么白宫的工作人员会一再让甘农混入职业记者团中间。目前有数位民主党国会议员已经写信要求白宫深入调查这一事件。

虽然白宫从根本上否认有任何操纵媒体的计划，但是被曝光的类似事件却越来越多。2005年1月8日，就在布什总统二次就职典礼前不久，《今日美国》揭露出美国教育部通过一个公关公司付给保守黑人政论家阿姆斯特朗·威廉斯（Armstrong Williams）24万美元，让他在广播电视节目中促销布什政府的教育计划。到了1月26日，《华盛顿邮报》揭露出专栏作家麦琪·加拉弗（Maggie Gallagher）收取了美国卫生部21500美元来宣传布什政府的保守的婚姻观。第二天，另外一位专门讨论婚姻问题的专栏作家麦克尔·迈克马努斯（Michael McManus）又被发现受卫生部所雇用。《今日美国》的报道披露，第一任布什政府在公关上花费了2.5亿美元，比克林顿政府整整多了一倍。其中有多少花费在收买新闻媒体上，正是各大媒体最近在深入发掘的新闻。

美国的媒体历来有深厚的自由主义传统。按照美国的法律，政府不许拥有或是操纵美国国内的媒体。属于美国政府的新闻机构比如美国之音，只能对外而不能对内。有些媒体受到政府的资助，比如美国的公共电视台和广播电台，都从政府基金会那里得到经费。但是，为了避免它们成为政府的宣传工具，公共台的经费必须有相当大的百分比来自民间。而政府提供经费的前提就是不能干预节目内容。事实上，美国的公共台是美国媒体自由派的大本营，批评政府毫不留情，最让共和党政府恼火。

布什政府上台伊始，就发誓要以"基督教精神"来从根本上改造已经被 20 世纪自由思潮浸润得十分透彻的美国社会。目前，类似于塔伦新闻这类极端保守派的机构得到来自共和党政府的种种鼓励，正在得到迅速的发展。至于它们是否最终能够在媒体中形成强大的势力，还要看美国社会本身的走向。

秘密的守卫者和揭露者

FBI（联邦调查局）和媒体——很难想象在美国社会的框架内还有两个彼此更加不相容的机构。作为联邦一级的警察机构，FBI是众多秘密的守卫者。除非接到特殊的指示，FBI的特工从来对媒体缄口不言。而媒体则是秘密的揭露者。尤其是对政府的各种秘密，媒体的记者更是乐此不疲。FBI自然而然是媒体长期注意的目标。

然而，FBI又与媒体有着数不清的合作关系。媒体帮助FBI通缉罪犯，FBI也不断地通过媒体对民众披露各种重要的刑事消息。2008年，在FBI成立100年之际，华盛顿的新闻博物馆专门举办了一个名为"特工和记者"（G-Men and Journalists）的展览，通过一系列著名的案件来介绍二者在历史上的关系。

胡佛局长的尊容

展览期间，新闻博物馆的大门外面放置了一尊惟妙惟肖的人像，那就是联邦调查局的首任局长、美国历史上争议最多的人物之

—埃德加·胡佛。在他逝世36年之后的今天，提起胡佛的名字，仍然要让许多人激动不已。有人指责他是一位专制暴君，将FBI变成了他自己的独立王国；也有人称赞他是保卫美国的英雄，以精明与果断的风格令罪犯和间谍闻风丧胆。

在1908年以前，美国的执法基本上由地方政府来控制。蒸汽船与火车的出现，方便了交通，却也促成了越来越多的跨州犯罪。地方政府往往缺乏对付这类罪行的能力。FBI的前身BOI（调查局）也就应运而生。1924年，法律界出身的29岁的胡佛成为调查局的第六任局长。1935年，FBI正式成立，胡佛也就成了FBI的第一任局长。他在这个位置上一坐就是38年，一直到1972年去世。在这38年中，他将FBI建设为一个一流的警察机构。他毫不留情地打击罪犯，但又利用手中的权力去迫害政治异见者，特别是左翼人士；他推崇科学办案，并且为FBI建立了全世界最好的犯罪调查实验室，但也在这个机构内大力排斥异己，鼓励对他的个人崇拜与忠诚；他忠心耿耿地为国家工作，同时却又暗地里搜集包括总统在内的政治领袖们的黑暗材料。自由派人士众多的新闻界对于胡佛贬多褒少，但也总是为这个神秘的人物所着迷。因此，胡佛上重要杂志封面的次数，比绝大多数的总统还要频繁。

胡佛的特点，在20世纪60年代黑人民权运动FBI的表现中反映得非常突出。当时南方的三K党种族主义分子肆无忌惮地迫害甚至于杀害民权运动参与者。当地的警察不仅袖手旁观，甚至还经常参与其中。最严重的罪案也偶尔会被法庭审理，但是白人陪审团基本上都会将罪犯放走。国会只好通过民权法案，将种族罪行定为联邦级别的犯罪，FBI 也就得以介入。胡佛一方面尽忠职守，将 FBI 的大量人力物力投入了种族罪案的调查；但另一方面，他又怀疑民权运动的领袖受共产党的控制，所以私下里对他们进行了严密的监视。马丁·路德·金就是被监视最严密的对象，他的一举一动都被 FBI 录了下来。连肯尼迪总统都被胡佛备上了秘密档案。

虽然有独断专行的名声，但胡佛很知道媒体的重要性。他总是在自己身边聚集上一批记者，给他们提供独家消息，换来他们对胡佛本人以及 FBI 的正面报道。与胡佛关系密切的人之一，是纽约著名的闲话专栏作家沃尔特·温切尔。温切尔三教九流的朋友众多，与一些黑社会老大不清不楚，这让他的作品生色不少。胡佛看中了这点，不断地通过温切尔来向公众推销他自己，甚至通过后者在电台上说出"胡佛是美国历史上工资拿得最不够的人"这种话，许多人因此指责温切尔扮演的角色就是胡佛的喉舌。1939 年，温切尔利用他的特殊关系干下了一件特别的事情：他以 FBI 代理人的身份，招降了恶名昭著的黑帮头子布查尔特，为胡佛立下了汗马功劳。

胡佛一辈子没有结婚，所以媒体中关于他私生活的传言也就特别多。有人说他是同性恋，也有人揭露他有偷偷地穿女人裙子的爱好。不过，这些故事的公开出版，是在胡佛过世之后，否则作者恐怕逃脱不了这位权势熏天者的调查。

在胡佛逝世之后，美国国会通过立法，规定 FBI 的局长最长只能担任 10 年。看来，美国人并不希望另外一个胡佛的出现。

江洋大盗和民间英雄

FBI 的特工在美国有"超级警察"的名声，这最早源于他们对一批著名盗匪的打击。

30年代初期，随着经济大萧条的来临，美国社会中出现了许多有声有色的江洋大盗，专门干抢银行的勾当。在那些危机的年头，大量中小农场主不得不将土地抵押出去，旋即因为无法还债而被银行没收。银行随之成为他们仇视的对象，而这些盗匪也就成了民间传说的英雄。他们都给自己起了滑稽而响亮的外号，诸如"机关枪凯利""娃娃脸纳尔逊""靓仔弗洛德"之类。其中最著名的，是被抓住之后又两次成功越狱的银行抢匪迪林格。这些抢匪擅长利用汽车越过州境作案，FBI出动大批人马四处追堵，却好几次赔了人马折了兵也没有抓住他。当时的报纸上充满了迪林格们的传奇故事，让胡佛恼火不已，觉得那是对他本人和FBI的嘲弄。终于，FBI的特工在芝加哥的一家电影院中包围了迪林格和他的同伙，在一场枪战之后将他们击毙。

媒体在另外的一件惊天大案中与FBI有良好的合作，那就是第一个单独飞越大西洋的飞行员林白的儿子被绑架的案件，当时被媒体称作"世纪大案"。绑匪在勒索了5万美元之后，残忍地杀害了不到20个月大的婴孩。案件发生之后，美国议会通过了法律，将绑架作为联邦案件，也就是说，可以由FBI来经手调查案子。一年半之后，FBI的特工在纽约抓到了一位名叫布鲁诺的机械师，在他的车库里搜出了部分赎金。在法庭上，布鲁诺始终不肯认罪。在证据面前，陪审团判决他有罪，并将他送上了电椅。在行刑之前，有一家报纸提供10万美元给布鲁诺未来的寡妇，以换取他的犯罪故事，却被布鲁诺拒绝了。他选择了将自己的故事带进棺材。

在这个展览中，摆放着当年处死布鲁诺的电椅，一件看上去让人毛骨悚然的刑具。受刑者的手脚被绑在电椅上，头上套着铁帽子，电流就从那里通出来。现在电椅已经很少被使用了。

胡佛去世之后，FBI逐渐摆脱了当年那种家天下的传统，成为越来越职业化的执法机构。展览会上展出了一批美国人家喻户晓的案件的历史文物，包括被左翼极端组织绑架的赫斯特报系的女继承人帕特里西亚·赫斯特在加入了该恐怖组织后抢银行使用的枪支和穿的服装、用邮包寄炸弹的恐怖分子克钦斯基藏身的小屋、俄克拉何马爆炸中的残留物、华盛顿杀人狙击手蜷缩在里面射击的汽车后备箱等等。

抓间谍

除了对付跨州以及重大的犯罪案件之外，FBI的另外一个重要任务就是对付外国间谍。（相形之下，中央情报局则是到外国去当间谍，或者是搜集其他国家的情报。）

FBI反间谍工作的第一次重大成功是在二次世界大战期间。1942年6月，德国派出了两队间谍潜入美国，任务是破坏美国的工业设施。他们刚一上岸，就被海岸警卫队发现了，马上报告给了FBI。胡佛亲自过问这个案件，保证消息一点也不向外泄露。结果令人意外的是，德国人还没来得及做什么，他们中的一个人就主动去向美国政府自首，本来在悄悄监视他们的FBI立即将派来的8个人一网打尽，并且顺藤摸瓜，一共抓住了33名德国间谍。他们被秘密军事法庭审判，其中6个人被送上了电椅。

抓间谍的时候必须坚守秘密，抓到了间谍却又要张扬。这个案件大白天下之后，各大报纸出了通栏标题，将FBI称作"美国的保护者"，让胡佛很是高兴了一阵。

不过，抓间谍最热闹的，还是50至70年代，也就是冷战期间。展出中有一顶假发和一把手枪，属于大名鼎鼎的苏联间谍约翰·沃克。他是美国海军的一位无线电专家。自1968年至1985年他不仅为苏联搜集了18年情报，也将他的弟弟、儿子、朋友都吸收进了他的谍报网。沃克的行为受到了他前妻的怀疑，并且报告给了FBI。在一次前往递送情报的途中，FBI派出了20辆汽车和大批人马，一举捕获了沃克和他的整个集团。

　　FBI 是美国媒体上出现最频繁的字眼之一。人们对犯罪案件的关心和好奇，使得罪案报道永远是最热门的公众话题。新闻博物馆选择 FBI 的 100 周年来举办这个展览，也就是在警察特工和新闻记者之间相辅相成的关系。

记者坐牢，白宫遭殃

非常的白宫例行记者会

2005年7月11日，白宫召开了例行的记者会。会上，美联社的记者第一个站起来发问：

"总统是否依旧保证会解雇那个泄漏中央情报局人员姓名的人？"

白宫发言人斯科特·麦克莱伦这天在脸上敷了厚厚的一层妆，却依然掩盖不住紧张而疲惫的神情。他木然地回答说：

"在调查进行的时候，白宫不做任何表态。"

接下去，各大媒体的记者七嘴八舌地提问，要麦克莱伦回答一个关键的问题：布什总统最信赖的政治顾问卡尔·罗夫是否出于政治目的而向媒体泄漏了国家机密？麦克莱伦在记者穷追之下依然故我，一再说在这个时刻不会表态。全国广播公司的记者戴维·格里高利忍不住了，于是单刀直入地提出了一个爆炸性的问题：

"卡尔·罗夫是否犯了罪？"

麦克莱伦再次试图回避问题，格里高利

偏偏不肯饶过他："你是不是有义务向美国人民解释清楚？"

一贯彬彬有礼但反应敏捷的白宫发言人麦克莱伦上任两年以来还没有这么狼狈过。难于招架之下，他灵机一动点名让《印度环球报》的记者发问。果然，这位记者提了一个关于恐怖活动的问题。如释重负的麦克莱伦赶紧花了三分多钟，详细地进行解答。之后，他转向福克斯新闻的卡尔·卡梅隆，满以为以亲白宫著称的保守媒体的这位记者会给他一个台阶。殊不知，卡梅隆却冷不防地提出了一个最令他头疼的话题：

"总统是否将继续信任卡尔·罗夫？"

一时间，记者会上再次出现了尴尬场面。媒体针对卡尔·罗夫连珠炮般提出了30多个问题，麦克莱伦虽然照旧阻挡回去，但是他的额头上却渗出了点点汗珠，在电视镜头前不断闪烁。

国家机密

白宫记者会上这戏剧性的一幕是由几天前在华盛顿联邦法庭上发生的另外一个戏剧性的事件所引起的。

7月6日这天，三名执法人员在联邦法庭上给《纽约时报》的著名记者朱迪斯·米勒戴上手铐，随后将她送进了邻近弗吉尼亚州亚历山大里亚市的监狱。临行前，米勒对做出判决的托马斯·何根法官说："如果记者不能保护消息来源的秘密，他们就没有办法工作，也就不会有自由的新闻媒体。"法官不为所动，指责米勒在藐视法律。米勒在监狱中的时间最长有可能达到4个月。

就在米勒被判决的同时，《时代》周刊的著名记者马休·库帕在法院门外向媒体发表声明说："我的消息来源本人已经给了我一个明确的、自愿的授权，允许我向大陪审团就这一事件做证。"没有得到这个授权之前，库帕已经准备好了和米勒一样去坐牢。

案件涉及的消息最先出现在2003年。布什政府为了给攻打伊拉克做舆论准备，连续向世界出示伊拉克掌握大规模杀伤性武器的证据。其中提到伊拉克政府试图向非洲的尼日尔购买铀原料。是年7月6日，美国前驻加蓬大使约瑟夫·威尔逊在《纽约时报》上撰文，透露他自己作为美国的特使曾经前往尼日尔调查，所谓伊拉克购买铀一事纯属乌有。8天后，专栏作家诺瓦克就发表文章批评威尔逊，并且透露了威尔逊的夫人普拉姆中央情报局秘密特工人员的身份。威尔逊当然不愿善罢甘休，指控布什政府为了向他报复，才透露了他夫人的身份。

按照美国的法律，新闻记者有权报道他们从任何渠道得到的消息，但是政府工作人员却不能随意向媒体泄露国家机密。中央情报局情报人员的身份自然属于这类机密。到底是谁犯下了这桩罪行？独立于行政权力之外的司法部门于是展开了刑事调查。

调查结果发现，有6名记者或专栏作家可能与最初泄密的人有过接触。这些记者分别遭到了联邦检察官的传讯，并且要求其中一些人出庭向大陪审团作证，其中就包括了《纽约时报》的米勒和《时代》周刊的库帕。

大牌记者

米勒和库帕是两位很有来头的记者。

现年57岁的米勒自1977年以来就为《纽约时报》工作。她的丈夫曾经是兰登出版社的掌门编辑。从2002年开始，米勒的报道重点就在伊拉克的大规模杀伤性武器上。与其他记者相比，米勒在布什政府中消息来源特别多，她关于伊拉克武器的报道经常刊登在《纽约时报》的头版，一时名声大噪。可惜，许多报道的细节后来被证明不实。不少反战人士一直在批评米勒，指责她丧失媒体的独立性，为布什政府充当喉舌。

库帕虽然相对比较年轻，但是在首都的政界中同样人头熟稔。他的岳父曾经担任过《时代》杂志的主编，夫人是民主党的顾问。库帕和米勒都属于那种拿起电话就能接通白宫某位重要官员的记者。

库帕曾经就普拉姆事件发表过报道，其中引用了匿名消息来源。米勒虽然没有发表文章，却就该事件采访了不少官员。检察官要求两位记者交出他们的采访记录并向大陪审团作证——大陪审团的任务，就是确定是否发生了犯罪行为，以及什么人应该就罪行接受审判。至于定罪的权力，则属于审判该案件的普通陪审团。

米勒不肯就范，因此进了监狱。库帕的雇主《时代》周刊替他承担了部分责任，交出了他的采访笔记——记者的采访笔记属于公司的财产，公司有权决定。库帕本人则在进监狱的前夕得到了消息来源的授权，因此免于牢狱之灾。

白宫顾问难以摆脱干系

到底是什么样的消息来源让检察官如此感兴趣？

早在普拉姆事件刚刚发生时，就有消息传出，向媒体透露机密的官员不是别人，正是布什总统最信赖的政治顾问卡尔·罗夫。这位被人称作"布什大脑"的人物，终生醉心于政治游戏，最懂得利用时机去操纵媒体和社会舆论。各路媒体便开始追问卡尔·罗夫在这中间扮演的角色。两年以来，布什政府的官员，包括总统本人，一再宣称卡尔·罗夫与泄密事件完全无关，布什本人也一再重申他对罗夫的信任。同时，布什还信誓旦旦地要追究出泄密的根源，并且保证要解雇泄密的官员，无论他的身份是什么。

在《时代》杂志交出库帕的笔记之后，几天内《华盛顿邮报》就从法庭打听到消息：在诺瓦克的文章发表之前三天，卡尔·罗夫就给了库帕一次"极其机密的背景介绍"，其中专门透露了"威尔逊的妻子"中央情报局工作人员的身份。

于是，就出现了本文开头那一幕。

面对证据，卡尔·罗夫并没有低头。他的律师宣称，罗夫并没有提到威尔逊妻子的名字，也不知道她的名字，更不清楚她原来是中央情报局的秘密工作人员。他之所以对库帕提到那些情况，无非是想提醒库帕不要在对威尔逊的调查中陷得太深。

至于是否会解雇罗夫，一向敢于挺身为下属护短的布什总统已经公开宣布，他对罗夫依旧信任如故。

法律怎么说

尽管以《纽约时报》和《时代》杂志为首的媒体在这一事件中大谈新闻自由和新闻记者保护消息来源的勇气，美国的法律界却普遍不买账。就法律界的态度，笔者询问了一位资深辩护律师。

这位不愿意对媒体透露姓名的律师分析说，记者保护消息来源的权利，在美国大多数州里都得到了法律的承认。联邦政府目前还没有这样的法律，但是国会已经在讨论有关立法。但是，即使立法通过，这次的案件也不在保护之列。

他指出，美国法律保护四类人之间的交流：天主教神父和忏悔人、律师和客户、医生和病人、夫妻。立法者认为，如果具有这种关系的人与人之间也不能够自由沟通，对于整个社会结构的损害远远大于其有可能给法制带来的危害。记者与消息来源的关系则不在此列。况且，记者与线人的关系与上述四种关系有本质的不同：前者要保护的是交流的内容,后者则是交流的对象。如果法律给予记者全面保护,就有可能造成罪犯利用媒体来犯罪的机会。

这也正是本案的联邦检察官所提出的理由。费兹杰拉德检察官指出,即便是在律师和客户之间,如果客户透露出还没有实行的犯罪计划,律师也有责任向当局报告,否则就犯下了同谋罪。

检察官这番话,道出了普拉姆案件和"深喉"一类案件的根本区别。后者揭发的是政府官员已经犯下的罪行,前者却是政府官员利用媒体来犯罪。媒体与消息来源交流的过程本身便是罪行的主要部分。在这种情况下,媒体如果保护消息来源,也就自然成了犯罪的共谋。米勒坐牢,看来也不算太冤枉。

八十五年的《时代》风云

1923年,两位耶鲁大学的同班同学布里屯·哈顿和亨利·卢斯决定创办美国的第一家新闻周刊,《时代》杂志就这样诞生了。85年来,《时代》杂志见证了人类社会的风风雨雨,以其精彩与准确的报道和独特的新闻写作风格一直占据着美国新闻杂志的鳌头。其中,《时代》对封面故事和封面人物的选择本身就是新闻界的大事。每个星期,封面镶着红边的《时代》杂志就要进入三四百万的家庭,影响着千千万万美国人对这个世界的观感。

不久前,《时代》杂志在庆祝85岁生日的时候,让读者做了这样一次投票:在每年的52期杂志里面,哪一期是最佳封面?哪一期又是最差封面?读者做出的回答,有些是意料之中,有些却让人大跌眼镜。排在最差封面榜首的,是1945年8月的"日本投降"。封面上是日本国旗上的太阳标志被打了个黑叉,看上去活像是小学生的涂鸦。还好,最差封面只评出了13个。最佳封面倒是足足评出了85个,里面不乏美国社会变迁的写照。

同性恋赫然榜首

　　能上得了《时代》封面的，历来也不会是普通的消息或者人物。殊不知，在 4400 多个封面中，被读者选为第一的是 1997 年 4 月 14 日的刊物。上面是身着黑衣的喜剧女明星艾伦·迪简那勒斯，红色大标题赫然写道：对，我是同性恋。

　　这件轰动一时的大事过去刚刚 11 年，很多人却已经想不起来为什么艾伦当年"公开身份"竟然会吸引公众如此广泛的注意。在今天，除了一些假道学的政客——比如前不久在公共厕所中被抓的爱达荷州参议员拉里·克雷格——被曝光是同性恋之外，其他名人闹个同性恋已经引不起主流媒体的记者们太多的关注，更不用说像《时代》这种高高在上的政治新闻杂志了。这社会变化得真叫快。

　　1958 年在路易斯安那州出生的艾伦虽然长得漂漂亮亮，但是她那爽快幽默的个性里面似乎总是缺点女性的柔弱气质。从 1994 年开始，她就在 ABC 主演一部名叫"艾伦"的电视连续情景喜剧。1997 年 2 月，艾伦公开对媒体承认，她是一名同性恋。接着，她扮演的角色在机场对着麦克风向她的意中人——一位名叫苏珊的女子——宣告"我是同性恋"，让这集喜剧成了当年收视率最高的电视剧之一。

　　人们很容易忘记，在艾伦做出那番坦白的时候，同性恋以及一些特定的异性恋——包括夫妻之间——的性行为在美国的十多个州里面还是被法律禁止的，尽管事实上没有哪个州政府的警察真是那么爱管闲事。可就在艾伦上了《时代》杂志的第二年，得克萨斯的警察却偏偏去抓了一对同性情人。这位叫劳伦斯的男子在自己的住所和男友做爱，有多事的邻居向警察谎报说，他家里有人拿着枪在撒野。于是，警察破门而入，撞个正着。于是，这两个人就被抓了起来。法庭判处他们有罪，一人罚了 125 美元。

劳伦斯不干了。在同性恋平权组织的帮助下，他将案件一直上诉到最高法院，控告得克萨斯州违反了宪法中的平等保护条款以及隐私权精神。2003 年，最高法院以 6 票对 3 票，判决劳伦斯胜诉，也判决所有禁止同性恋行为的法律违宪。从此以后，同性恋者的性行为才进入了合法的轨道。

艾伦那一句"我是同性恋"因此成了一句历史的回声。

黑色的忧郁

路易斯·阿姆斯特朗微笑着，脑袋上是一个歪戴着的王冠——这是 1949 年 2 月的封面。从这张画像上，看不出这位爵士乐之王平日脸上总是挂着的几分忧郁。

在南方，那仍旧是种族隔离的年代。黑人在南方都被叫作"黑鬼"。《时代》上对阿姆斯特朗和他的同人们用的也是今天早已被废弃的"尼格罗"的称呼。20 世纪初在新奥尔良出生的阿姆斯特朗的祖父的身份是奴隶，南北战争后被解放出来，却又陷入了绝望的贫困。这个有"big easy"之称的都市是爵士乐的发源地，那独特的音乐里充满着贫困黑人的快乐与悲伤。爵士乐虽然也有点乐谱，但更多依靠的是音乐家们的现场发挥。每场音乐会、每次演奏都不会是上一次的重复。

阿姆斯特朗的小号，欢快时总是带着悲凉，伤心时令人肝肠寸断。他那嘶哑的歌声，似乎包容了天地间的一切痛苦。从南方走到北方，他让听众如醉如痴。黑人热爱他，白人也为他着迷。在种族隔离的南方，旅馆的老板请他去表演，却不让他在那里落脚。最后阿姆斯特朗忍无可忍，拒绝到这样的旅馆中去表演。那些种族主义的老板们为了赚钱，也只好让了步。他成了第一个住进白人旅馆的黑人。

爵士之王阿姆斯特朗用音乐将他的家乡新奥尔良带到了东南西北各个角落。新奥尔良人因为他而脸上有光。但是，2005 年卡特里娜飓风的一场灾难，却将新奥尔良黑人贫民区的悲惨景象暴露在整个世界面前。阿姆斯特朗年轻时挣扎着离开的地方，100 年来并没有太多的改变。大多数的黑人依旧远离白人中产阶级的生活，聚居在充满了贫穷、犯罪、毒品、暴力的街区。在灾难袭来之际，无论是地方政府还是联邦政府都显得无力而又无能。海堤决口，汹涌而来的海潮侵袭了 80% 的城区，几乎有 2000 人在洪水中丧失了生命。黑人贫民区几乎是百分之百被海水淹没，大批难民流离失所。在慌乱中，大量居民哄抢商店，整个城市遭到了一场名副其实的浩劫。直到今天，这个劫后余生的都市还没能恢复正常。

《时代》9 月 19 日这一期的封面上，是一张充满了惊慌和悲痛的黑面孔。那双悲痛的眼睛望着上方，似乎在问：上帝呀，我们怎么办？

可是，面对着满目疮痍的城市，人们在问：上帝真的存在吗？还是他已经死了？

上帝没有死

醒目的黑底红字，大大地写着"上帝死了吗？"这是 1966 年 4 月 8 日的《时代》封面。

美国是个欧洲的宗教避难者建立的国家。上帝对于美国人，比对其他发达国家的人重要得多。可是，到了反叛的 60 年代，上帝却遭到了挑战。约翰·列侬在他的歌里唱道："很容易就能想象，根本就不存在天堂，脚底下也没有地狱，头顶上只有天空……"年轻人都满怀热情地跟着唱，不少受过高等教育的中年人也跟着点头称是。

走出了保守的"艾森豪威尔黄金时代"的美国人,在60年代迎来了社会运动的高峰。黑人民权、妇女解放、学生反战,到处都是如火如荼的游行示威。"二战"后婴儿潮出生的一代白人中产阶级子女进入了反叛的年龄。这些留长发、吸大麻和海洛因、听披头士和摇滚的青年人宁可去相信尼采、马克思、毛泽东、胡志明,也不去信奉父母从小教给他们的上帝。看着这批新青年,许多人不禁要问:上帝难道真的已经死了吗?

后来的历史证明,美国人的上帝不但没有死,而且还强大得很。进入中年的嬉皮士们在开始上班工作、生儿育女、养家糊口之后,又成批地回到了小时候的教堂。他们需要宗教做自己的精神依托,也需要教堂来维系社会联系。人们对上帝的需求越来越多。90%的美国人宣称自己属于某种宗教。

1988年8月15日的《时代》封面,是一幅七拼八凑的耶稣基督像,上面是另外一个简单的问题:"基督是谁?"这是对西方人宗教寻根热的一篇报道。自从七八十年代政治和社会的保守主义回潮以来,人们探究基督教的热情有增无减。《圣经》中有多少是历史,有多少是传说?耶稣基督的事迹生平被不断地拍摄成新的电影,市场上推出了无数这位基督教创始人的传记,更不用说那些保存着圣迹的地方都充斥着大量的美国游客。

不仅是上帝和基督沾了宗教热情的光,恶魔也得以分惠。1991年6月10日的封面,在浅黑的底色上写着深黑的大字:恶魔。白色的小标题是"它是否存在,还是坏事就这么发生了?"这是不断困扰着所有虔诚的宗教信徒的问题。既然上帝存在,为什么又会有恶魔?为什么上帝会允许邪恶在人间发生?宗教不能从理性上为人们解释这个问题。宗教只能教信徒们去祷告,去坚持自己的信念,去相信在末日审判来到的那一天会善恶有报。

85年来,《时代》是美国与世界变迁的见证。在《时代》封面上形形色色的人物、事件、主题,记载下了这个时代的风云,也使得这个杂志本身成为美国历史和现实的重要组成部分。

图书在版编目（CIP）数据

帝国的后门：美国观察札记 / 龚小夏著．—上海：上海三联书店，2017.1
ISBN 978-7-5426-5726-8
Ⅰ.①帝… Ⅱ.①龚… Ⅲ.①美国-概况 Ⅳ.①D771.2
中国版本图书馆CIP数据核字（2016）第250437号

帝国的后门：美国观察札记

著　　者 / 龚小夏
责任编辑 / 陈启甸　朱静蔚
特约编辑 / 周青丰　李志卿　李　倩
装帧设计 / 乔　东　阿　龙
监　　制 / 李　敏
责任校对 / 李志卿
出版发行 / 上海三联书店
　　　　　（201199）中国上海市闵行区都市路4855号2座10楼
网　　址 / www.sjpc1932.com
印　　刷 / 山东临沂新华印刷物流集团有限责任公司

版　　次 / 2017年1月第1版
印　　次 / 2017年1月第1次印刷
开　　本 / 690×960　1/16
字　　数 / 240 千字
印　　张 / 19.5
书　　号 / ISBN 978-7-5426-5726-8/D·340
定　　价 / 48.00元

敬启读者，如发现本书有印装质量问题，请与印刷厂联系0539-2925680。